Dr. Christine R. Page ist seit 1978 Ärztin und leitet seit 1987 eine Privatpraxis in London, in der sie ihr medizinisches Wissen mit der ihr eigenen sensitiven Einsicht in den menschlichen Geist kombiniert. Sie hält zahlreiche Vorträge und Seminare, die sich durch ihre Synthese von klinischer Medizin mit psychologischen und spirituellen Aspekten auszeichnen.

W0035128

ALTERNATIV HEILEN

Herausgegeben von Gerhard Riemann

Dieses Buch wurde auf chlor- und säurefreiem Papier gedruckt.

Deutsche Erstausgabe Februar 1994
© 1994 Droemersche Verlagsanstalt, Th. Knaur Nachf., München
Das Werk einschließlich aller seiner Teile ist urheberrechtlich geschützt.
Jede Verwertung außerhalb der engen Grenzen des Urheberrechtsgesetzes
ist ohne Zustimmung des Verlages unzulässig und strafbar. Das gilt insbe-
sondere für Vervielfältigungen, Übersetzungen, Mikroverfilmungen und
die Einspeicherung und Verarbeitung in elektronischen Systemen.
Titel der Originalausgabe Frontiers of Health
Originalverlag C. W. Daniel Company Limited
Umschlagillustration Susannah zu Knyphausen, München
Satz und Reproduktion Compusatz, München
Druck und Bindung Ebner Ulm
Printed in Germany
ISBN 3-426-76054-1

2 4 5 3 1

Dr. Christine R. Page

Chakrenheilung –
Körperheilung

Erfahrungen einer Ärztin
im Grenzbereich
zwischen Geist und Körper

Aus dem Englischen von
Rita Höner

Widmung

Ich danke meiner Mutter,
Pat Jarvis und den vielen Patienten,
die meine Lehrer waren.

INHALT

EINFÜHRUNG

Ich werde oft gefragt, seit wann ich mich für spirituelle Dinge interessiere.

Ich antworte dann, daß es nie eine Zeit gab, in der ich mir der spirituellen Welt nicht bewußt war.

Meine Mutter beschäftigte sich mit Geistheilungen, und ich erinnere mich, daß sie über Grenzbereiche der Medizin sprach und esoterische Lehren wiedergab. Sie verstärkte damit Ansichten, die bereits Teil meiner inneren Wahrheit waren.

Ich dachte mit keinem Gedanken daran, daß diese frühe Einführung in die Verbindung zwischen Seele, Körper und Geist für mein späteres Leben und insbesondere meinen Beruf wichtig werden würde.

In meiner frühesten Kindheitserinnerung bin ich etwa 14 Monate alt. Eine meiner Lieblingspuppen war zwischen zwei Holzstühle gefallen und in tausend Stücke zersprungen. Ich war völlig perplex; entsetzt sah ich, wie die Stücke ganz unfeierlich in den Mülleimer wanderten. Ich konnte nicht glauben, daß es unmöglich war, dieses wenn auch nur gedachte Leben wieder ganz zu machen, und daß dazu so wenig getan wurde.

Dieser Vorfall scheint in mir den inneren Wunsch geweckt zu haben, alles in meiner Macht Stehende zu tun, um Menschen gesund zu machen. Ich erkannte bald, daß eine solche Heilung mit dem Helfer beginnen muß, mir selbst.

Als die Zeit kam, mich für einen Beruf zu entscheiden, wählte ich den Bereich der Gesundheit; ich hoffte, so Menschen fürsorglich und objektiv auf ihrem Weg im Leben weiterhelfen zu können.

Als ich also vor ungefähr 18 Jahren die Tore der medizinischen Fakultät durchschritt, hoffte ich auf die Erfüllung eines Traums. Am ersten Tag stand ich mit acht Kommilitonen um einen Tisch herum, auf dem ein toter Körper lag, und ich war bereit, alles, was ich konnte, über den Menschen zu lernen.

Mir dämmerte schnell, daß die Sache nur einen Haken hatte: diesem Körper fehlte das Wesentliche: Leben.

Voller Ungeduld erwartete ich daher meinen Einsatz auf der Station. Hier durften wir Medizinstudenten jeden armen ahnungslosen Patienten behorchen und betasten, um mehr über die Krankheit zu erfahren. Äußerungen des Patienten wurden dabei oft als unwillkommene Störung betrachtet. »Bitte beantworten Sie nur meine Fragen –« Für die Besprechung sozialer und emotionaler Probleme war wenig Zeit.

Ich weiß aus Erfahrung, daß man bei der Arbeit im Krankenhaus kaum daran denkt, daß alle Patienten auch ein Leben außerhalb der Krankenhauswände haben und in erster Linie Menschen sind. Als ich meinen Patienten zuhörte, erkannte ich, daß viele von ihnen ein Leben voller Belastungen hatten – eine gescheiterte Ehe, Schwierigkeiten mit den Kindern, Verlust des Arbeitsplatzes, kranke Verwandte usw. –, und daß ich trotz meiner medizinischen Ausbildung nur unzureichend darauf vorbereitet war, mich mit solchen Problemen zu beschäftigen.

Körperliche Krankheiten wurden von seelischen unterschieden; für letztere war die Psychologie- bzw. Psychiatrie-Abteilung des Krankenhauses zuständig. EIne Verbindung zwischen Körper und Seele wurde nur bei den sogenannten »psychosomatischen« Krankheiten hergestellt (Psyche: Seele; Soma: Körper). Dieser Begriff wurde oft als Diagnose benutzt, wenn trotz ausgiebiger Untersuchungen die Krankheitsursache nicht festgestellt werden konnte. Der Patient verließ die Arztpraxis dann mit der Überzeugung, seine Symptome seien nur eingebildet, was für weitere Spannung in ihm sorgte und ein Gefühl der Hoffnungslosigkeit hervorrief.

Dies war ein großer Mangel im Heilangebot der Ärzte, der in der modernen medizinischen Ausbildung jetzt langsam beseitigt wird. Zu jener Zeit hatte ich meine eigenen Probleme. Die Nähe zum Leid anderer erschütterte meine Sensibilität. Ich war überwältigt vom körperlichen und seelischen Schmerz meiner Patienten und hatte das Gefühl, ihnen nicht helfen zu können, weil ich nicht genug wußte. Als Folge davon glitt ich beim Anblick von Schmerz und Blut verschiedentlich ohnmächtig zu Boden. Die Lösung für mich bestand damals darin, meine Gefühle hinter einer geschäftigen Aktivität zu verbergen, sobald ich mich der Situation nicht gewachsen fühlte. Der weiße Kittel verschaffte meiner empfindsamen Seele zusätzlichen Schutz. In ihm war ich anonym und schien distanziert, emotionslos und professionell. Zumindest glaubte ich das.

Rückblickend muß ich sagen, daß ich meine Gefühle begraben hatte; ich glaube, daß dies viele Ärzte quält und eine der häufigsten Ursachen für ihre hohe Selbstmord- und Alkoholismus-Quote ist.

Es dauerte einige Zeit, bis ich erkannte, wie wichtig es war, mich für mein einfaches Da-Sein zu schätzen. Mein ärztliches Wissen war zwar von Belang, der Heilungsprozeß wurde aber auch durch bedingungslose Liebe gefördert.

Im Verlauf meines Studiums wurde mir immer klarer, daß Patienten trotz ähnlicher Diagnose unterschiedlich auf die Krankheit und die gewählte Behandlung reagierten. Man konnte nie mit absoluter Sicherheit voraussagen, ob ein Patient das Krankenhaus geheilt verlassen oder ohne Vorwarnung sterben würde.

Ich wurde gelehrt, in statistischen Prognosen zu denken. »80 % der Menschen mit dieser oder jener Krankheit sterben innerhalb von zwei Jahren.« Niemand hat mir je gesagt, was mit den restlichen 20 % geschieht. Was hielt sie am Leben? Warum waren sie anders?

Ich kam zu dem Schluß, daß nicht alle Krankheiten auf eine materielle Ursache zurückgeführt werden konnten. Zahlreiche Untersuchungen haben gezeigt, daß in einer geschlossenen Gemeinschaft vorhandene oder irrtümlich einer Gruppe von Menschen verabreichte Viren oder Bakterien nur bei einem kleinen Teil der Beteiligten Krankheitssymptome auslösen.

Im 19. Jahrhundert schrieb Claude Bernard, ein bedeutender Forscher im Bereich der Medizin: »Krankheiten sind ständig um uns herum, ihre Keime verstreut der Wind, aber sie siedeln sich in einem Terrain erst an, wenn es bereit ist, sie aufzunehmen.«

Pasteur, der Vater der Mikrobiologie, soll auf dem Totenbett gesagt haben: »Bernard hat recht. Der Keim ist nichts, das Terrain ist alles.«

Das Terrain ist gleichbedeutend mit dem Milieu, und dieses beinhaltet unsere inneren und äußeren Welten.

Es hat sich gezeigt, daß zweieiige Zwillinge, die in derselben Umgebung großgezogen werden, sehr unterschiedliche Persönlichkeiten haben und im Verlauf ihres Lebens ganz unterschiedliche Krankheiten bekommen. Es sterben auch nicht alle Raucher an Herz- oder Lungenkrankheiten, nicht alle Trinker haben einen Leberschaden, und dieselben Streßfaktoren beeinflussen Menschen auf ganz unterschiedliche Weise.

»Der unterschiedliche Krankheitsverlauf muß also von innen kommen!« Mit dieser Erkenntnis im Sinn konzentrierte ich meine Aufmerksamkeit auf die anderen Faktoren des ganzheitlichen Paradigmas… die Seele und den Geist.

In den 70er Jahren wurde es modern, über Streß zu reden. Er wurde als weitverbreitetes Problem betrachtet, das Menschen jeden Alters und jeder Gesellschaftsschicht betraf, und galt oft als akzeptable Antwort, wenn nach der Ursache chronischer Krankheiten gefragt wurde. Aber obwohl Streß als Problem erkannt wurde, gestaltete es sich schwierig, ihn abzubauen – trotz Versuchen, sich zu entspannen, zu meditieren etc.

Ich kam zu dem Schluß, daß nicht der Streß das Problem war, sondern die Spannung, die oft mit ihm zusammen auftrat.

Streß bzw. Druck ist eine wichtige Voraussetzung des Lebens. Im Lexikon wird er definiert als »... eine auf eine Form oder Struktur einwirkende treibende Kraft«. Das Wort »treibend« verweist nicht nur auf eine Vorwärtsbewegung, sondern auch auf die Wichtigkeit dieses Vorgangs. Ohne Antrieb würden wir dahinvegetieren, nicht mehr weiterwachsen und mangels Nahrungsaufnahme sterben.

Spannung wird definiert als »straff bis an die Grenze des zulässigen Maßes gedehnt sein«. Spannung ist vorhanden, wenn wir über unsere optimale Existenzspanne hinausgehen, etwa wenn Angst oder Schuld uns emotional drücken. Ich glaube, daß solche Einflüsse die Hauptursache für viele Krankheiten sind. Die Auswirkungen von Spannung zeigen sich im Körper etwa in einem Bandscheibenvorfall, nachdem ein schweres Gewicht vom Boden aufgehoben wurde. Wenn wir uns im Büro zu viel Arbeit aufladen, kann die Spannung sich als Reizbarkeit, Weinen oder Kopfschmerzen manifestieren.

Bei all diesen körperlichen oder seelischen Anzeichen ist die Antwort dieselbe: Wenn wir die Spannung auf den Normalpegel reduzieren, verschwinden die Streßsymptome. Problematisch daran ist nur, daß es keinen »Normalpegel« gibt, der für alle Menschen oder auch nur die Angehörigen einer Familie oder einer Altersgruppe verbindlich wäre.

Appley und Trumbull, die 1967 Streßforschung betrieben, kamen zu dem Schluß, daß die Reaktion auf Streß sich von Mensch zu Mensch und von Mal zu Mal unterscheidet. Derselbe Mensch kann auf denselben Streßfaktor unterschiedlich reagieren.

Bei meinen Versuchen, die Verbindung zwischen Seele und Körper zu verstehen, stieß ich auf die Arbeiten von Greer und

Mitarbeitern (1979); sie entdeckten, daß Brustkrebs-Patientinnen vier Bewältigungsstrategien entwickelten. Die meisten Patientinnen äußern mehr als einen dieser Mechanismen, aber im allgemeinen herrscht einer vor.

a) *Stoisches Akzeptieren:* Die Fakten der Krankheit werden realistisch eingeschätzt, was sich an einer ruhigen, fatalistischen und eher passiven Einstellung gegenüber der Krankheit zeigt.
Dies ist die häufigste Einstellung. Sie hängt eng mit Persönlichkeitsmerkmalen zusammen, die bei Menschen mit Krebs oft festgestellt werden.

b) *Hilflosigkeit/Hoffnungslosigkeit:* Verzweiflung angesichts der Krankheit und keine Motivation, sich auf sie einzustellen.
Dieser Zustand gleicht einer Depression und wird häufig zu Beginn eines Trauerprozesses beobachtet.

c) *Kampfgeist:* Die Patientin ist entschlossen, ihre Krankheit zu bekämpfen und gesund zu werden.
Diese Menschen waren wahrscheinlich immer Kämpfer; sie möchten in jeder Situation die Kontrolle behalten, auch in bezug auf ihre Behandlung. Sie lesen alle einschlägigen Bücher, holen Zweit- und Drittmeinungen ein und organisieren Selbsthilfegruppen.

d) *Leugnung:* Das Wissen um die Diagnose und ihre Implikationen wird verdrängt.
In bezug auf alle Aspekte der Krankheit und insbesondere die Diagnose und Behandlung besteht eine Art Gedächtnisverlust; daher wird versäumt, die richtigen Fragen zu stellen, wenn die Zeit für einen solchen Austausch gekommen ist.

Ein Beobachter, der persönlich lieber aufrichtig wäre, wird die Weigerung des Patienten, über seinen Krebs zu reden, als Herausforderung betrachten. Er wird ihn ermuntern, über seine Ängste und Sorgen zu reden, damit Gefühle nicht unterdrückt werden

– was nach Meinung des Beobachters vielleicht zu weiteren gesundheitlichen Problemen führen könnte.

Aus eigener bitterer Erfahrung weiß ich, daß eine solche Vorgehensweise die Wünsche des Patienten nicht berücksichtigt und nur das Ego des Beobachters befriedigt. Nachdem dem Patienten klar und einfach die Wahrheit gesagt wurde, hat er das Recht, nicht über das Thema reden zu wollen – es also zu leugnen.

Ich erinnere mich an meine Naivität, als ich mit einem Patienten zu tun hatte, der an Lungenkrebs starb. Als ich das Haus betrat, begegnete mir seine Frau, die mich an dem Patienten vorbei in die Küche drängte, wo sie mir in allen Einzelheiten vom Krebs ihres Mannes und den gegenwärtigen Problemen erzählte.

Wir gingen daraufhin ins Schlafzimmer, wo der Mann lag, und begannen, über das Wetter und die kleineren Probleme der Krankheit zu reden.

Nach einem weiteren ähnlichen Besuch fragte ich die Frau, ob ihr Mann die Diagnose kennen würde und ob ihm klar wäre, daß er sehr krank sei. Sie sagte, sie wüßte es nicht genau, weil sie nie über seine schlechte Gesundheit sprachen.

Als gute, gewissenhafte Ärztin meinte ich, die Wahrheit ans Licht zerren zu müssen, und ging ins Schlafzimmer zurück.

»Wissen Sie, was Ihnen fehlt?« fragte ich.

»Ja, ich habe Krebs«, antwortete er.

»Wissen Sie, wie krank Sie sind?« fuhr ich fort.

»Ja, ich weiß, daß ich im Sterben liege.«

»Haben Sie mit Ihrer Frau darüber gesprochen?« fragte ich.

»Nein, ich möchte ihr keine Sorgen machen«, entgegnete er. Als ich das Haus verließ, sagte die Frau seufzend: »Also weiß er es, und es hat keinen Zweck mehr, sich gegenseitig etwas vorzumachen.«

Als ich in ihr Gesicht sah, erkannte ich, daß ich ihr Vertrauen in mich enttäuscht und mit meinem deplazierten Wunsch zu helfen gegen die Wünsche des Paars gehandelt hatte.

Am nächsten Tag verschlechterte sich der Zustand des Patienten und er kam ins Krankenhaus.

Vor seinem Tod kehrte er kurze Zeit nach Hause zurück, und ich hielt es für angemessen, daß ich in seinen letzten Augenblicken bei ihm war und seine Frau in den folgenden Tagen tröstete.

Mein Wunsch, alles ans Licht zu bringen, hatte das heikle Gebilde der Leugnung zerstört, das diese beiden Menschen sich als Bewältigungsmechanismus aufgebaut hatten. Wie bei vielen beruflichen Erfahrungen empfand ich große Demut, aber auch Dankbarkeit, eine so wichtige Lektion von meinen Patienten lernen zu können.

Bewältigungsstrategien werden nicht nur bei Krebs benutzt, sondern in jeder Situation, in der der Fluß des Lebens sich verändert. Ärzte benutzen diese Mechanismen täglich, um mit den Streßfaktoren fertigzuwerden, denen sie begegnen, besonders solchen, die sie tief berühren.

Lektionen über die emotionalen Aspekte von Sterben, Tod und Trauer gehörten nicht zu meiner medizinischen Ausbildung. Von mir als 23jähriger wurde ohne formale Ausbildung erwartet, daß ich wußte, wie man jemandem sagt, daß er oder ein Verwandter sterben wird. Ich fragte mich nach dem Grund für dieses Manko im Lehrplan und kam zu dem Schluß, daß viele Menschen, auch solche in den medizinischen Berufen, mit ihrer eigenen Sterblichkeit nicht im reinen sind.

Ich bekam sehr früh im Leben eine Erfahrung aus erster Hand, als ich miterleben mußte, wie ein geliebter Mensch starb, und ich mich mit der nachfolgenden Trauer auseinanderzusetzen hatte. Gott sei Dank werden die meisten Menschen in helfenden Berufen mit dieser Situation erst konfrontiert, wenn sie deutlich älter sind. Trotzdem sollen sie Rat und Hilfe in diesen Dingen geben, auch wenn sie dafür nicht ausgebildet sind. Ich meine, daß dieser Bereich nicht länger in den Bereich der Religion verbannt, sondern in die medizinische Ausbildung integriert werden sollte.

Teilweise ist dies inzwischen geschehen, so daß der heutige angehende Arzt für solch wichtige Themen etwas besser ausgerüstet ist.

Ein Problem kann so oder so gehandhabt werden, und jeder, der in einem helfenden Beruf arbeitet, sollte erkennen, daß er nicht da ist, um zu urteilen, sondern um Anleitung und Hilfe da zu geben, wo es angemessen erscheint.

Leider ist es oft schwierig, nicht zu urteilen, denn auch Ärzte haben Schwächen. Diese werden verstärkt durch die Autoritätsposition, die die Gesellschaft ihrem Beruf zugesteht.

Die Meinung des Arztes und die Art und Weise, wie er sie präsentiert, beeinflussen den Krankheitsverlauf sehr stark, wie Untersuchungen über den Placebo-Effekt gezeigt haben.

Ein von einem Arzt verordnetes Placebo lindert die Symptome bei schätzungsweise 30 % der Patienten. Dies wurde durch Forschungsstudien nachgewiesen, bei denen Patienten statt des eigentlichen Medikaments eine Zuckertablette erhielten.

Deepak Chopra spricht in seinem Buch *Ayurveda – Gesundsein aus eigener Kraft* vom »Nocebo«-Effekt, einer negativen Placebo-Reaktion; der Patient erhält eine negative Information, etwa »Sie werden dieses Jahr nicht überleben«, oder »Dieses Medikament wird bei Ihnen wahrscheinlich Nebenwirkungen haben und Übelkeit und Erbrechen auslösen«. Dies führt zu einer Verschlechterung seines Zustands.

Bernie Siegel gibt in *Liebe, Medizin und Wunder* die Geschichte zweier Männer wieder, denen irrtümlich die falsche Diagnose mitgeteilt wurde. Der, der Krebs hatte und eigentlich hätte sterben sollen, verließ das Krankenhaus gesund; der andere, der ein kleineres Problem hatte, verließ es im Sarg.

Der Nocebo-Effekt wurde statistisch noch nicht untersucht, aber es würde mich wundern, wenn er nicht genauso wirksam wäre wie der Placebo-Effekt.

Ich zweifle nicht daran, daß die Psyche Entstehung und Fortgang eines Krankheitsprozesses beeinflußt, und zwar nicht unbedingt auf negative Weise. Auf Krebsstationen zum Beispiel wurde beobachtet, daß bei Patienten, die positiv, aber aufrichtig über die Nebenwirkungen von Medikamenten informiert wurden, de facto weniger Probleme auftraten.

Ich erinnere mich an eine alte Frau, die den Kopf zur Wand gedreht hatte und sterben wollte. Sie weigerte sich, zu essen und zu trinken, und wurde immer schwächer. Wie bei einem nahe bevorstehenden Tod üblich, wurde ihr Neffe kontaktiert, der der nächste Verwandte war. Ohne Anzeichen von Gefühl oder Interesse fragte er uns nur, wann er kommen solle, um ihre Habseligkeiten und die Sterbeurkunde abzuholen. Die über seine Gefühllosigkeit entsetzte Krankenschwester informierte die alte Frau über das Gespräch mit dem Neffen, unterschlug aber bestimmte Passagen der Unterhaltung.

Die Tante, die hörte, was sie hören wollte – daß nämlich jemand aus ihrer Familie sich um sie kümmerte –, drehte sich sofort von der Wand weg und bat um etwas zu trinken. Als der Neffe kam, um die Sterbeurkunde abzuholen, saß die Tante gesund und munter im Bett.

Leben und Tod liegen nicht in der Hand der Ärzte und anderer Fachleute für Gesundheit, sondern in der einer weit größeren Macht. Was wir bewußt wahrnehmen, ist nur die Spitze des Eisbergs. Jeder, der Quantität oder Qualität des Lebens eines anderen Menschen einschätzen möchte, versucht, Gott zu spielen, und wird unweigerlich fehlgehen.

Wenn Menschen krank sind, kann Erstaunliches geschehen. Sie entwickeln Kräfte, die bis dahin verborgen waren.

Wenn ich vor Gruppen von Ärzten spreche, höre ich oft, es sei unseriös, falsche Hoffnungen zu wecken, und die Patienten müßten ihrer Krankheit und ihrer Sterblichkeit ins Auge stehen.

Ich glaube nicht, daß wir über falsche oder gerechtfertigte Hoffnung sprechen, sondern über Ehrlichkeit und Wahrheit. Aufgrund unserer Erfahrung und Ausbildung werden wir um einen Rat gebeten, aber letztendlich liegt die Entscheidung beim Patienten.

Als frischgebackene Ärztin glaubte ich, die Antwort auf alle medizinischen Probleme zu kennen. Als ich älter und weiser wurde, lernte ich, »Ich weiß es nicht« zu sagen und gegebenenfalls hinzuzufügen: »aber ich kenne jemanden, der helfen kann«.

Wir Ärzte meinen, nicht nur für den Patienten, sondern auch für das Vorhandensein bzw. die Abwesenheit von Krankheit verantwortlich zu sein. Diese Meinung vertreten nicht nur die Ärzte, sondern viele Menschen, die sich um die Gesundheit anderer kümmern.

Ich habe die Erfahrung gemacht, daß die Patienten uns nicht bitten, für ihre Krankheit verantwortlich zu sein; sie wollen, daß wir auf die bestmögliche Weise für sie sorgen, damit sie von ihrem Leiden erlöst werden, und das kann auch bedeuten, der Seele eine Rast zu geben.

In der Ausbildung wurde ich gelehrt, daß das Leben heilig ist und der Tod gleichbedeutend ist mit einem Versagen. Ich glaube, daß wir immer versagen werden, solange wir nur Körper und Seele als Bestandteile des Menschen betrachten; denn im Leben gibt es nur eine Gewißheit: Wir alle werden eines Tages sterben.

Jede Erörterung des Menschen muß den Geist einbeziehen, der nicht länger in die Religion verbannt werden darf.

Während meiner Tätigkeit als Allgemeinärztin wurde mir immer deutlicher, daß ich bestimmte Probleme nicht lösen konnte; 80 % meiner Patienten hatten chronische Krankheiten, für die ich Medikamente verschrieb, die zwar die Symptome linderten, den zugrundeliegenden Krankheitszustand aber nicht veränderten.

Trotz der modernen Technologie scheinen wir das Rätsel der Krankheit nicht besser zu verstehen als vor 100 Jahren. Wir wissen immer noch nicht, warum manche Menschen jung sterben, während andere sehr alt werden, oder warum manche Menschen krank werden, während andere scheinbar gesund bleiben.

Auf der Suche nach Antworten auf diese Fragen wurde meine Aufmerksamkeit immer wieder von Randgebieten der Medizin angezogen, die ich eher als Komplementärmedizin bezeichnen möchte. Den meisten dieser Therapien liegt der Glaube an eine Verbindung zwischen Seele, Körper und Geist zugrunde; viele Methoden – etwa Fußreflexzonenmassage, Akupunktur und Homöopathie – arbeiten mit einer Energie bzw. Lebenskraft, die durch den Körper fließt, die bei Krankheit blockiert ist und dadurch im körperlichen Bereich zu einer Disharmonie führt. Das Auflösen der Blockaden und die Wiederherstellung der Harmonie sind das Hauptziel der meisten mit diesen Heilkünsten arbeitenden Menschen.

Ich hatte das Gefühl, mich mit meiner eigenen inneren Wahrheit zu verbinden, die besagt, daß wir nur heilen können, wenn wir den ganzen Menschen behandeln.

Aber obwohl ich mich mit orthodoxer und komplementärer Medizin beschäftigte, war mir immer noch, als würde ich den Sinn von Leben und Krankheit kaum verstehen. Ich glaubte, daß nichts durch Zufall geschieht, daß auf einer bestimmten Ebene alles einen Zweck hat und daß Krankheit da keine Ausnahme macht.

Die Bedeutung von Krankheit ändert sich von Kultur zu Kultur. In vielen Kulturen wird sie als Schwäche betrachtet und mit Versagen gleichgesetzt.

Mehrere männliche Patienten von mir bekannten, sie würden lieber sterben als die erniedrigende Tatsache zugeben, daß sie krank sind. Viele von ihnen erreichen dieses Ziel lange vor dem Pensionsalter!

Die frühen Ärzte wußten, wie wichtig eine ganzheitliche Heilungsmethode ist. Hippokrates (420 v. Chr.), der Vater der modernen Medizin, wurde als Priester-Heiler ausgebildet. Diese Heiler verehrten Äskulap, den griechischen Gott der Heilung;

sein Symbol, die sich um einen Stab windende Schlange, wird heute noch von vielen medizinischen Institutionen benutzt. Die Priester-Heiler glaubten, daß eine vollständige Heilung Seele, Körper und Geist umfassen muß.

In seinem späteren Leben kam Hippokrates von dieser ganzheitlichen Ansicht ab und vertrat eine reduziertere. Er glaubte jetzt, die Ursache einer Krankheit liege ausschließlich im »Boden« für die Krankheit, d. h. dem Körper. Allmählich wurde diese Ansicht von all denen übernommen, die sich um Kranke kümmerten; Krankheiten wurden neu eingeteilt in solche, für die ein Arzt, ein Priester oder ein Psychiater zuständig war.

Interessanterweise legen Ärzte auch heute noch den Eid des Hippokrates ab, der mit den Worten beginnt: »Ich schwöre bei Apollo, dem Arzt, bei Äskulap …«

Im Verlauf meines Studiums suchte ich in meinen medizinischen Büchern nach Hinweisen auf den Geist. Als ich keine fand, wandte ich meine Aufmerksamkeit den esoterischen Lehren zu, denen ich schon als Kind begegnet war. Ich war gefesselt von der Weisheit in den Büchern von Alice Bailey und besuchte Seminare und Vorträge. Viel von dem, was ich hörte, berührte eine Saite tief in mir, und mein Verständnis vom Sinn des Lebens auf Erden wuchs.

Ich glaube, daß wir alle aus der einen Quelle entspringen, die viele Namen hat: das Licht, Gott, Schöpfer. Diese Quelle bringt viele einzelne Lichter bzw. Seelen hervor, und jeder von uns besitzt eine solche Seele.

Der Sinn unseres Lebens auf dieser Erde besteht darin, unser Selbst zunehmend bewußt zu erfahren, das heißt, uns als spirituelle Wesen zu erkennen und zu akzeptieren. Wenn dieses Bewußtsein wächst, gehen wir auf die Ganzheit zu, die uns zum letztendlichen Ziel, der Einheit mit dem Schöpfer, führt.

Der Weg der Seele auf Erden bietet viele Erfahrungen, die dieses Wachstum begünstigen. In einer Welt der Dualität lernen wir, unsere sogenannten negativen Aspekte und unsere positiven Aspekte zu akzeptieren und zu lieben, denn sie sind beide Teil des Ganzen.

Damit die Seele auf Erden wirken kann, nimmt sie drei Arten von »Kleidern« an: die Gefühle, den logischen Verstand und den physischen Körper. Diese drei zusammen bilden die Persönlichkeit bzw. das Ego.

Die Seele bzw. das Selbst ist über den Geist weiterhin fest mit der Quelle des Lebens verbunden, so daß wir nicht nur als Persönlichkeit, sondern auch als Teil des universellen Lebens Erkenntnis erlangen können.

Die Seele ist keine fremde Kraft, die versucht, uns gegen unseren Willen zu beeinflussen, sondern kann als liebevolle Elternfigur gesehen werden, die einem oft ängstlichen Kind den Weg weist. Die Seele braucht die Persönlichkeit, und beide müssen als Freunde zusammenarbeiten.

Ein Aspekt dieses Lebens, den manche als Geschenk und andere als Hindernis sehen, ist der freie Wille.

Freier Wille bedeutet Wahl – die Wahl, eine Erfahrung zu akzeptieren und ihre Lektion zu lernen.

Bei vielen Menschen bringt der freie Wille die Angst mit sich, zu versagen und einen Fehler zu machen. In Wirklichkeit gibt es so etwas wie einen Fehler nicht; nichts ist umsonst. Die Seele kann auch aus den negativsten Ereignissen etwas lernen, und sei es auch nur, diesen Weg nicht wieder einzuschlagen.

Andere Menschen verlieren sich in der Erfahrung und sehen nicht, daß nicht die Einzelheiten der Situation wichtig sind, sondern die Gelegenheit zur Veränderung, die sie bietet.

Was will die Seele vom Leben?

Bei meinen Reisen, auf denen ich Seminare abhalte und Patienten empfange, habe ich erstaunt festgestellt, daß es trotz großer kultureller, religiöser und sozialer Unterschiede immer ein gemeinsames Thema gibt: »Ich möchte ich selbst sein.«

Das Selbst, von dem die Menschen sprechen, hat sieben verschiedene spirituelle Aspekte:

– Selbsterkenntnis
– Eigenverantwortung
– Selbstausdruck
– Selbstliebe
– Selbstwert
– Selbstachtung
– Selbstbewußtsein

Vollständiges Selbstbewußtsein enthält all diese Aspekte und ist eine harmonische Existenz, die durch die Vereinigung der vielen Teile geschaffen wird, aus denen der spirituelle Mensch besteht.

Bei vielen von uns beherrscht die Persönlichkeit das tägliche Leben. Wenn der Einfluß sich von der Persönlichkeit auf die Seele verlagert, registriert der Verstand dies als Disharmonie, denn er empfängt nun zwei verschiedene Schwingungen: die der Seele und die der Persönlichkeit.

Wenn die Schwingung der Seele einfach die der Persönlichkeit ersetzt, unterbricht die Verlagerung das Leben des Menschen nur minimal. Wenn die Veränderung jedoch auf Widerstand stößt, wird die Disharmonie im Verstand wahrgenommen, was zu Spannungssymptomen wie Frustration, Zorn, Depression etc. führt. Wenn trotz dieser Botschaften nichts unternommen wird, um die Schwingung zu verändern, kann die Disharmonie sich als körperliche Krankheit äußern.

Dies zeigt dem Betreffenden nicht nur deutlich, daß eine Disharmonie vorliegt (sehen heißt glauben), sondern sorgt oft auch dafür, daß die Veränderung stattfindet. Ich glaube, daß dieser Vorgang auf mindestens 80 % der seelischen und körperlichen Krankheiten zutrifft, die wir heute beobachten, einschließlich Traumata.

Dieses Buch beschäftigt sich mit eben diesem Thema; es versucht, eine Verbindung zwischen dem alten esoterischen Wissen und dem modernen Menschen herzustellen. Aufgrund meiner ärztlichen Erfahrung bin ich überzeugt, daß man einen lebenswichtigen Hinweis der Seele ignoriert, wenn man Symptome nur zur Kategorisierung als diese oder jene Krankheit benutzt.

Ich glaube, daß wir das bei einer Krankheit stattfindende Seelenwachstum besser verstehen können, wenn wir ihre Botschaft entschlüsseln.

Angehörige der helfenden Berufe könnten dann die Patienten konstruktiver unterstützen, und der Patient könnte aktiv zu seiner Heilung beitragen.

Für das Leben ist es nicht unbedingt erforderlich, daß wir den Prozeß des Seelenwachstums bewußt verstehen; aber ich bin sicher, daß ein solches Verständnis die Reise sehr viel leichter macht.

Den wertvollen Beitrag der modernen Medizin für die Gesundheit, besonders in akuten Situationen, akzeptiere ich voll. Eine meiner Hauptaufgaben besteht darin, diejenigen, die im Bereich der Komplementärmedizin arbeiten, darüber aufzuklären, wann sie einen gefährdeten Patienten an die Schulmedizin verweisen sollen.

Echte Fürsorge muß jedoch Verstand und Seele einschließen. Der physische Körper ist nur ein Träger für Seele und Geist. Wenn man einen Aspekt isoliert vom anderen behandelt, führt dies zu einer unvollständigen Heilung, auch wenn der Patient auf der körperlichen Ebene geheilt erscheint. Heilung kann nie die ursprüngliche Form wiederherstellen. Krankheit muß ihrem Wesen nach eine Veränderung des Patienten bewirken; dieser Punkt wird von Patienten und Behandelnden oft mißverstanden und sogar vermieden.

Meine Patienten sagen oft: »Sorgen Sie nur dafür, daß es mir körperlich bessergeht, dann werde ich mit meinen emotionalen Problemen schon fertig.«

In Wirklichkeit verhält es sich genau umgekehrt. Wenn der

Schmerz und andere akute Symptome gelindert sind, hat der Patient zwar die Kraft, weiterzumachen. Aber in vielen Fällen bleibt die Disharmonie bestehen, solange die emotionalen Probleme nicht gelöst sind – auch wenn die Anzeichen der Krankheit durch moderne Medikamente unterdrückt werden.

Wenn echte Harmonie erreicht ist, kann sie nie wieder zerstört werden. Sie wird vielleicht von Zeit zu Zeit »verlegt«, aber, ebenso wie Fahrradfahren, vergessen wir diese Technik nie mehr, sobald wir sie einmal gelernt haben. Für wahre Gesundheit und Ganzheit spielt die Zeit keine Rolle. Viele Menschen haben es so eilig, wieder gesund zu werden, daß sie goldene Gelegenheiten zum Wachstum ihrer Seele versäumen. So wird die Lektion unnötigerweise wiederholt, bis die tiefere Botschaft der Krankheit verstanden wird. Andere geben auf und akzeptieren ihre Krankheit nicht positiv, sondern resigniert. Sie »leiden« an ihrer Krankheit schwer und gefühlvoll. Beide sind in einer Sackgasse, aus der es keinen Ausweg zu geben scheint.

Vielleicht können meine Vorstellungen den Leser aus diesem Stillstand herausführen.

Dazu ist es nicht wichtig, welche Krankheit Sie haben, was für eine Persönlichkeit Sie sind, unter welchem Sternzeichen Sie geboren wurden oder welcher Konstitutionstyp Sie sind. Wichtig ist, wie Sie mit den Situationen umgehen, die auf Sie zukommen, und daß Sie diese Erfahrungen benutzen, um das Bewußtsein Ihrer Seele zu bereichern und zu erweitern.

Das Material zu diesem Buch entstammt meinen Erfahrungen im Zusammenhang mit Krankheit und Heilung. Die Namen und bestimmte Merkmale der in den folgenden Kapiteln beschriebenen Menschen wurden verändert, um die Vertraulichkeit zu wahren. Die Essenz ist geblieben.

Ein Großteil des esoterischen Wissens entstammt den Lehren von Alice Bailey, die die Informationen von einem tibetischen Meister erhielt. Aber am Ende ist nicht das Wissen wichtig, sondern seine Anwendung im Leben. Denn Wissen ist machtlos ohne Weisheit und Liebe. Sollten meine Worte eine Saite in Ihnen zum Klingen bringen und Sie ein seelisches Problem verstehen, würde mich das freuen.

Wenn nicht ... ist das auch in Ordnung.

KAPITEL 1

Der Ursprung der Seele

Um die Verbindung zwischen Seele, Körper und Geist verständlich zu machen, möchte ich den Ursprung des spirituellen Menschen esoterisch erklären.

In der Wissenschaft gilt der Urknall als glaubhafte Erklärung für die Erschaffung des Universums.

In esoterischer Hinsicht ist Energie bzw. Göttliches Leben die Quelle alles Sichtbaren und Unsichtbaren im Universum. Alles, was existiert, ist ein Ausdruck dieses Einen Lebens.

Wenn die Göttliche Energiequelle Gestalt annimmt, werden zwei Pole geschaffen, die zur im ganzen Universum sichtbaren Dualität des Lebens führen. Die zwei Aspekte der Dualität werden im allgemeinen als

a) Geist bzw. Vater

b) Materie bzw. Mutter

beschrieben. Die Vereinigung von Vater und Mutter führt zur Geburt des Sohnes bzw. der Seele.

Da die Seele die Verbindung von Geist und Materie darstellt, ist sie letztendlich auch eine Spiegelung der ursprünglichen Lebensenergie.

> Aus der Eins entsteht die Zwei.
> Aus der Zwei entsteht die Drei.
> Zusammen bilden sie das Eine.

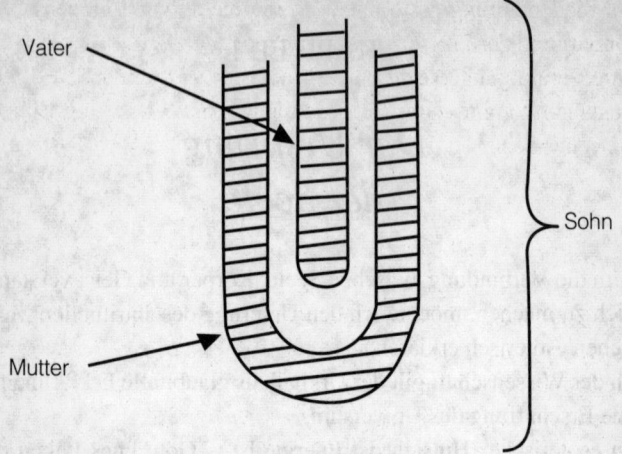

Die Essenz von Vater und Mutter drückt unterschiedliche Aspekte der Göttlichen Intelligenz aus.

Die Essenz des Vaters bzw. des Geistes ist Positivität, Männlichkeit, Herrschaft, Bewegung nach außen, Logik, Selbstbehauptung. Sie drückt den Willen aus, zu erschaffen und zu wachsen.

Die Essenz der Mutter bzw. der Materie ist Negativität, Weiblichkeit, Empfänglichkeit, Bewegung nach innen, Sensibilität, Nähren. Sie drückt sich durch die Weisheit aus, alles Notwendige

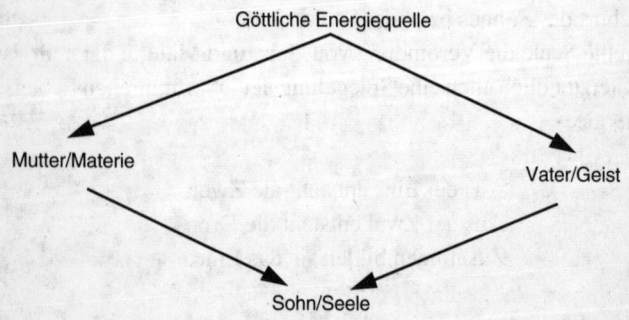

für die Ernährung des Samens zu sammeln, was zu einer neuen Geburt und der Fortsetzung des Lebens führt.

Ihre Vereinigung, die durch die Macht der Anziehung bzw. Liebe zustande kommt, zeigt sich nach außen als Essenz des Sohnes bzw. der Seele.

> Liebe vereint alles
> und hebt die Trennung auf.

Die Energie des Willens ist eine elektrische Kraft, die der Liebe hingegen eine magnetische Kraft. Zusammen erzeugen sie die elektromagnetische Energie, die durch die Sonne – die allem, was eine Form hat, Leben bringt – symbolisiert wird.

Beim Menschen stellt der Vater den Samen und das Material zur Verfügung; beides ist notwendig, damit das Baby wachsen kann.

Die Mutter stellt die rezeptiven Eigenschaften des Schoßes zur Verfügung und benutzt mit ihrer Weisheit das vom Vater gelieferte Material so, daß das Baby optimal gefördert wird. Beide sind für die Erschaffung des Kindes (der Seele), das die Macht ihrer Liebe spiegelt, gleich wichtig.

DER WEG DER SEELE

Jedes lebende Objekt wird durch das Zusammenwirken von Geist und Materie erschaffen. Deshalb hat jedes lebende Objekt, vom Atom bis zum Planeten, eine Seele. In vielen Fällen handelt es sich um eine Kollektivseele, d. h. eine Gruppe von Objekten hat dieselbe Seele.

Der Mensch hat eine individuelle Seele, was innerhalb einer scheinbar gemeinsamen Form für Vielfältigkeit sorgt.

Im menschlichen Körper zeigt diese Einzigartigkeit sich an den

Fingerabdrücken und der in den Chromosomen gespeicherten genetischen Information.

Geist und Materie besitzen eine angeborene Intelligenz, die von der ursprünglichen Göttlichen Intelligenz an sie weitergegeben wurde. Durch die Vereinigung von Geist und Materie wird die Seele geschaffen, die als Bewußtseinsebene betrachtet werden kann, die erreicht wird, wenn diese beiden Aspekte der Intelligenz sich begegnen. Das Bewußtsein hängt vom Grad der Interaktion zwischen diesen beiden Aspekten und der Art der geäußerten Form ab.

Die verschiedenen Lebensformen, die die Erde bewohnen, drükken unterschiedliche Phasen der Entwicklung dieses Bewußtseins aus, d. h. das Bewußtsein einer Zelle unterscheidet sich von dem einer Pflanze; und manche Menschen sind spirituell bewußter als andere.

Der Zweck des Lebens besteht darin, durch das Zusammenwirken von Geist und Materie eine höhere Bewußtseinsebene zu erreichen, bis zwischen den beiden Aspekten der Polarität keine Trennung mehr besteht und das Bewußtsein der Seele und die Quelle eins werden.

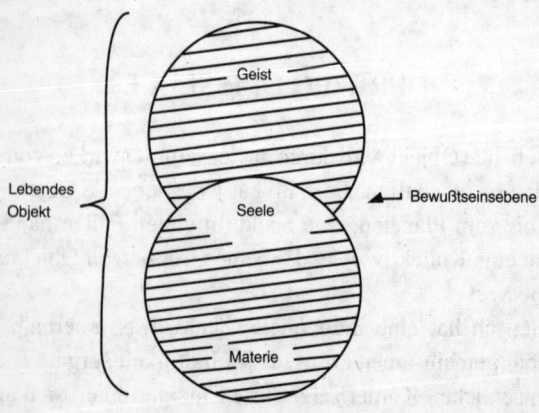

Eine Analogie

Wenn der Geist eine brennende Kerze und die Materie ein Stück
Eis wäre, wäre es zunächst schwierig, durch das Eis hindurch die
Flamme zu sehen.

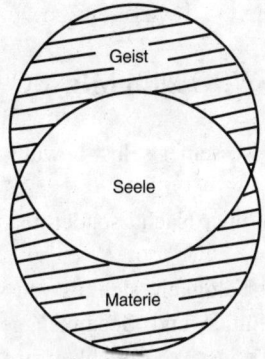

Wenn das Eis näher an die Flamme herangebracht wird, beginnt
es zu schmelzen; das Licht der Flamme ist durch das Wasser
hindurch jetzt klarer sichtbar, d. h. das Wasser läßt das Licht der
Kerze durch.

Wenn die heiße Flamme weiter auf das Wasser einwirkt, kommt
es zur Verdunstung, bis das Wasser nicht mehr sichtbar ist und
das Licht der Kerze voll durchläßt.

Wärme erhöht also die Schwingungsfrequenz der Wassermoleküle; sie verwandelt eine feste Form, Eis, in etwas Freieres, Leichteres. Der Dampf läßt das Licht leichter durch.

Ähnlich wird zwischen Geist und Materie Harmonie erreicht, was beiden nützt.

DER WEG DES MENSCHEN

Ziel des Menschen ist, seiner selbst bewußt zu werden ... sich selbst zu erkennen.

Dies geschieht nicht über Nacht, sondern ist ein Entwicklungsprozeß.

Der Mensch hat die Fähigkeit, sich als von seinem physischen Körper, seinen Gefühlen und Gedanken getrennte Entität zu sehen, d. h. sich von seiner Persönlichkeit zu distanzieren, die die kollektive Bezeichnung für diese drei Aspekte des Menschen ist.

Das bedeutet:

> Der Mensch ist nicht seine physische Welt ...
> sein Haus, sein Auto, seine Arbeit.
> Er ist nicht seine Gefühle ...

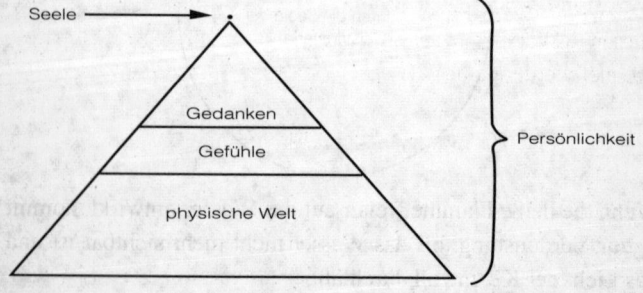

sein Zorn, seine Trauer, seine Angst.

Er ist nicht seine Gedanken …

sein Analysieren, sein Wissen.

Der Mensch ist nicht seine Persönlichkeit.

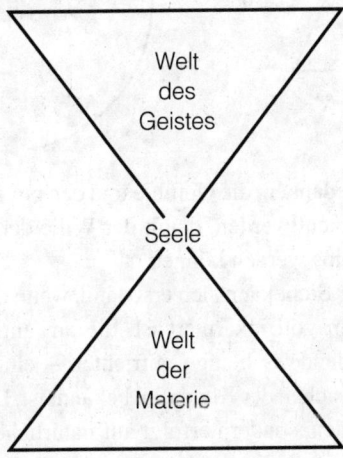

Diese Erkenntnis kann nur von einem objektiven Standpunkt aus erfolgen: der Seele.

Wenn diese Erkenntnis zunimmt, werden die spirituelle Welt und die kleine, aber wichtige Rolle des Menschen im großen Plan bewußt mehr geschätzt.

Die Erkenntnis, daß Seele und Persönlichkeit getrennt sind, hat zwei weitere Pole der Existenz geschaffen, die vereint werden müssen, bevor der Mensch wirklich als spirituelles Wesen bezeichnet werden kann.

Harmonie entsteht durch Einheit.

Sobald der Mensch eine Bewußtseinsebene erreicht hat, auf der er die Seele als von der Persönlichkeit getrennt erkennt, muß die Energie der Seele, die mit der des Geistes verbunden ist, auf dem

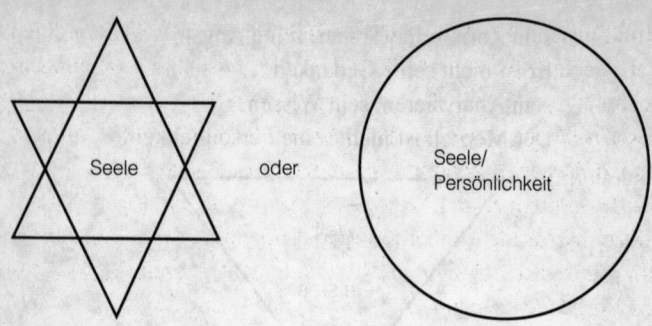

Seele   oder   Seele/
                                         Persönlichkeit

Weg über die Gedanken, die Gefühle und den physischen Körper nach unten gebracht werden, damit der Wille der Seele und die Persönlichkeit eins werden können.

Aus esoterischer Sicht kann sich erst dann, wenn die Seele in der physischen Form voll inkarniert ist, die am unteren Ende der Wirbelsäule ruhende Schlange aufrichten – ein Vorgang, der auch als das Erwachen der Kundalini bekannt ist. Dies kann nicht erzwungen werden, sondern erfolgt auf natürliche Weise, wenn die entsprechenden Stufen in der Entwicklung des Bewußtseins erreicht wurden.

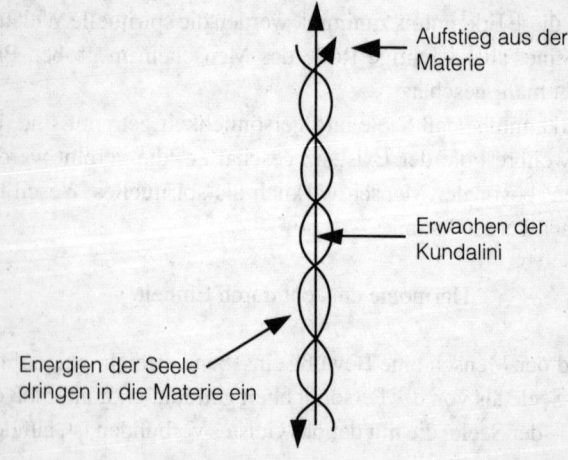

Aufstieg aus der Materie

Erwachen der Kundalini

Energien der Seele dringen in die Materie ein

DIE ESSENZ DER DUALITÄT

Die Erschaffung der zwei Pole der Existenz – Geist und Materie – und ihre Vereinigung, die den Sohn bzw. die Seele hervorbringt, bilden die Grundlage aller Lebenssituationen. Das Erleben, Erkennen und Akzeptieren der beiden Pole führt zu der Erkenntnis, daß es keine Trennung gibt, nur unterschiedliche Ausdrucksformen des einen Prinzips. Sie alle sind Teil der umfassenden schöpferischen Energie.

Eine Analogie

Wenn ich ein Tipi von vorne sehe, sieht es aus wie ein Gebilde mit zwei Seiten und einer Stütze in der Mitte.

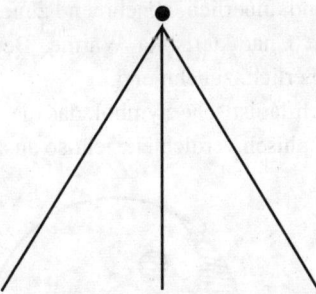

Von oben sehe ich einen um einen zentralen Punkt beschriebenen Kreis.

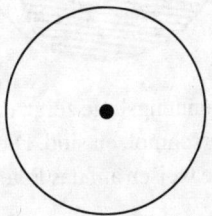

Die chinesischen Lehren

Die Vorstellung der Dualität existiert auch in der chinesischen Philosophie, in der zwei entgegengesetzte, aber komplementäre Kräfte als Yin und Yang beschrieben werden. Sie drücken aus, wie die Dinge aufeinander einwirken, und werden benutzt, um den beständigen und natürlichen Vorgang der Veränderung zu erklären.

Keine Kraft kann ohne die andere existieren; es gibt nichts Absolutes. Wir können nicht wissen, was Nacht ist, wenn wir nicht wissen, was Tag ist; wir sprechen von Einatmung, weil wir die Ausatmung kennen. Beide Kräfte haben das Potential, sich in die entgegengesetzte Kraft zu verwandeln.

Yin werden die Charakteristika Kälte, Ruhe, Passivität, Dunkelheit, reagierend, innerlich, abnehmend zugeschrieben.

Yang hat die Charakteristika Wärme, Bewegung, Helligkeit, anregend, äußerlich, zunehmend.

Das chinesisch-taoistische Symbol, das die Vorstellung von Yin und Yang graphisch verdichtet, sieht so aus:

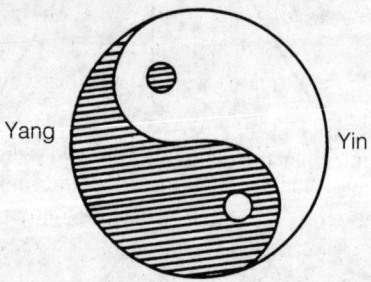

Die geschwungene Trennungslinie zeigt, daß die beiden Aspekte immer miteinander verschmolzen sind. Die kleinen Kreise in der kontrastierenden Farbe weisen auf das Potential zur Veränderung hin.

Die Windungen einer Schlange oder die Kurven einer Spirale geben ebenfalls die Vorstellung eines Gleichgewichts wieder, das durch die Vereinigung der zwei Pole der Existenz zustande kommt.

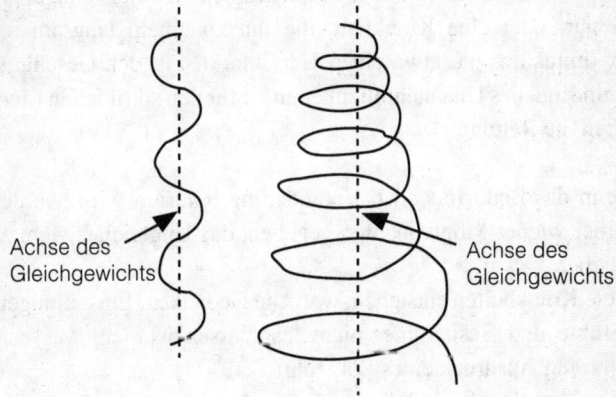

Achse des
Gleichgewichts

Achse des
Gleichgewichts

Die chinesische Philosophie weist darauf hin, daß es unmöglich ist, einen Aspekt anzunehmen und den anderen zu ignorieren.
Dieselbe Vorstellung zeigt sich in der esoterischen Lehre vom *Universellen Gesetz des Gleichgewichts*. Es besagt: Wenn der eine Pol sich extrem äußert, muß sich anschließend der andere Pol äußern, damit die Situation wieder ins Gleichgewicht kommt. Krankheiten sind oft ein Versuch, durch die physische Form ein Ungleichgewicht zu korrigieren. Dies ist unvermeidlich, denn dem obigen Gesetz entsprechend muß die Harmonie wiederhergestellt werden. Jeder scheinbare Zusammenbruch des physischen oder seelischen Körpers sollte daher als Maßnahme eines Freundes und nicht eines Feindes betrachtet werden.
Zusammenbrechen heißt Ausbrechen.
Krankheit ist nicht eine Strafe oder ein Zeichen der Schwäche, sondern ein natürlicher Prozeß, um das Gleichgewicht wiederherzustellen.

Zum Beispiel:

Ein Geschäftsmann, der durch zu viel Alkohol, Gewürze und Kaffee Raubbau mit seiner Gesundheit treibt, kann eine Krankheit bekommen, die seine Exzesse drosselt, etwa ein Magengeschwür, oder eine Krankheit, die ihn zu einem langsameren Rhythmus zwingt, etwa einen Herzinfarkt. Für den Geschäftsmann sind dies Unannehmlichkeiten ... für den spirituellen Menschen die Rettung.

Wenn das Bedürfnis nach Veränderung ignoriert wird, werden immer wieder Möglichkeiten gegeben, das Ungleichgewicht zu beheben.

Viele Krankheiten entstehen, weil alte Gedanken, Einstellungen, Gefühle und Besitztümer nicht losgelassen werden, was zum extremen Ausdruck eines Pols führt.

Angst und Schuld sind die häufigsten Gründe für das Festhalten an der Vergangenheit und den nicht vollzogenen Schritt in die Zukunft. Das Loslassen dieser »alten Freunde« erfordert Vertrauen, das nur entstehen kann, wenn wir mit unserem inneren Wesen in Kontakt sind.

Ein blinder Glaube jedoch, wie er sich etwa in einer religiösen oder politischen Bewegung zeigt, kann auch zur Verfestigung des Denkens und der Unfähigkeit führen, weiterzugehen.

Die Fähigkeit, loszulassen und weiterzugehen und nur die Dinge aufzunehmen, die für das Heute relevant sind, ist eine der größten Heilkräfte im Universum.

Krankheit gilt oft als Lebenskrise; das griechische Wort *krisis* bedeutet jedoch lediglich »Entscheidung«; die Krise bezeichnet den Wendepunkt. Die Entscheidung besteht darin, sich von dem extrem geäußerten Aspekt der Polarität abzuwenden und dem anderen ins Auge zu sehen, ihn zu erleben und zu akzeptieren.

Manchmal zeigt das Bedürfnis nach Gleichgewicht sich in einem größeren Maßstab; dann bricht im Leben vieler Menschen gleichzeitig eine »Krise« aus.

Im Hinblick auf die Erde zeigen solche Krisen sich an Naturkatastrophen wie Vulkanausbrüchen, Taifunen und Erdbeben, bei denen überschüssige Energie freigesetzt wird, um das Gleichgewicht wiederherzustellen.

Der physische Körper wahrt eine harmonische Umgebung (Homöostase), indem er Ungleichgewichte im frühen Stadium aufspürt und sie per Feinabstimmung korrigiert, ohne daß das Problem bewußt wird. Macht aber der Einfluß des Verstandes diese Anpassungen zunichte, erreicht das Ungleichgewicht einen Krisenpunkt, und dann ist Krankheit unvermeidlich, um die Harmonie wiederherzustellen.

Wenn beide Pole der Existenz akzeptiert wurden, wird ihr Einfluß auf die Lernprozesse des Lebens unbedeutend. Man könnte sagen, daß sie durch ihre Vereinigung mit der Seele des Menschen in Harmonie sind.

Wenn wir gesund sind, brauchen wir uns nicht damit zu beschäftigen, ob der Kontraktion des Herzmuskels eine Entspannung oder dem Einatmen ein Ausatmen folgt.

Dieses Akzeptieren kann auch als *Gewöhnung* bezeichnet werden; sie erlaubt dem Gehirn, das loszulassen, was akzeptiert wurde und bekannt ist, und sich nur auf die wichtigeren Facetten des Lebens zu konzentrieren.

DAS WACHSTUM DES BEWUSSTSEINS

Das Bewußtsein des Menschen entwickelt sich durch die ständige Bewegung zwischen den zwei Polen der Existenz. Diese finden sich anfangs in jedem Aspekt der Persönlichkeit: dem physischen, dem emotionalen und dem geistigen.

Durch das Erfahren und Beobachten der verschiedenen Ebenen

der Dualität und das Akzeptieren ihres Vorhandenseins erkennt der Mensch bald, daß sie keine getrennten Entitäten sind, sondern ein Kontinuum des Lebens.

Die Trennung der Seele von den verschiedenen Existenzmodi kann nur durch Leid, Schmerz und Trauer erfahren werden. Bei vielen Menschen sind diese extremen Zustände das Sprungbrett zum Handeln.

Eine tiefe Depression wird auch als die »dunkle Nacht der Seele« beschrieben. Oft liegt eine Art Betäubung vor, oder der Betreffende handelt automatisch. Aber gerade zu dieser Zeit wird das Licht der Seele sichtbar. In einem hellen Raum wird die Flamme einer Kerze leicht übersehen, aber in einem dunklen Raum verbreitet sie enormes Licht.

Extreme sind ermüdend; wenn man sie versteht, wird es unnötig, in dem einen Extrem zu bleiben und das andere zu vermeiden.

Dies gilt besonders für die Gefühle; wenn ein Gefühl unterdrückt wird, staut es sich innerlich auf, bis es sich explosionsartig und unbeherrscht entlädt. Dies führt unweigerlich zu noch mehr Angst vor dem Gefühl und weiterer Unterdrückung.

Ich sehe dies häufig bei Menschen, die ihren Zorn unterdrücken, weil sie so aussehen wollen, als hätten sie alles unter Kontrolle. Ihre Wut baut sich dann im Inneren auf, bis sie in einer Handlung explodiert und weitere Probleme schafft.

Der Psychologe Jung bezeichnete den nicht ausgedrückten Pol der Dualität als »Schatten«; er meinte, wir würden nur einen noch größeren Schatten schaffen, wenn wir ständig vor diesem Aspekt weglaufen. Er empfahl, ihm als Freund entgegenzutreten.

Bildlich gesprochen gibt es keinen Schatten, wenn wir direkt unter der Sonne stehen. Nur wenn wir zwischen uns und der Sonne (der Seele) eine Distanz herstellen, erscheint der Schatten.

Wenn wir unser Bewußtsein von der Persönlichkeit und der äußeren Welt auf die Seele verlagern, erkennen wir, daß wir zwar

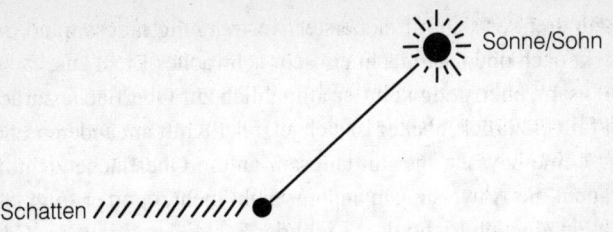

Sonne/Sohn

Schatten ///////////////

Schmerz und Trauer empfinden, dies aber vorübergehende Phasen sind.

Die Alternative würde bedeuten, immer an die kollektive Seele der physischen, emotionalen und geistigen Welten gebunden zu bleiben und nie ein Bewußtsein vom Selbst sowie Frieden erreichen zu können.

Eine Analogie

Ein Tiefseetaucher zieht einen schweren, altmodischen Tauchanzug an und wird auf den Ozeanboden herabgelassen. Seine einzige Verbindung zur Oberfläche ist die an seiner Brust befestigte Signalleine. Auf dem Meeresboden kann er nicht mehr klar sehen und hören, und seine Bewegungen werden vom Gewicht des Anzugs behindert.

Wenn er weiter auf dem Ozeanboden lebt, verblaßt seine Erinnerung an das Leben auf dem Land, und seine Sinne stellen sich auf das Leben im Wasser ein.

Er wandert auf dem Ozeanboden umher und trifft auf andere, die er fragt, ob sie den Weg kennen. Im Vollgefühl ihrer Bedeutsamkeit raten sie ihm, ihnen zu folgen; so gehen sie gemeinsam weiter – keiner kennt die Richtung genau, und keiner möchte diese Tatsache zugeben.

Irgendwann spannt die Signalleine sich, und unser Taucher muß innehalten und denselben Weg zurückgehen. Verwirrt und erschreckt schaut er nach links und rechts.

Dann dreht er sich mit äußerster Anstrengung langsam um und blickt nach oben. Er macht ein sehr schwaches Licht aus.

Langsam, aber stetig kehrt er allmählich zur Oberfläche zurück; oft fällt er zurück, aber er ist sich jetzt der Kraft am anderen Ende der Leine bewußt, die ihn langsam an die Oberfläche zieht. Er braucht die Anweisungen anderer nicht mehr, denn er folgt jetzt seinem eigenen Licht: dem Licht der Seele, dem Licht der Göttlichen Quelle.

Die Seele ist da, um uns den Weg zu zeigen und uns zu helfen, aber sie kann uns nicht zwingen, dem Licht zu folgen. Es ist stets unser freier Wille, ob wir uns mit den verschiedenen Aspekten der Persönlichkeit identifizieren oder einen erfüllenderen, wenn auch nicht immer einfacheren Weg suchen.

DER WEG

Die physische Welt

Ein Mensch identifiziert sich mit der materiellen bzw. physischen Welt. Er ist sein Reichtum oder seine Armut; seine Krankheit oder seine Gesundheit; seine Dunkelheit oder sein Licht.
Und doch wird ihm durch diese Erfahrungen bewußt, daß er keine und beide ist.

Zum Beispiel:

Ein reicher Mann meint, er hätte nie genug, und fühlt sich deshalb arm.
Ein Armer betrachtet sich als reich, wenn er ein Stückchen Brot findet.

Es ist eine Frage der Erkenntnisebene.

Wie bei der Vorstellung von Yin und Yang sind Worte wie Reichtum und Armut nur relative Bezeichnungen für eine Situation und nichts Absolutes.

Die Wahrnehmung ändert sich ständig, je nach der Position des Beobachters; je weiter man vom Ort der Handlung entfernt ist, desto leichter sieht man, daß die beiden Extreme die zwei Seiten der einen Medaille sind, oder besser verschiedene Positionen auf einem Kreis.

Eine Analogie

Zwei kleine Jungen stehen auf dem Spielplatz.

»Ich habe einen Elefanten gesehen«, sagt der erste. »Er hat große Ohren und einen langen Rüssel, der herunterkommen und dich vom Boden hochheben kann.«

»Das ist kein Elefant«, sagt der zweite kleine Junge.

»Ich habe im letzten Monat einen gesehen, er hatte breite dicke Beine und einen Schwanz, der dich umfegen würde, wenn er ihn hin- und herbewegen würde.«

»Das stimmt nicht«, ruft der erste kleine Junge. »Du weißt nicht, wovon du sprichst.«

»Und du würdest einen Elefanten nicht erkennen, auch wenn du in ihn hineinrennen würdest«, antworte der zweite.

In diesem Augenblick kommt ein älterer und weiserer Junge auf die beiden streitenden Kinder zu.

»Ich habe auf einem Elefanten gesessen. Vorne hat er einen langen Rüssel und breite Ohren. Hinten hat er einen langen Schwanz und dicke Beine. Deshalb habt ihr beide recht; ein Tier besteht aus Vorder- und Hinterteil, was von einem hohen Aussichtspunkt aus am deutlichsten ist.«

Beim spirituellen Menschen ist dieser Aussichtspunkt die Seele.

Weil der Mensch die Fähigkeit hat, das Leben objektiv zu sehen, anstatt sich mit der Materie zu identifizieren, erweitert das Bewußtsein sich auf natürliche Weise.

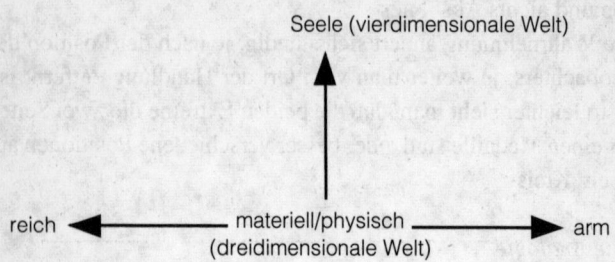

Die Erkenntnis von der Einheit in der Vielfalt entspricht dem Prinzip der Erschaffung der Seele durch die Vereinigung von Geist und Materie.

Hier kommt das *Universelle Gesetz der Entsprechung* ins Spiel; es besagt, daß alles, was in den spirituellen Bereichen geschieht, auch auf der irdischen Ebene eintreten wird.

»Wie oben, so unten«.

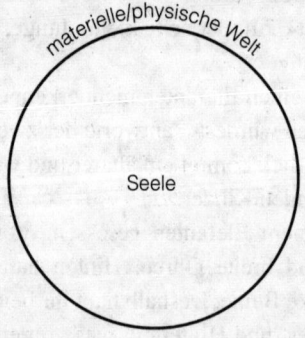

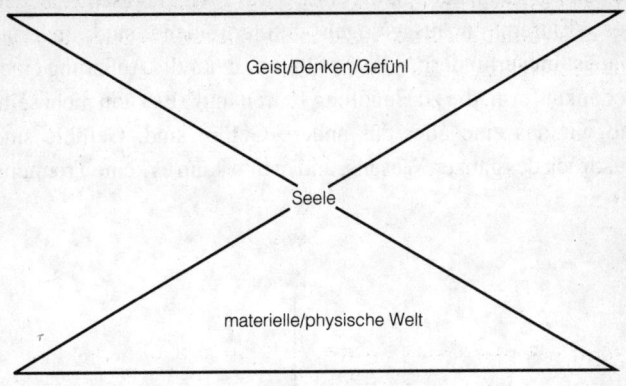

Geist/Denken/Gefühl

Seele

materielle/physische Welt

Die emotionale Welt

Wenn der Mensch auf seinem Weg weitergeht, verlagert seine
Identifikation sich von der materiellen auf die emotionale Welt.
Er wird seine Emotionen. (Er ist nie ganz von ihnen abgeschnit-
ten.)
Er ist sein Zorn; seine Depression; seine Angst; sein Glück; seine
Furcht; seine Schuld; seine Freude; sein Kummer. Oft erlebt er
die Pole des emotionalen Daseins zur selben Zeit.

Zum Beispiel:

Ein am Arbeitsplatz wütender Mensch zeigt seine Wut zu
Hause vielleicht nie, denn er hat Angst, andere aufzuregen.

Ein ständig lächelndes Gesicht verbirgt eine tiefinnerliche
Depression.

Ein Mensch, der sich nie beklagt, trägt innerlich beträchtli-
chen Groll mit sich herum.

Von einem Punkt außerhalb der Erfahrung wird langsam klar, daß diese Extreme unausgewogen und ermüdend sind und das Wachstum verhindern. Alle Gefühle sind nur die Äußerung einer Gedankenform, die zu Handlung führen muß. Es kann nicht sein, daß wir das eine oder das andere Gefühl sind; Gefühle sind Ausdruck des ganzen Wesens, und in ihm kann es keine Trennung geben.

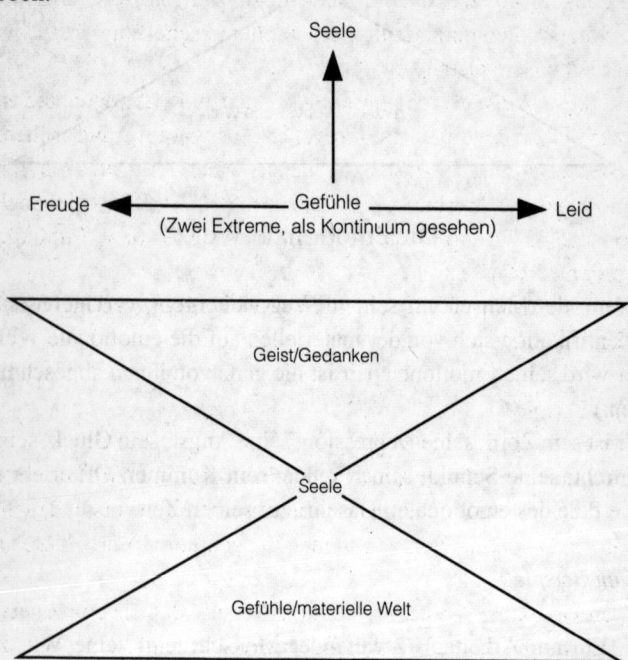

Der Mensch ist nicht seine Gefühle.

Die Welt der Gedanken

Der Mensch identifiziert sich mit seinen Gedanken, seinem Überzeugungssystem, den Regeln und Bestimmungen, die sein Leben beherrschen.

»Ich denke, also bin ich« (Descartes, französischer Philosoph).

Gedankenformen beinhalten auch die Illusion, daß das Leben von den materiellen und emotionalen Welten erschaffen wird ... wir werden unsere Gedanken.

Auf diese Weise werden unsere Aktionen zu Reaktionen, die auf einem Überzeugungssystem beruhen, das wir aufgrund früherer Lebenserfahrungen aufgebaut haben. Meist sind wir mit ihm emotional stark verbunden, so daß der »Schauspieler« sich nicht von der Erfahrung lösen und zum Beobachter bzw. Publikum werden kann.

Das bedeutet, daß Gefühle die Gedankenform hervorbringen, und nicht die Seele.

Zum Beispiel:

Als Anne sechs Jahre alt war, ging ihr Vater von zu Hause fort und lebte mit einer anderen Frau zusammen. Anne verstand nicht, warum dies geschehen war, denn sie dachte, ihr Vater hätte sie lieb.

Nach kindlicher Art kam sie zu dem Schluß, daß sie etwas getan haben mußte, das sein Weggehen provoziert hatte.

Sie trug diese Überzeugung innerlich mit sich herum und lebte so dahin, bis sie begann, mit Jungen auszugehen. Eine Beziehung nach der anderen zerbrach. Meist sagten die Jungen, ihre Liebe ersticke sie, und jeder Anregung, weniger possessiv zu sein, wurde von ihr die Behauptung entgegengehalten, sie liebten sie nicht.

Anne hatte das verzweifelte Bedürfnis, ihrem Partner zu gefallen, um ja nicht verlassen zu werden. Ihr Bedürfnis nach Liebe und ihre Überzeugung, daß diese Liebe nur von einem anderen Menschen kommen könne, bereitete ihr viel Kummer und Streß.

Im Gespräch mit einer Freundin erkannte sie eines Tages, daß das Muster sich ständig wiederholte. Sie erkannte, daß sie Männer anzog, die ihre innere Überzeugung bestätigten, weil sie sich selbst nicht liebte.

Als sie lernte, für ihre Bedürfnisse zu sorgen, und das Muster in der Ehe ihrer Eltern verstand, wurde sie selbstsicherer.

Im letzten Jahr begann sie eine neue Beziehung, diesmal als stärkerer und weiserer Mensch.

Gedankenformen und Überzeugungssysteme werden in unseren Entwicklungsjahren angelegt und zeigen sich an dem, was man im Leben tun, denken und fühlen »sollte« und »nicht sollte«.

Das ganze Leben hindurch schwanken wir zwischen Widerstand gegen und Anpassung an diese Regeln, bis wir ein Gleichgewicht finden, das die für das Heute angemessenen und wertvollen Überzeugungen enthält.

Das Gleichgewicht wird gefunden, wenn wir den universellen Gesetzen des Lebens folgen und unsere Regeln dahingehend überprüfen, ob sie noch angemessen sind; die Folgen unseres Tuns akzeptieren wir dabei als Teil der Lernerfahrung.

Nur durch die Verwendung der Intuition können wir wissen, welche Gedanken von der Seele kommen und welche zu unserer Persönlichkeit gehören.

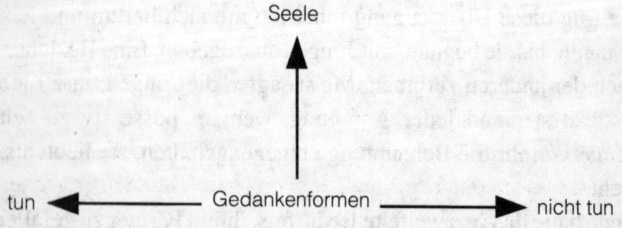

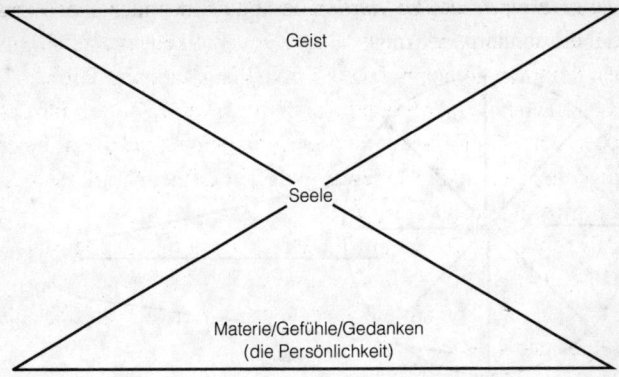

Geist

Seele

Materie/Gefühle/Gedanken
(die Persönlichkeit)

Sobald der Mensch weiß, daß er aus Persönlichkeit und Seele besteht, eröffnet letztere den Zugang zu den spirituellen Ebenen. In der folgenden Phase bringt die Seele ihre Energien in die Persönlichkeit ein, bis diese das Licht der Seele verstrahlt.

»Erst finde dich auf dem Weg; dann verliere dich, und du hast deinen Weg gemacht.«

Um dies zu erreichen, wird das Bewußtsein der Seele geprüft, wenn sie die mentalen, emotionalen und physischen Ebenen passiert. Auch jetzt ist die Dualität präsent, aber da diesmal die Seele die Leitung übernommen hat, kann der Mensch diese Ebenen als das sehen, was sie sind, und wird deshalb von der Vielfalt weniger verwirrt.

DIE UNIVERSELLEN GESETZE

Die esoterischen Lehren kennen eine Reihe von Gesetzen, nach denen das Universum funktioniert.

1. *Das Gesetz der Entsprechung* ist bereits angesprochen worden; alles, was auf einer spirituellen Ebene geschieht, wird auch auf der irdischen Ebene eintreten.

2. *Das Gesetz der Reinkarnation* besagt, daß wir nicht nur einmal leben, sondern mehrmals.

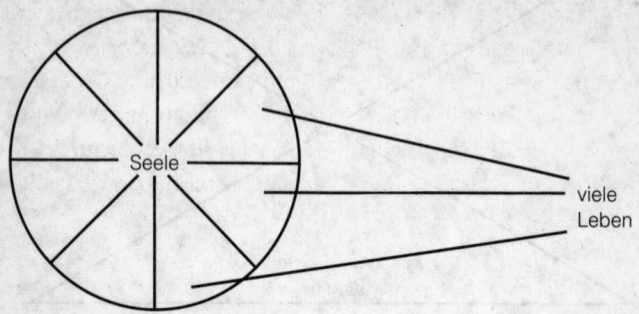

So kann der Mensch alle Aspekte des Lebens erfahren und sein Bewußtsein erweitern.

Die Vorstellung der Reinkarnation war im Christentum bis 553 n. Chr. vorhanden, bis das Konzil von Konstantinopel dekretierte, dieser Glaube solle aus der religiösen Unterweisung ausgeschlossen werden. Aufgrund dieser Entscheidung glaubten die Menschen im Westen, es gebe nur ein Leben und die Möglichkeit eines Lebens nach dem Tod.

Die östliche Philosophie jedoch behielt diese Lehren bei, und allmählich dringen diese Gedanken wieder in die spirituellen Zentren des Westens ein.

Die vielen Leben können als Ausdruck der verschiedenen Aspekte des Selbst gesehen werden, das das Ganze zu verstehen sucht. Ich glaube, daß wir uns die Lektionen aussuchen, die wir in jedem unserer Leben lernen wollen, und zwar bevor wir auf die irdische Ebene kommen. Dies bedeutet, daß wir uns auch unsere Eltern, unsere Familie, Bekannte und Freunde ausgesucht haben. Die Familie, der wir durch die Bande des Blutes verbunden sind, ist unser größter Lehrer; auch wenn wir Wut und Haß ihr gegenüber empfinden, ist sie schwer zu vergessen. Von Freunden kann man sich sehr viel leichter trennen.

Unsere wahre spirituelle Familie muß nicht unbedingt mit uns unter einem Dach leben… man erkennt sie auf den ersten Blick und mag, was man sieht. Sie gibt uns Anleitung und Unterstützung, wenn wir sie brauchen, und kann dann wieder aus unserem Leben verschwinden.

Es ist nicht wichtig, ob Sie an ein oder an viele Leben glauben. Wichtig ist die Fähigkeit, im Heute und in der Präsenz der Seele zu leben.

Es gibt noch drei andere Universelle Gesetze, die für unsere Fähigkeit wichtig sind, uns das zukommen zu lassen, was wir für unser Wachstum brauchen.

3. *Das Gesetz der Gelegenheit*

Es besagt, daß es immer Gelegenheiten zum Lernen und Wachsen geben wird, und daß auch die dazu notwendigen Werkzeuge uns immer zur Verfügung stehen werden.

4. *Das Gesetz der Anziehung*

Es besagt, daß wir das anziehen, was wir brauchen. Es verspricht jedoch nicht, daß dies immer das ist, was wir wollen!

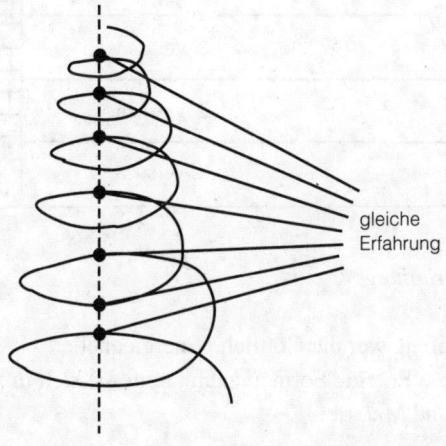

gleiche
Erfahrung

5. Das Gesetz des Karma

Dieses Gesetz besagt, daß alles, was von uns ausgeht, irgendwann einmal zu uns zurückkommt.

»...Was ihr sät, werdet ihr ernten.«

Bei Ebbe geht das Wasser zurück, bei Flut steigt es wieder an; wir atmen ein und aus; nach einer Dehnung kehrt eine Feder wieder in ihre ursprüngliche Position zurück.

Das Karma will uns nicht bestrafen, weil wir etwas falsch gemacht haben, sondern uns helfen, beide Pole der Existenz zu verstehen.

Wenn man das Leben als eine Spirale sieht, wird dieselbe Erfahrung in anderer Verkleidung auf uns zukommen, wenn wir eine Gelegenheit nicht wahrnehmen. Aber es gibt keine Garantie dafür, daß es beim nächsten Mal einfacher sein wird! Oft jedoch bringen wir bei jedem Versuch, »die Mauer zu erklimmen«, eine neue »Erdschicht« an; sie wird zu einer Rampe, von der aus wir die Mauer schließlich ohne große Anstrengung ersteigen können.

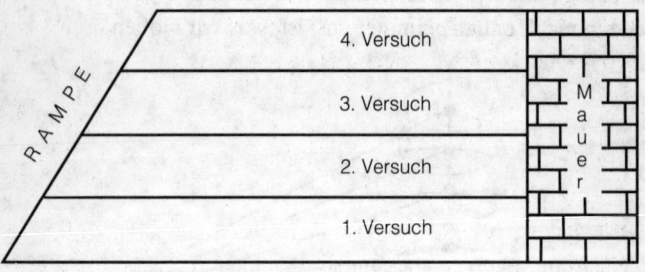

Zur Wiederholung:

1. Am Anfang war die Göttliche Energiequelle.
2. Als diese Energie Form annahm, teilte sie sich in zwei Pole: Geist und Materie.

3. Die Vereinigung dieser beiden Pole brachte die Seele hervor.

4. Die Seele ist ein Ausdruck des Bewußtseins, das durch die Vereinigung entsteht.

5. Das Ziel des Lebens besteht darin, das Bewußtseinsniveau zu heben, was durch das Zusammenwirken von Geist und Materie geschieht.

6. Das Ziel des Menschen besteht darin, sich seines Selbst bewußt zu werden, d. h. sich als von seiner Persönlichkeit getrennt zu sehen und dann diese Trennung dadurch zu überwinden, daß die Energien von Seele und Persönlichkeit verschmelzen, um den spirituellen Menschen zu formen.

7. Das Bewußtsein nimmt zu, wenn wir die diversen Aspekte der Dualität erfahren und akzeptieren und sie zuerst als unterschiedlich und dann als dasselbe erkennen.

8. Auf diese Weise können wir beginnen, uns als Geist und als Materie zu sehen und dann zu begreifen, daß sie derselben Quelle entstammen.

9. Die meisten Widerstände gegen diese Vorstellungen kommen aus dem Bereich der Gefühle und Wünsche.

10. Krankheiten des physischen Körpers sind ein Hilfsmittel, um das Gleichgewicht wiederherzustellen.

Übung 1

1. Wählen Sie 6 Dinge, die Sie an sich selbst mögen, z. B. Ihre Nase, Ihr Lachen, Ihre Fürsorglichkeit, Ihre Fähigkeit zum Zuhören, Ihre Sensibilität oder Ihre Fähigkeit, sich gut mit anderen Menschen zu vertragen.

2. Wählen Sie 6 Dinge, die Sie an sich selbst nicht mögen (das ist sehr viel leichter!), z. B. Ihre Hüften, Ihre Intoleranz, Ihre Reizbarkeit, Ihre Launen oder Ihr Wunsch nach Einsamkeit, Ihre Vorliebe für Schokolade und Ihre schlechte Haut.

3. Sagen Sie jetzt einem Spiegel oder einem anderen Menschen Ihre guten Eigenschaften vor: »Ich mag mein …« oder »Ich mag, daß ich … bin.«

4. Bestätigen Sie dann sich oder einem anderen die negativen Eigenschaften, die Teil Ihres Wesens sind: »Ich akzeptiere meine …«, und wenn möglich »Ich mag meine …«

5. Sehen Sie sich die beiden Listen daraufhin an, ob es Bereiche gibt, die sich widersprechen, z. B.:

   »Ich bin fürsorglich … aber intolerant.«

   »Ich bin gern mit Menschen zusammen … aber ich möchte in Ruhe gelassen werden.«

   »Ich esse gerne Schokolade … aber ich hasse meine schlechte Haut.«

Diese Beispiele verweisen auf Konfliktbereiche, die mit einem gemeinsamen Thema zu tun haben. Es ginge am Kern der Sache vorbei, einfach nur die negativen Punkte zu hassen. Ihr Vorhandensein zeigt ein Ungleichgewicht.

Ein überfürsorgliches Wesen etwa kann bedeuten, daß man nicht genug Zeit mit dem Nehmen und zu viel Zeit mit dem Geben verbringt; dies führt zu einem Ungleichgewicht, das sich an Reizbarkeit, Launenhaftigkeit und Essen zum Trost zeigt.

Es geht darum, das gemeinsame Thema zu finden.

In diesem Fall führt die geringe Liebe zu sich selbst und die ausschließliche Identität als Zuhörer und Geber zu Disharmonie.

Wenn man Zeit für sich selbst findet und die Bereiche erkennt, in denen man nachlässig ist, etwa bei der Ernährung, lösen die sogenannten »negativen« Aspekte sich auf, während die »positiven« harmonisiert werden.

Übung 2

1. Wählen Sie zwei Menschen, mit denen Sie nicht in Harmonie sind.
2. Listen Sie die Dinge auf, die Sie ärgern, irritieren oder ängstigen.
3. Dem Gesetz der Anziehung entsprechend haben Sie diese Menschen angezogen, um zu lernen. Sie spiegeln einen Aspekt von Ihnen selbst, der noch im dunkeln liegt.

Dieser Gedankengang ist oft schwer zu akzeptieren, aber sehen Sie sich nicht den Vorgang selbst an, sondern den ihm zugrundeliegenden Aspekt, der aus dem Gleichgewicht ist.

Zum Beispiel:

Ihr Mann lehnt es ab, sich bei der Arbeit in den Vordergrund zu schieben, und wird bei Beförderungen so ständig von Kollegen überholt. Sie halten ihn für schwach und sind frustriert, weil Sie nie genug Geld haben und nie richtige Ferien machen können.

Aber wenn vorgeschlagen wird, daß Sie ja auch arbeiten könnten, fällt Ihnen eine Ausrede nach der anderen ein. Genauso wie Ihr Mann haben Sie das Gefühl, »nicht gut genug zu sein«, und glauben, daß jeder Versuch fehlschlagen wird.

Ihnen beiden fehlte die Ermutigung der Eltern; Ihnen beiden wurde gesagt: »Du wirst nie etwas aus deinem Leben machen«. Wenn Sie sich in Ihrem Mann sehen, erkennen Sie, daß Sie eigentlich wegen sich selbst frustriert sind. Dem kann nur abgeholfen werden, wenn Sie alle Entschuldigungen beiseite schieben und eine kreative Tätigkeit aufnehmen, die im Rahmen Ihrer Fähigkeiten liegt. So stärken Sie Ihr Selbstvertrauen und verschaffen Ihrem Mann eine Pause, in der er sich vom Nörgeln erholen und mit seinem eigenen Wachstum weitermachen kann.

KAPITEL 2

Die feinstofflichen
Energiekörper

Der Mensch ist mehr als sein physischer Körper.
Er hat eine Seele, die das Ergebnis des Zusammenwirkens von
Geist und Materie ist. Diese wiederum entstammen der Göttlichen Energiequelle.
Er hat auch eine Persönlichkeit, die den logischen Verstand, die
Gefühle und den physischen Körper umfaßt.
Diese verschiedenen Facetten des Menschen werden esoterisch
als »Körper« bezeichnet; wenn der physische Körper ausgeschlossen ist, spricht man von »feinstofflichen Körpern«, weil
das physische Auge sie nicht sieht.
Der Mensch besteht daher nicht nur aus einem Körper, sondern
aus sieben.

Eine Analogie

Wenn weißes Licht ein Prisma passiert, wird es in die sieben
Farben des Regenbogens zerlegt. Werden diese sieben Farben
wieder durch ein Prisma geführt, werden sie zu einem, dem
weißen Licht (Abb. S. 56 unten).
Die »Körper« sind miteinander verbundene Energiefelder, die in
jeweils unterschiedlichen Frequenzen schwingen; von der höchsten zur niedrigsten Schwingungsfrequenz werden sie bezeichnet
als:

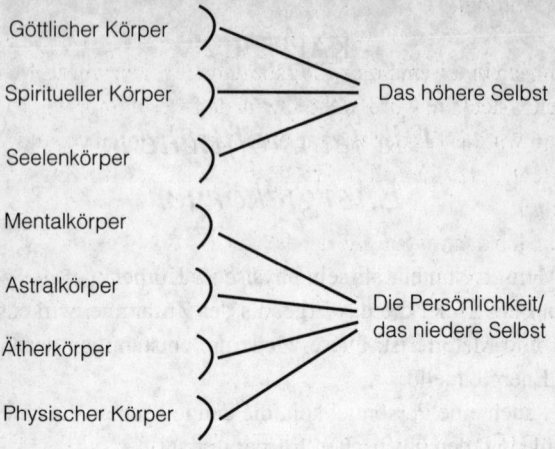

Göttlicher Körper

Spiritueller Körper — Das höhere Selbst

Seelenkörper

Mentalkörper

Astralkörper — Die Persönlichkeit/
das niedere Selbst

Ätherkörper

Physischer Körper

Diese Körper bilden keine Schichten, sondern vermischen sich. Zusammen bilden sie die »Aura«, die ein Hellsichtiger wahrnimmt.

Wenn wir in einer Welt aufgewachsen sind, in der das Motto galt: »Ich glaube nur, was ich sehe«, ist es oft schwer zu begreifen, daß wir mehr sind als Fleisch und Blut.

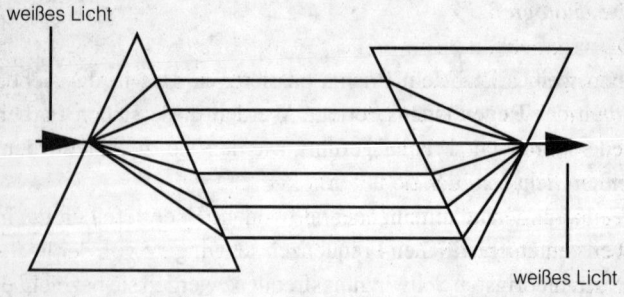

weißes Licht

weißes Licht

Die folgende Analogie macht die Angelegenheit vielleicht etwas klarer:

Wenn ich Ihnen ein Stück Eis gäbe und Sie bitten würde, Ihre Hand durchzustecken, würden Sie sagen, daß dies unmöglich ist.

Wenn wir das Eis der Wärme aussetzen, schmilzt es, und Wasser entsteht. Jetzt kann Ihre Hand ohne weiteres ins eisige Wasser greifen.

Wenn ich dann sagen würde, daß ich das Wasser zum Verschwinden bringen kann, könnten Sie dies ebenfalls anzweifeln. Aber bei zusätzlicher Hitze wird das Wasser tatsächlich zu Dampf und verschwindet in der Luft.

DIE ENERGIEKÖRPER DES MENSCHEN

Die Energie der höheren Körper – des Göttlichen, des spirituellen und des Seelen-Körpers – entstammen einem kleinen Teil der Energie, aus der die Göttliche Energiequelle besteht, nämlich Geist und Seele.

Nur wenige Menschen sind mit der Energie ihres spirituellen und ihres Göttlichen Körpers in Kontakt. Es sind die Heiligen der alten Kulturen.

Der Göttliche, der spirituelle und die höheren Aspekte des Seelenkörpers bilden das *höhere Selbst*. Es äußert sich durch den *höheren Verstand*, steht über den Dingen des Alltags und befähigt den Menschen zu bedingungsloser Liebe und einem nichturteilenden Blick auf das Leben auf allen Ebenen.

Wenn wir den höheren Verstand anzapfen, ist es sehr viel einfacher, die Dinge objektiver und dadurch im richtigen Verhältnis zu sehen.

Das *niedere Selbst*, die Persönlichkeit bzw. das *Ego*, äußert sich durch den *niederen Verstand* und besteht aus dem astralen, dem mentalen, dem ätherischen und dem physischen Körper.

Die niederen Aspekte des Seelenkörpers vermitteln zwischen dem höheren und dem niederen Selbst.

Göttlicher Körper

▼

spiritueller Körper

▼

Seelen ● körper

▼

mentaler Körper

▼

Astralkörper

▼

physischer Körper/Ätherkörper

Beim Menschen wählt die Seele die Persönlichkeit, die ihrer Meinung nach die in jedem Leben vorhandenen Lernsituationen voll nutzt.
Die verschiedenen Körper werden dann durch die Kohäsionskraft der Seele zusammengebracht, die ein Ausdruck der Macht der Liebe ist.

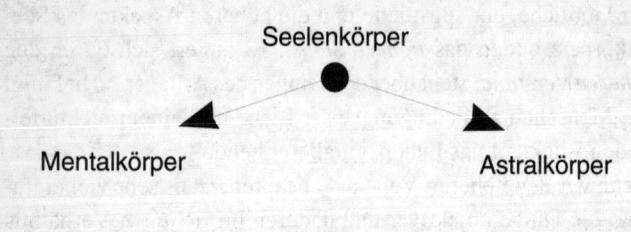

Seelenkörper

Mentalkörper   Astralkörper

physischer/ätherischer Körper

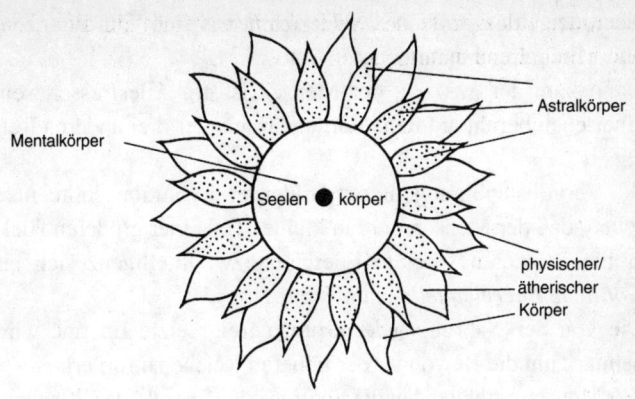

DIE NIEDEREN KÖRPER

Diese Energiekörper entstehen durch die ursprüngliche Vereinigung von Geist und Materie. Auf diese Weise haben auch sie eine ihnen eigene Bewußtseinsebene. Ihre Entwicklung verläuft so, daß eine Stufe die Voraussetzung für die nächste ist.

Evolution

Am Anfang war *das Nichts*.
Es gab jedoch das Gefäß für alles Leben … den *Äther* (die ursprüngliche weibliche Energie).
Durch die Einwirkung der elektromagnetischen Kraft der Sonne (der ursprünglichen männlichen Energie) wurde das *Mineralreich* gebildet: Kristalle, Felsen und auch die chemischen Grundelemente, die zur Gestaltung des Menschen und aller anderen Lebenssysteme benutzt werden.
Danach kam das *Pflanzenreich*. Pflanzen wachsen durch das Zusammenwirken von Sonne, Mineralien und Wasser in der Erde.

Nach den Pflanzen kam das *Tierreich*, das sich vom Pflanzen- und Mineralreich nährt.

Dann kam der *Mensch*; der Mensch ist ein Allesfresser; sein Überleben beruht auf dem Vorhandensein der drei anderen Reiche.

Zu Vervollständigung dieses Bilds der Evolution sollte man sehen, daß der Mensch nur ein kleiner Teil einer größeren Hierarchie ist, deren vereinte Energien bzw. Intelligenz sich als *Göttliche Energiequelle* manifestiert.

Die von der Nahrung jeder Gruppe freigesetzte Energie wird benutzt, um die Bewohner der höheren Reiche zu fördern.

Der Mensch enthält daher die Energie des Mineral-, des Pflanzen- und des Tierreichs.

Wenn dies auf die Gestaltung der Persönlichkeit übertragen wird, zeigt sich, daß die »Intelligenz« jeden Reichs zur Erschaffung der niederen Körper verwendet wird.

a) *Der physische Körper entstammt dem Mineralreich.*

b) *Der Ätherkörper entstammt dem Pflanzenreich.*

c) *Der Astralkörper entstammt dem Tierreich.*

d) *Der Mentalkörper entstammt dem Menschenreich; in ihm hat der Wille der Seele des Menschen ihren Sitz.*

Aber in dieser Welt ist nichts statisch, und so hat jedes Reich das Ziel, eine höhere Bewußtseinsebene zu erreichen.

Deshalb können etwa Mineralien nicht nur Energie speichern und weiterleiten, sondern auch – wie die moderne Verwendung von Kristallen zu Heilzwecken und im Bereich der Technologie zeigt – transformieren, was die Funktion des Ätherkörpers ist.

Das Pflanzenreich fängt die Energie der Sonne ein und verwandelt sie. Aber neuerdings haben Forscher auch gezeigt, daß Pflanzen auf ihre Umgebung empfindlich reagieren und sich von schmerzhaften oder schädlichen Reizen zu entfernen suchen. Diese Sensibilität und die Fähigkeit, auf die Umgebung zu reagieren, sind Funktionen des Astralkörpers.

Das Tierreich ist mit Instinkten verbunden, die mit dem Überleben und der Fortpflanzung zu tun haben; höherentwickelte Tiere, etwa Haustiere, sind jedoch in bestimmtem Umfang auch zu individuellem Denken fähig.

Der Mensch wiederum versucht mit seinem logischen Verstand, der ihm die Fähigkeit des Analysierens gibt, seine Seele als weises und liebendes Wesen zu erkennen und zu akzeptieren.

BEWUSSTSEINSEBENEN UND KRANKHEIT

Wenn der Mensch durch die Identifikation mit den verschiedenen »Körpern« der Existenz sein Bewußtsein erweitert, identifiziert er sich mit der Intelligenz jedes Reichs, die folglich sein jeweiliges Handeln beeinflussen wird.

Der Mentalkörper

Bis jetzt sind Ungleichgewichte des Mentalkörpers selten, da die meisten sogenannten »Geisteskrankheiten« vom Astralkörper ausgehen.

Der Astralkörper

Wenn der Mensch sich mit seinen Gefühlen identifiziert, ist er mit der Intelligenz des Astral- bzw. animalischen Körpers verbunden.

Dieser Körper hat mit dem Überleben und also mit der Fortpflanzung zu tun. Daher besteht wie bei den Tieren oft die Neigung zu Wettbewerb, Aggressivität und Abwehr.

Ohne den Einfluß des logischen Verstandes oder der Intuition neigt die astrale Intelligenz dazu, ohne Nachdenken auf die eingehenden sensorischen Reize zu reagieren.

Ich habe festgestellt, daß Menschen mit dieser Form der Intelligenz oft Krankheiten haben, deren Ursprung in der Astralebene liegt.

Der Ätherkörper

Er ist ein weiterer wichtiger Sitz für Krankheiten und Disharmonie; er empfängt und transformiert die kollektive Intelligenz anderer Körper und gibt sie dann an den physischen Körper weiter.

Leider ist die diesem Körper zugrundeliegende Intelligenz nicht sensibel genug, um zu erkennen, welche elektromagnetischen Energien ihm schaden.

In den letzten Jahren hat sich immer deutlicher gezeigt, daß Hochspannungsleitungen, Wasseradern und Elektrogeräte und -leitungen im Haus der Gesundheit schaden. Die Auswirkungen zeigen sich im Nervensystem, dem Gegenstück des Ätherkörpers.

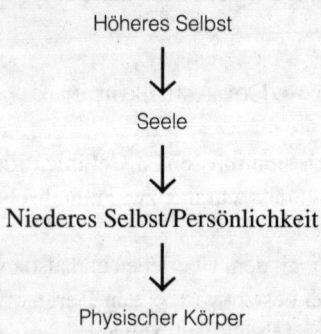

Höheres Selbst

↓

Seele

↓

Niederes Selbst/Persönlichkeit

↓

Physischer Körper

Der physische Körper

Obwohl Disharmonien bzw. Krankheiten sich oft im physischen Körper zeigen, ist dieser selten der Ursprung des Ungleichgewichts, sondern lediglich der Träger der von den anderen Körpern vermittelten Energie, der Gedanken in Handlung umsetzt.

BESCHREIBUNG DER KÖRPER

Der Mentalkörper

Er ist der Sitz des Willens der Seele, der Punkt, von dem aus die Seele versuchen kann, ihre Intelligenz mit der der Persönlichkeit zu verbinden.

Er ist der Sitz des logischen bzw. analytischen Denkens.

Er ist der Ort, an dem die von der Seele stammenden und unter der Herrschaft der Universellen Gesetze stehenden Impulse des höheren Selbst ankommen und in Gedankenformen und dann in Handlung verwandelt werden.

Die Gedankenformen können während des Schlafs in Form von Träumen, während der Meditation oder als Tagtraum auftreten; sie können sich auch langsam als eine Vorstellung entwickeln, die als realistisches Ziel in den bewußten Verstand eindringt.

Bis zu einem bestimmten Punkt kann der Mensch die Gedankenform leugnen und sie in den Tiefen des Unterbewußtseins begraben. Wenn dieser Impuls jedoch für das Wachstum der Seele wichtig ist, wird er mehrmals auf unterschiedliche Weise präsentiert, bis er in Handlung umgesetzt wird.

Ich weiß, daß es Zeiten in meinem Leben gab, in denen ich einen bestimmten Impuls vermied, der eine Veränderung bedeutet hätte; später mußte ich dann feststellen, daß äußere Ereignisse mich langsam aber sicher zur selben Änderung veranlaßten.

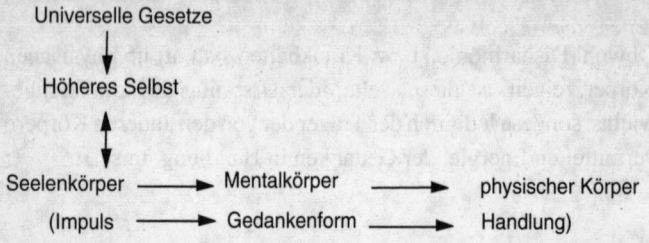

Universelle Gesetze
↓
Höheres Selbst
↕
Seelenkörper ——————▶ Mentalkörper ——————————▶ physischer Körper
(Impuls ——————▶ Gedankenform ——————▶ Handlung)

Als ich zum Beispiel eines Morgens zum Auto ging, bemerkte ich, daß einer der Reifen ein Loch hatte. Ich ärgerte mich darüber, weil dadurch nun der weitere Ablauf des Tages verzögert wurde, und begann, den Reifen zu wechseln. In diesem Augenblick klingelte das Telefon, und als ich den Hörer abnahm, wurde ich zu einer Versammlung eingeladen, die zu großen Veränderungen in meinem Leben führte.

Ich glaube, daß nichts zufällig geschieht ... wenn Sie an den Zufall glauben wollen, ist das in Ordnung – aber Sie verpassen vielleicht ein paar goldene Gelegenheiten!

Neue Vorstellungen brauchen einen unverbrauchten Boden. Bevor eine Idee sich in der physischen Welt manifestiert, ist Zeit erforderlich, um den Boden vorzubereiten und alte Wurzeln oder Unkraut zu entfernen, die das Wachsen der Saat behindern könnten. Es ist wie beim Frühjahrsputz: Altes, für das gegenwärtige Leben nicht mehr Nützliches, wird ausrangiert, damit Platz entsteht für das Neue.

Beim spirituellen Menschen kehrt die vollzogene Handlung wieder in den Mentalkörper zurück, wo sie durch das Gedächtnis eine Form erhält. Sie wird dann an die Seele weitergeleitet, deren Weisheit die Ergebnisse mit dem ursprünglichen Impuls vergleicht.

Das Ergebnis der Handlung und die Bewertung durch die Seele bestimmen die Art des nächsten Impulses.

Die von der Seele vorgenommene Einschätzung beruht auf Intuition, die durch das Unterscheidungsvermögen beeinflußt wird. Die reine Logik des Mentalkörpers beruht oft auf einem Urteil, das von der Persönlichkeit beeinflußt ist.

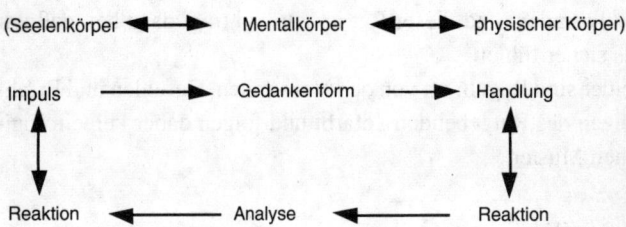

Wenn der Mensch sich hauptsächlich mit seinem Mentalkörper identifiziert, hat die Energie der Seele nur einen geringen Einfluß. Dann werden die Ergebnisse einer Handlung einem »Schwarz-Weiß«-Schema zufolge analysiert und zu festen Verhaltensregeln erhoben. Diese Regeln bilden die Grundlage der »Überzeugungssysteme«, die der Hauptimpuls für zukünftige Aktivitäten sind. Regeln und Gesetze werden nicht festgelegt, um das Leben schwieriger zu machen; sie sind Tatsachen.

Zum Beispiel:

Wenn Sie beschließen, mitten auf einer stark befahrenen Autobahn spazierenzugehen, sind die Chancen groß, daß Sie verletzt werden. Das ist eine Tatsache.
Es ist eine Tatsache, daß Feuer brennt.
Es ist eine Tatsache, daß Sie sterben, wenn Sie nicht essen.
Regeln sind zu Ihrem Schutz da. Wenn wir uns in einen gesetzlosen Raum begeben, können unsere Sicherheit und unser Überleben nicht garantiert werden.
Die ersten Regeln stammen von unseren Eltern, Betreuern und

Lehrern, die uns in der irdischen Umgebung schützen wollten. Diese Regeln gehen oft mit den Worten »Du sollst« oder »Du sollst nicht«, »Du mußt« oder »Du darfst nicht« einher. Sie belehren uns über die Gefahren des Feuers, des Straßenverkehrs, des Herumturnens am Rand einer Klippe oder eines Gesprächs mit Fremden, und dieser Rat ist gut und trägt dazu bei, daß wir uns sicher fühlen.

Leider sind Regeln oft von den Vorurteilen, Gefühlen und Erfahrungen des Ratgebenden gefärbt und folgen daher keinem logischen Muster.

Zum Beispiel:

»Wenn du nicht ruhig bist, hab ich dich nicht lieb.«

»Wenn du nicht aufhörst zu schreien, bekommst du nichts zum Abendessen.«

»Du darfst nicht so reden, sprechen, handeln.«

»Warum?«

»Weil ich es sage!«

»Erzähl den Nachbarn nichts von unserem Geschäft.«

»Das ist familienintern.«

»Sei ein braver kleiner Junge.«

»Du bist jetzt groß« … oft an eine Zweijährige gerichtet, wenn das neue Baby nach Hause kommt.

»Geh und spiel doch auf der Autobahn!« … offenbar als Scherz gemeint!

»Das hättest du besser machen können.«

»Du mußt dich mehr anstrengen.«

Solche Sätze sind so etwas wie Familienmottos und können den Adressaten für den Rest seines Lebens beeinflussen.

Zum Beispiel:

Ich hörte einmal von einem kleinen Jungen, der hysterisch wurde, als er in ein Plastik-Feuchtigkeitszelt kam, was zur Behandlung bei Krupp notwendig war. Als man ihn herausgenommen und beruhigt hatte, sagte er, die Mutter hätte ihn immer davor gewarnt, seinen Kopf in eine Plastiktüte zu stecken.

Ein anderer Junge wurde hysterisch, als ihm gesagt wurde, daß er wegen einer Mandeloperation zum Schlafen gebracht werden würde.

Es stellte sich dann heraus, daß er in der vergangenen Woche mit seiner Mutter beim Tierarzt war, damit sein Hund »zum Schlafen gebracht wurde«.

Logisches Denken entwickelt sich mit dem Alter und der Erfahrung; deshalb nehmen Kinder Dinge oft wörtlich, bis ihnen etwas anderes gesagt wird.

Die siebenjährigen Zyklen des Lebens

In den ersten sieben Lebensjahren ist die Entwicklung eines Menschen am ehesten beeinflußbar. In dieser Zeit werden die mentalen Abläufe und die Grundregeln des Lebens festgelegt.

Ohne eine ausreichende spirituelle Verbindung werden viele falsche Überzeugungssysteme zu dem Boden, auf dem das Bewußtsein vom Selbst beruht.

Während dieser Entwicklungsjahre ist das Kind in bezug auf Nahrung, Kleidung und Liebe völlig von seinen Betreuern oder Eltern abhängig.

Wird also einem Kind gesagt, daß es nichts zu essen bekommt, wenn es nicht still ist, wird es still sein.

Wird ihm gesagt, daß es geliebt wird, wenn es brav ist und nicht schreit, wird es nicht schreien.

Solche Überzeugungen werden im Gedächtnis gespeichert und beeinflussen unser Tun auch noch Jahre später.

Irgendwann einmal wird es jedoch notwendig, die Weisheit dieser Überzeugungen in Frage zu stellen und zu sehen, ob sie in der aktuellen Umgebung noch gültig und mit der eigenen inneren Wahrheit in Harmonie sind.

Wenn eine Disharmonie besteht, entwickelt sich ein Konflikt, den man in den Teenagerjahren als »rebellische Phase« bezeichnet. Der junge Mensch versucht festzulegen, was für ihn wahr ist und was zu seinen Eltern gehört.

Dabei kann er mit einer wilden Frisur, schockierenden Freunden und bizarrer Musik bis ins Extrem gehen. Auf diese Art und Weise versucht er, den seinen Eltern entgegengesetzten Pol der Existenz zu äußern.

Zwischen 14 und 21 Jahren stellt er versuchsweise sein eigenes Überzeugungssystem auf, was dann zwischen 21 und 28 Jahren angewandt wird.

Mit 28 Jahren werden bestimmte Maßstäbe der Eltern wieder aufgegriffen, die jetzt wichtig erscheinen, und mit dem eigenen Überzeugungssystem kombiniert.

Bei Menschen, die in den Teenagerjahren nicht rebellieren, kommt es oft mit 40 oder 50 zu einem Aufruhr. Die Frisur und der Kleidungsstil ändern sich, und vielleicht wird auch der Partner oder der Job gewechselt.

Astrologisch gesehen folgen diese Veränderungen dem Sieben-Jahres-Zyklus des Planeten Saturn; er symbolisiert Einschränkungen und daher Lernmöglichkeiten. Wir überprüfen, was uns festhält, und entscheiden uns, ob wir bereit sind, uns zu verändern und loszulassen.

Neu beginnen

Das Setzen neuer Maßstäbe, die von nun an unser Handeln bestimmen, macht uns oft Angst, denn das Bekannte fühlt sich vertraut und behaglich an.

Oft hat man Angst, den Ratgeber zu hintergehen, besonders wenn dieser ein Elternteil ist. Vielleicht hat man auch Angst, zu versagen und den eigenen neuen Instinkten zu vertrauen.

Sätze wie »Ich hab's dir gesagt« oder »Sag nicht, daß ich dich nicht gewarnt habe« helfen uns nicht, wenn wir versuchen, unser eigenes Leben zu gestalten.

Wenn das Überzeugungssystem Botschaften zum Selbstwert enthält, die ständig wiederholt wurden, kann es sehr schwierig sein, eine eigene Identität zu entwickeln und sich selbst zu schätzen.

Solche Menschen glauben oft, daß alles, was geschieht, ihre Schuld ist, und daß sie nie mit irgend etwas Erfolg haben werden. Sobald sie ein wenn auch nur geringes Selbstwertgefühl entwickeln, fühlen sie sich schuldig, weil sie das in Frage stellen, was sie so lange geglaubt haben. So werden sie gleichzeitig Opfer und Täter, und das Wachstum stagniert.

Dabei sind sie selbst der einzige Mensch, der sie zu ihrem Ziel bringen kann ... viele können ihnen helfen, aber das »Opfer« muß die Tür aufschließen, damit die Freunde hereinkommen können.

Alles braucht seine Zeit; wenn man seine Ziele zu hoch ansetzt und so die unterbewußte Überzeugung erfüllt, daß nichts möglich ist, sabotiert man jeden Fortschritt.

Oft ist es schwierig, die »Platte« bzw. das im Gedächtnis gespeicherte Überzeugungssystem zu wechseln und durch eine neue zu ersetzen.

Aber wenn die Zeit reif ist, tritt in Übereinstimmung mit dem Gesetz des Gleichgewichts die Veränderung ein, und dann können wir bereitwillig gehen oder um uns treten und schreien!

Ich denke an viele 50 oder 60 Jahre alte Männer und Frauen, deren Leben immer noch von den Überzeugungssystemen ihrer Eltern bestimmt wird, etwa was sie tun, anziehen, arbeiten, lesen oder essen sollten.

All dies waren vielleicht einmal vernünftige und gute Ratschläge, die aber jetzt möglicherweise nicht mehr angemessen sind.

Immer, wenn ich »sollte« oder »müßte« höre, weiß ich, daß ein Problem vorliegt.

Denn wer sagt, daß ich »sollte« oder »müßte«?

Die Antwort ist selten »Ich«.

Sehr viel häufiger führt die Spur in die Kindheit, als Liebe, Nahrung, Wärme und Kleidung an die Bedingung geknüpft waren, daß man den familiären Regeln gehorchte.

Zum Beispiel:

Maria war 55 Jahre alt, erfolgreich – und Perfektionistin. Sie arbeitete ständig und wunderte sich dann, warum ihr Verstand überaktiv war und sie am Schlafen hinderte.

Wir sprachen über Entspannung und Erholung, und sie sagte, daß diese nicht Bestandteil ihres Zeitplans waren, denn es bedeutete, daß wertvolle Zeit verlorenging.

Ich fragte sie nach der Herkunft dieser strengen Arbeitsmoral, und sie erzählte mir, ihre Mutter habe immer gesagt, daß sie nie irgend etwas zustande brächte.

In den letzten 50 Jahren hatte sie versucht, ihrer Mutter zu beweisen, daß diese im Unrecht war.

Sie konnte sich nicht selbst ihre Leistungen ansehen und sich gratulieren ... sie suchte immer noch die Anerkennung ihrer Mutter.

In Zeiten der Veränderung ist es durchaus in Ordnung, kurzzeitig zu alten Verhaltensmustern zurückzukehren, bis man sich an die neuen Paradigmen gewöhnt hat und die alten Überzeugungssysteme dem neuen Image nicht mehr entsprechen.

Deepak Chopra beschreibt in seinem Buch *Ayurveda – Gesundsein aus eigener Kraft*, wie schwierig es ist, alte, lebenslange Muster zu verändern ... Es ist nicht unmöglich, aber es erfordert einen »Quantensprung« im Denken, d. h. Loslassen und Vertrauen.

Gesetze und Regeln

Die Gesetze des Universums und des Landes, in dem wir leben, sollen Chaos vermeiden und Sicherheit bieten.

Regeln und Überzeugungssysteme jedoch müssen von Zeit zu Zeit daraufhin neu beurteilt werden, ob sie mit der Weisheit des höheren Selbst immer noch in Harmonie sind.

Diese Weisheit entsteht durch die Entwicklung der Intuition und ist nicht nur Ausdruck dessen, was für den einzelnen gut ist, sondern für die gesamte Menschheit.

KAPITEL 3

Die feinstofflichen Energiekörper –
Fortsetzung

DER ASTRALKÖRPER

Der Astralkörper drückt Impulse bzw. Wünsche über die Gefühle aus.

Beim spirituellen Menschen entstammen diese Wünsche der Seele und dringen durch das Herzchakra in den Ätherkörper ein. Wenn jedoch keine feste Verbindung zur Seele besteht, geht die Energie zum Solarplexus weiter, von wo aus sie sich als die Wünsche der Persönlichkeit äußert.

Die Energie des Astralkörpers folgt dem Gesetz der Anziehung, das besagt, daß wir durch unsere Gefühle alles anziehen, was zum Wachstum der Seele notwendig ist.

Auf diese Weise bringen die Gefühle die Schauspieler und die Bühne hervor und führen zur Verwandlung des Impulses in Handlung.

Eine Analogie

Der Wunsch einer Pflanze, ihren Blütenstaub zu verbreiten, führt dazu, daß sie Blütenblätter einer bestimmten Farbe hervorbringt und einen bestimmten Duft an die Luft abgibt. Von Farbe und Duft angezogene Insekten kommen, um sich von dem Nektar zu nähren. Der Blütenstaub hängt sich an die Beine des Insekts, wenn es auf der Pflanze sitzt. So wird er auf eine andere Pflanze übertragen, wo die Befruchtung stattfindet.

Damit wird das Überleben der Pflanze sichergestellt und ihr Wunsch erfüllt.

Ähnlich sind wir die Schöpfer unserer eigenen Welt, damit wir wachsen und den Bereich unseres Daseins erweitern. Alles, was wir spüren oder erleben, hat auf der persönlichen oder kollektiven Ebene einen bestimmten Zweck in unserem Leben. Der Impuls unserer inneren Welt zeigt sich in der Existenz unserer äußeren Welt.

Zum Beispiel:

Wenn ich mich beim Aufwachen glücklich fühle, ziehe ich mich in Übereinstimmung mit diesem inneren Impuls an und handle ihm entsprechend.

Im Verlauf des Tages werde ich feststellen, daß die meisten Menschen, denen ich begegne, lächeln und freundliche Worte für mich finden, was mein gutes Gefühl verstärkt.

Aber wenn ich mich elend fühle und meine, die ganze Welt sei gegen mich, werde ich Menschen begegnen, die diesen Selbstzweifel verstärken.

Die Verwandlung von Gedanken in Handlung

Gefühle sind etwas, was nach außen geht; das aus dem Lateinischen stammende Wort *Emotion* bedeutet, daß etwas in Bewegung gesetzt wird.

Dies geschieht durch die unterschiedliche Schwingungsenergie der fünf Elemente (Erde, Luft, Feuer, Wasser und Äther), die den Impuls in der physischen Welt manifestieren. Der geäußerte Impuls zieht daraufhin eine bestimmte Reaktion an, die von den fünf Sinnen aufgezeichnet und im Astralkörper mit dem Gedächtnis verbunden wird, und zwar in Form von Empfindungen.

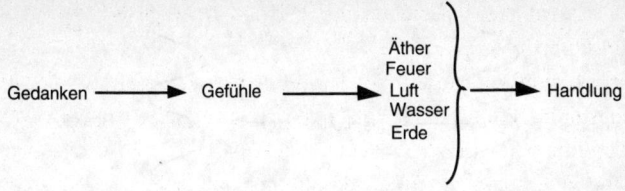

Empfindungen gehen nach innen; sie spiegeln eine Situation. Durch den Mentalkörper erhalten die Empfindungen eine Form und werden mit dem ursprünglichen Impuls verglichen.

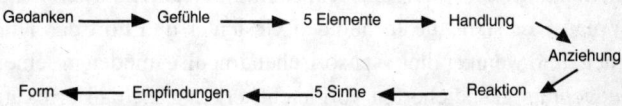

Der Astralkörper ist daher der Sitz der Empfindungen und der Gefühle; das, was von den Gefühlen ausgedrückt wird, wird von den Empfindungen registriert.

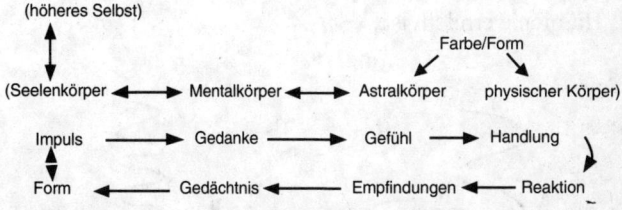

Wenn Impuls und Reaktion übereinstimmen, wird Harmonie verzeichnet, und das Bewußtsein der Seele erweitert sich.

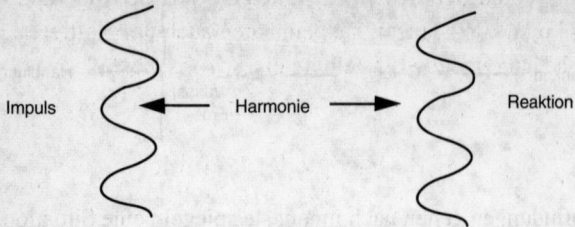

Eine Analogie

Ein Schauspieler spielt seine Rolle und erhält am Ende herzlichen Applaus. Er sieht die lächelnden Gesichter und hört das Klatschen, und wenn er diese sensorischen Impulse mit den in seinem Gedächtnis gespeicherten vergleicht, erkennt er, daß er es gut gemacht hat.

Er hat den Vertrag erfüllt, den er mit dem Akzeptieren der Rolle abgeschlossen hat, und empfindet Harmonie.

Wenn jedoch der Vergleich zwischen Erwartung und Ergebnis negativ ausfällt, d. h. wenn der Schauspieler keinen Beifall bekommt oder mit seiner Leistung unzufrieden ist, wird Disharmonie registriert; der Vorgang wiederholt sich dann in anderer Form, bis Harmonie erreicht ist.

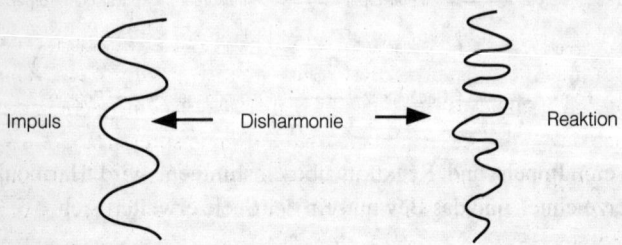

Gefühle sind daher mehr als lediglich die verbale Äußerung von Zorn, Freude und Trauer; sie beinhalten auch das Auftreten, die Aufmachung und die Einstellung eines Menschen.

Die »Farbe« der Gefühle

Farben sind eine wirkungsvolle Form des Ausdrucks und besitzen daher anziehende Kraft. Die Farben, die wir tragen, machen unsere Stimmung deutlicher.

Zum Beispiel:

Das Mädchen in Schwarz möchte geheimnisvoll erscheinen ... oder ist in Trauer.
Die Frau in roten Hosen hat viel aufgestaute Energie – wehe dem, der ihr in die Quere kommt!
Der Mann mit der gelben Krawatte sprüht vor Leben und steckt voller neuer Ideen.

Die Farben, die wir tragen oder mit denen wir uns zu Hause umgeben, sind die Farben, die wir zum Wachstum unserer Seele brauchen und die in unserer Aura möglicherweise fehlen.
(Sie können auch bedeuten, daß wir sonst nichts Sauberes anzuziehen haben!)
Außer Farben registriert der Gesichtssinn auch die nonverbale Kommunikation, die ebenfalls auf wirkungsvolle Weise eine Botschaft zum Ausdruck bringt: Ein Lächeln, ein Lachen, das Hochziehen der Augenbrauen können Bände sprechen.
Der Ton der Stimme, die Modulation der Sprache, Mimik und Gestik verraten dem Zuhörer ebenfalls viel über die Verfassung des Sprechers.

Die Verbindung zwischen Gedächtnis,
Sinnen und Empfindungen

Die Stimulation der Sinne führt oft zum Erkennen eines Gefühls, das im Gedächtnis gespeichert ist.

Zum Beispiel:

Der Geruch von Sommerblumen führt uns in unsere Kindheit zurück und erinnert uns an glückliche, sorgenfreie Zeiten.
Der Geruch von Äther dagegen kann die Angst vor dem Unbekannten und dem Alleinsein auslösen.

Geruch wird im limbischen System des Gehirns registriert, das der Sitz der Gefühle ist.
Die Stimulierung anderer Sinne, etwa Gehör, Tast- und Geschmackssinn, kann ebenfalls zu einer Erinnerung führen, die lange vergessen war.

Zum Beispiel:

Weiße Wände erinnern einen Menschen an die Zeit, als er drei Jahre alt war, von seinen Eltern »verlassen« wurde und in die Hände weißgekleideter, steriler Menschen auf weißen, sterilen Krankenstationen geriet... und ihm gesagt wurde, seine Eltern seien »nur kurz hinausgegangen«.

Solche Kinder lernen, den Worten anderer zu mißtrauen, besonders, wenn diese anderen einen weißen Kittel tragen.
Eine derartige Erinnerung kann einen Menschen so weit beeinflussen, daß er trotz gravierender Symptome kein Krankenhaus betritt und keine schulmedizinische Hilfe sucht.
Ich möchte deshalb daran erinnern, daß das Gedächtnis nur ein

Führer ist, nicht das Gesetz, und immer wieder mit wichtigen Informationen auf den neuesten Stand gebracht werden sollte. Wie bereits gesagt, ist es nicht einfach, die Erinnerung der Zellen zu verändern; es erfordert viel Mut und Beharrlichkeit.

Je stärker der Kontakt mit der Seele ist, desto leichter ist es, die Dinge im richtigen Verhältnis zu sehen und die jahrelang abgespielte »Platte« gegen eine neue auszutauschen, die der Identität des inneren Selbst eher entspricht.

Gefühle sind ein notwendiger Bestandteil des Lebens

Gefühle können nicht als »gut« oder »schlecht« definiert werden. Man kann nicht sagen, die Nacht sei schlecht und der Tag gut; es wäre sicher falsch, denn viele Menschen arbeiten nachts.

Gefühle sind eine Form des Ausdrucks, die nur in der jeweiligen Situation relevant ist.

Zorn, Trauer, Groll, Eifersucht sind Teil der menschlichen Natur. Sie gehören zu uns.

Wichtiger ist, daß die – geäußerten oder unterdrückten – Gefühle nicht unser Leben beherrschen.

Viele Männer und Frauen agieren vom Astralkörper aus und gehen nie weiter.

Zu den Hauptproblemen dieses Bereichs gehören:

a) Zu starke Identifikation mit den Gefühlen

b) Zu geringe Identifikation mit den Gefühlen bzw. Unterdrükkung der Gefühle

c) Identifikation mit den Wünschen der Persönlichkeit und nicht mit denen der Seele.

Im einzelnen:

A) Zu starke Identifikation mit den Gefühlen

Manche Menschen werden von anderen oder sich selbst als »emotional« beschrieben. Dies bedeutet im allgemeinen, daß man sie leicht zum Weinen bringen kann, obwohl auch andere Gefühle – etwa Zorn, Depression, Glück, Eifersucht oder Groll – genauso offensichtlich sein können.

Wenn man sie nach ihrem Befinden fragt, antworten sie: »Ich bin depressiv«; »Ich bin glücklich«; »Ich bin wütend«; »Ich bin gereizt«.

Wenn solche Aussagen oft wiederholt werden, beginnen sie, eine Identität zu erschaffen, anstatt einfach nur eine Befindlichkeit zu einem bestimmten Zeitpunkt zu beschreiben:

»Ich bin ein depressiver Mensch«; »Ich bin ein ängstlicher Mensch«; »Ich bin ein wütender Mensch«.

Richtiger wäre die Aussage: »Ich äußere jetzt Zorn«, etc. Gefühle und Empfindungen sind da, um registriert zu werden, egal ob sie nach außen oder nach innen ausgedrückt werden, damit die Seele sie benutzen kann, um zu lernen und zu verstehen.

Sobald sie aber registriert wurden, sollten sie losgelassen werden, genauso wie Kleider gewechselt werden.

Wenn ich wütend bin ... registriere ich die Wut und frage mich dann: »Meine Wut ist eine Energieblockade, die beseitigt werden muß. Was kann ich tun, um die Situation zu verändern?«

Die Veränderung kann materieller Art sein oder zu einer anderen Einstellung gegenüber einer bestimmten Situation führen.

Die Erkenntnis findet oft nur statt, wenn wir die Rolle des Schauspielers aufgeben und zum Publikum werden; wir erlauben dem Verstand, einen Zustand des Friedens zu erreichen, von dem aus die Antwort kommen wird.

Auf der materiellen Ebene wird es vielleicht keine einfache

Lösung geben … Trauern ist ein natürlicher Prozeß des »Loslassens« und braucht Zeit; aber irgendwann einmal kann Trauer sich in Selbstmitleid verwandeln. Ein solcher Zustand schadet dem »Leidenden« und den Menschen in seiner Umgebung.

In anderen Fällen kann es notwendig sein, sich mit der Situation abzufinden und zu akzeptieren, daß die Dinge einfach so sind, wie sie sind; ein solches Akzeptieren erlaubt dem Menschen, weiterzugehen, auch wenn er dabei zunächst strauchelt.

Ich habe viele Fälle gesehen, bei denen ein exzessiver Gefühlsausdruck die Angst bzw. den Widerstand verbarg, sich vom Bekannten und für gut Befundenen zu trennen … Solche Menschen stecken in einem Trott fest, der sich körperlich in Krankheiten ausdrücken kann, die mit Bewegungslosigkeit zu tun haben – etwa Knochen- und Gelenkentzündung und neurologische Krankheiten.

»Ich bin zu sehr mit meinen Gefühlen beschäftigt, als daß ich an eine Veränderung denken könnte!«

Auch jemand, der ständig »glücklich« ist, vermeidet es vielleicht, zu tief in sich hineinzuschauen, weil er Angst hat, seinen Schatten zu finden.

Diese Überidentifikation verweist auf die zwei Aspekte der Polarität: Das übermäßige Ausströmen von Energien zeigt, daß innerlich das Weitergehen auf dem spirituellen Weg unterdrückt wird.

Das Gesetz des Gleichgewichts wird schließlich eine Situation herbeiführen, in der eine Veränderung stattfinden muß.

Dies kann durch Veränderungen der körperlichen Gesundheit geschehen, häufiger jedoch durch das Bedürfnis, die eigenen Gefühle loszulassen, um anderen zu helfen.

Viele wohlmeinende Zeitgenossen haben versucht, einen Freund, Partner, Verwandten oder Klienten aus seiner »emotionalen« Verfassung – Zorn, Depression, Eifersucht oder auch übermäßiges Glück – herauszuholen.

Je stärker der »Retter« zieht, desto größer ist der Widerstand gegen Veränderung. Manchmal wird der Helfer zum Opfer und sitzt in dem Netz fest, das das ursprüngliche Opfer, das jetzt der »Täter« ist, geschaffen hat; dies läßt beide stagnieren.

Dann wieder wendet der Retter sich empört ab, was sein zugrundeliegendes Motiv offenbart: Er wollte lieber jemand anders ändern als sich selbst.

Wir können andere nicht ändern oder sie auf ihrem oder unserem Weg mitnehmen. Wir können ihnen nur eine hilfreiche Hand bieten, die sie ergreifen können, wenn sie wollen.

Viele Menschen sind sehr glücklich mit ihrer Depression. Sie gedeihen auf ihrem Unglück und genießen es, vergangene Verletzungen und Verstimmungen wiederzukäuen. Genauso wie andere nach Zigaretten und Alkohol süchtig sind, sind sie nach ihren Gefühlen süchtig.

Wer einem solchen »Opfer« helfen will, sollte die Grundsätze der Dualität anwenden und den Bereich im Leben des Opfers fördern, der fehlt, anstatt seine emotionale Verfassung zu beseitigen, wodurch es sich völlig unsicher fühlen würde.

Eine Analogie

Wenn Sie ein Kleinkind davon abbringen wollen, einen Schnuller zu benutzen, ist es am besten, etwas Attraktiveres anzubieten, anstatt es für sein kindisches Verhalten zu schimpfen!

B) Zu geringe Identifikation mit den Gefühlen

Das entgegengesetzte Extrem ist die Unterdrückung der Gefühle. Solche Menschen beginnen eine Unterhaltung eher mit »Ich denke« als mit »Ich fühle«.

Sie beantworten Fragen klar und präzis, erwähnen aber nie ein Gefühl. Sie beschäftigen sich mit Logik und Fakten und können Menschen, die »zu emotional« sind, verachten oder kritisieren.

Grund für die Unterdrückung der Gefühle sind oft frühere Erfahrungen, die sie in den ersten sieben Lebensjahren, bei der Geburt, vor der Geburt (im Mutterleib) oder während früherer Aufenthalte auf dieser Erde gemacht haben.

Zum Beispiel:

Ein Kind, das in einem Haushalt aufwächst, in dem Zorn und Gewalt herrschen, wird möglicherweise lernen, seinen eigenen Zorn zu unterdrücken.
Ein Kind kann aber auch in einer Familie aufwachsen, in der Gefühle nicht ausgedrückt werden – die zwar fürsorglich ist, Gefühle aber nicht mitteilt.

Wenn diese Menschen gefragt werden, was sie wütend macht, antworten sie im allgemeinen: »Nichts«.
Wenn die Frage aber in »Fühlen Sie sich manchmal innerlich gereizt?« geändert wird, lautet die Antwort im allgemeinen: »Ja«.
Menschen, die ihre Gefühle unterdrücken, sind oft Friedensstifter; sie vermeiden einen Konflikt, wann immer es möglich ist. Sie sind die »Zuhörer«; jeder erzählt ihnen seine Probleme… aber sie sprechen selten von den ihren.
Sie fühlen sich vielleicht gereizt, beklagen sich aber selten, denn oft haben sie Angst, ihren Zorn herauszulassen und dann die Angelegenheit nicht mehr unter Kontrolle zu haben.
Der Zorn wird im Leberbereich gespeichert und führt aus der Sicht der Akupunktur zu Problemen entlang des Lebermeridians.
In anderen Fällen wird Weinen unterdrückt, weil es früher als Zeichen der Schwäche betrachtet wurde. Die Botschaft an das Kind lautete: »Sei stark«; es mußte sehr früh lernen, unabhängig und tapfer zu sein.
Weinen und Zorn sind, wenn sie angemessen eingesetzt werden,

natürliche Ventile der Energie; beide sind Teil des Trauerprozesses, durch den wir eine abgeschlossene Situation loslassen und für neue Erfahrungen Platz schaffen.

Zurückgehaltene Tränen zeigen sich im physischen Körper an zu viel Flüssigkeit, etwa einem Schnupfen oder einem Anschwellen der Extremitäten.

Andere Menschen fürchten, die Kontrolle über die Situation zu verlieren, wenn sie zu emotional werden. Die Gefühle werden zum Schatten, der so lange wie möglich geleugnet wird.

Aber was äußerlich nicht ausgedrückt wird, muß nach dem Universellen Gesetz des Gleichgewichts innerlich ausgedrückt werden, um das Gleichgewicht wiederherzustellen.

Auf diese Weise entstehen Hautausschläge (eine Irritation, die nicht geäußert wird), Asthma (nicht gesagte Sätze), Durchfall (nicht geäußerte Angst), Fettunverträglichkeit (nicht ausgedrückter Zorn) und viele andere Krankheiten. Sie bestätigen, daß viele Leiden im Grunde eine Hemmung des normalen Lebensflusses spiegeln.

Die Seele wird immer versuchen, überschüssige Energie im System loszuwerden, entweder durch den physischen Körper oder durch äußere Umstände.

Zum Beispiel:

Sie hassen Ihre Arbeit. Sie ist langweilig, und dies führt zu Frustration. Sie ärgern sich über die Menschen in Ihrer Umgebung, aber Sie haben nicht den Mut, nach einem neuen Arbeitsplatz Ausschau zu halten.

Plötzlich werden Sie überflüssig. Sie sind wütend auf die Firma, die Sie beschäftigt hat, und wenn die Tage zu Hause sich kaugummiartig dahinziehen, werden Sie depressiv.

In Ihrer Verzweiflung beginnen Sie, Ihre Schränke aufzuräumen, und finden irgendeine kunstgewerbliche Arbeit, die Ihnen in der

Vergangenheit Freude gemacht hat, die Sie aber wegen des Arbeitsdrucks beiseite legen mußten.

Bald erkennen Sie, daß dies mehr als ein Hobby ist; Sie beschließen, Ihr eigenes Geschäft aufzumachen und Ihre Werke zu verkaufen.

Die Energie des Zorns hat sich in etwas Kreatives verwandelt und kann jetzt zum Wachstum der Seele verwendet werden.

Sobald die Energieblockade erkannt wurde, kann sie sanft und bewußt beseitigt werden, ohne daß dies körperliche Krankheit, äußere Veränderungen oder eine kathartische Erfahrung erfordert.

Stagnierende Energie führt zu Krankheit.

Erkenntnis führt zu Freiheit.

Schock

Manchmal ist die Empfindung nach einer Handlung so stark, daß man von der Erfahrung überwältigt wird.

Körperlich führt ein solcher Schock zu einer Ohnmacht oder Bewußtlosigkeit, d. h. der bewußte Verstand wird von der Schmerzempfindung abgekoppelt.

Als Arzt kann ich diese Trennung erreichen, wenn ich eine Narkose benutze; wenn der Patient bewußt bleiben soll, betäube ich nur lokal. Dies führt zu einem Verlust der Empfindung bzw. zu Taubheit und dem Verlust der Bewegung bzw. zu Starre.

Heutzutage ist jedoch belegt, daß der Schmerz zwar nicht bewußt empfunden, aber doch unterbewußt aufgezeichnet wird.

Man kann einen emotionalen oder körperlichen »Schmerz« dieser Art das ganze Leben hindurch mit sich herumtragen; er kann auch aus einem anderen Leben mitgebracht werden.

Unterdrückte Gefühle zeigen sich meines Erachtens in körperlichen Leiden, bei denen unerklärlicher Schmerz, Taubheit, Starrheit oder Bewegungsverlust im Spiel ist.

Solche Patienten brauchen die Hilfe gut ausgebildeter Psychotherapeuten, um das begrabene Gefühl an die Oberfläche zu holen und die Empfindungen vom Astralkörper über den Mentalkörper zur Seelenebene zu bringen und dort einer Lösung zuzuführen.

Von der Seelenebene aus sieht man die »schockierende Erfahrung« als das, was sie ist – einen wenn auch schmerzlichen Lernprozeß auf dem Weg der Seele –, und kann die Energie freisetzen, die so lange blockiert war.

Unangemessener Ausdruck von Gefühlen

Einmal fragte ich eine Patientin, die sich über Schmerzen in der Bauchgegend beklagte, ob sie ihren Zorn zeige.

»Ja, ständig; ich bin schrecklich an meinem Arbeitsplatz, und meine Familie hat gelernt, sich zu ducken, wenn die Teller durch die Küche fliegen.«

»Was ist mit Ihrer Mutter, zeigen Sie ihr gegenüber Zorn?«

»O nein, es würde sie aufregen. Und doch ist sie an meiner Wut schuld. Statt an ihr lasse ich sie an jedem anderen aus.«

Wahrscheinlich würde die Mutter einen gegen sie gerichteten plötzlichen Wutanfall tatsächlich nicht verstehen; trotzdem lautet hier die Botschaft, daß die Tochter sich ändern muß, nicht die Mutter.

Die Tochter beschrieb die Mutter als Pedantin, der man nichts recht machen kann. Trotzdem besuchte die Tochter die Mutter noch, denn unbewußt hoffte sie, irgendwann einmal Anerkennung und auf diesem Wege Liebe von ihrer Mutter zu bekommen.

Der Satz »Sie macht mich wütend« sollte richtiger heißen: »Ich bin wütend auf mich selbst, weil ich ihr erlaube, mein Leben zu bestimmen.«

Zorn ist das Feuer der Gefühle; er ist die Kraft, die uns vorwärtsbringt. Zorn sagt: »Du mußt an dieser Situation etwas tun.«

In unserem Fall erkannte die Tochter, daß ihr Bedürfnis nach der Bestätigung der Mutter überholt und sie jetzt alt genug war, sich selbst zu loben.

Aufgrund dieser Einsicht änderte sich die Einstellung der Tochter zur Mutter. Sie sah ihre Mutter nun als eine Frau, die in ihrem eigenen Leben keine Erfüllung gefunden hatte und der es deshalb schwerfiel, andere zu loben.

Als das Selbstwertgefühl der Tochter zunahm, ließen ihre Bauchschmerzen nach, und sie konnte ihre Mutter loben, was die Situation entspannte.

Hier ein weiteres Beispiel für einen unangemessenen Gefühlsausdruck: Die Frau liegt krank im Bett, und der Mann schreit sie an.

In diesem Fall fühlt der Mann oft nicht Wut, sondern Angst. Er verläßt sich darauf, daß seine Frau stark ist, und kann den Gedanken nicht ertragen, daß er vielleicht alleine zurechtkommen muß.

Es ist traurig, daß wir sogar heutzutage unsere wahren Gefühle verstecken müssen, anstatt unsere Ängste und Sorgen zu zeigen.

Andere Menschen wiederum sind in einem instabilen bzw. dysfunktionalen Haushalt aufgewachsen, in dem die Stimmung der Eltern oder Betreuer aufgrund einer Sucht oder einer chronischen seelischen oder körperlichen Krankheit nie vorhersagbar war.

Diese Kinder lernen, Chamäleons zu werden; sie verändern ihr Gesicht, ihre Kleidung und ihre Gefühle, um sich den Stimmungen anderer anzupassen. Sie haben keine eigene Persönlichkeit mehr und müssen eine Erwachsenen-Perspektive einnehmen, um zu überleben; oft müssen sie für den unkalkulierbaren Elternteil sogar Vater oder Mutter spielen.

Wenn sie heranwachsen, verlieren sie sich noch mehr und reagieren nur noch auf die äußere Welt. Dies führt zu starker Unsicherheit und einem schwachen Selbstwertgefühl. Sie können sich in jede Umgebung perfekt einfügen und machen vielleicht sogar die Schauspielerei zu ihrem Beruf. Sie äußern ihre wirklichen Gefühle nicht angemessen, denn ihr Talent, andere zu verstehen und entsprechend zu reagieren, wird durch das Hervorbrechen der unterdrückten Gefühle getrübt.

Anders als Menschen, die sich zu stark mit ihren Gefühlen identifizieren, müssen die Angehörigen dieser Gruppe ermutigt werden, ihre Gefühle verbal, körperlich, durch Schreiben, Kunst oder andere kreative Möglichkeiten auszudrücken.

Es sollte klar sein, daß dieser Ausdruck mit »Ich fühle ...« und nicht mit »Du machst mich ...« beginnt. Niemand zwingt uns, irgendwie zu sein. Die Entscheidung liegt bei uns, ob wir sie nun bewußt oder unterbewußt treffen.

Zu dieser Gruppe gehörende Menschen müssen vor allem lernen, daß Gefühle frei und angemessen geäußert und dann losgelassen werden können. Die Reaktionen unserer Mitmenschen gehören zu ihnen, nicht zu uns.

Wenn jemand beschließt, die Reaktionen seiner Umwelt zu berücksichtigen, ist das seine Entscheidung. Viele Kinder lernen, ihre Gefühle zu unterdrücken, wenn deren Ausdruck zu einer Flut negativer Reaktionen führt.

Zum Beispiel:

»Schrei nicht ... Mama bekommt dann Kopfschmerzen.«
»Schrei nicht/sei nicht wütend ... es regt mich auf.«
»Warum mußt du Vati immer wütend machen?«
»Bitte, mach Mami glücklich und sei still.«
»Dir ist es egal, daß dein Verhalten mich aufregt.«

Solche emotionalen Erpressungen können unser Leben lange Zeit bestimmen. Bei vielen Menschen übertönt der Wunsch, zu gefallen und geliebt zu werden, alle rationalen Gedanken. Die ursprüngliche Reaktion bedroht den Frieden und die Ruhe der äußeren Welt, die trotz des inneren Aufruhrs gewahrt werden müssen. Wir alle sollten uns unsere Gefühle eingestehen und sie als Boten und nicht als Herrscher oder Kerkermeister betrachten.

C) Identifikation mit den Wünschen der Persönlichkeit und nicht mit denen der Seele

Dies ist das häufigste Problem.

In den ersten beiden Fällen ging es um die Äußerungen der zwei Pole der Existenz im Zusammenhang mit einem gemeinsamen Thema; der oft auf Angst beruhende zu starke oder zu schwache Ausdruck von Gefühlen hemmt das Weiterkommen auf dem Weg.

Das jetzt angesprochene dritte Problem hat mit der Erfassung der Empfindung durch den Mentalkörper zu tun, wobei die Botschaft aber nicht an die Seele weitergegeben wird, damit es zu einer objektiven Einschätzung der Situation kommt.

Dieser Kurzschluß führt dazu, daß neue Impulse nicht von der Seele kommen, sondern von der Persönlichkeit; deren Wünsche oder Impulse beruhen auf Überzeugungssystemen, die aus früheren Lebenserfahrungen stammen.

Zum Beispiel:

Ich glaube bzw. denke, daß ich glücklich bin. Ich kleide mich in helle Farben und gehe glücklich in die Welt hinaus; ich lächle, und mein Schritt ist beschwingt. Ich zeige mein Glück.

Aber trotz meines Äußeren hat der erste Mensch, den ich anlächle, eine schlechte Nacht gehabt und fühlt sich miserabel.

Weil ich im tiefsten Inneren nicht zufrieden bin, nehme ich es

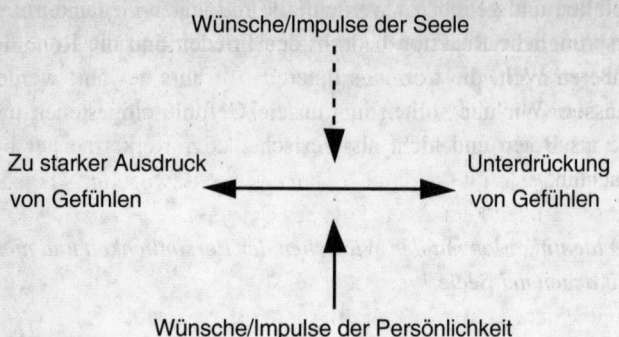

Wünsche/Impulse der Seele

Zu starker Ausdruck
von Gefühlen

Unterdrückung
von Gefühlen

Wünsche/Impulse der Persönlichkeit

sofort persönlich, und trotz des am Morgen empfundenen Glücks fühle ich mich jetzt elend.

Am nächsten Morgen gehe ich aus dem Haus und fühle mich elend; ich sehe schlecht aus. Neun Leute erzählen mir, wie gut ich aussehe. Der zehnte sagt: »Sie sehen aber nicht gerade glücklich aus.«

Zumindest sagt jemand die Wahrheit!

»Es geht mir schlecht«… und irgendwie macht mich das dann glücklich!

Solche Vorstellungen über unsere Befindlichkeit werden uns oft von klein an eingeimpft. Unsere Reaktion auf neue Situationen ist daher bereits durch die Erinnerung an frühere Erfahrungen gefärbt:

»Du wirst nie etwas aus deinem Leben machen.«

»Hör auf zu lesen und tu etwas Nützliches.«

»Sei still«… was auf »Hör auf zu existieren« hinausläuft.

»Stell keine Fragen.«

»Du warst also zweiter, warum nicht erster?«

»Du wirst es nicht schaffen, wie immer.«

»Dein Vater und ich wollten keine Kinder mehr.«

Es ist schwierig, solche tiefsitzenden Widerstände zu überwinden und an sich selbst zu glauben. Das Problem wird dadurch erschwert, daß das Gesetz der Anziehung garantiert, daß wir immer das anziehen, was wir aussenden.

Ich fühle mich unglücklich … ich ziehe Unglück an.

Ich fühle mich glücklich … ich ziehe Glück an.

Für die Seele gibt es kein Versagen, nur Bewegung. Aber die Persönlichkeit kennt zwei Pole der Existenz:

Erfolg oder Mißerfolg.

Äußere deine Bedürfnisse oder sei still.

Freude oder Trauer.

Aktivität oder Faulheit.

Wenn ich mich selbst nicht schätze, werde ich immer wieder Leuten begegnen, die mich daran erinnern, daß ich »nichts tauge«.

Wenn ich mich unsicher fühle, werde ich immer Leuten begegnen, die ebenfalls unsicher sind und nach jemandem suchen, der noch weniger Selbstvertrauen hat, damit sie sich besser fühlen können.

Wir sind die Schöpfer unserer Illusionen.

Wir sitzen in einem Karussell, in dem wir nur noch reagieren.

Es gibt eine Alternative: zur Seele aufschauen, die nicht urteilt und uns bedingungslos liebt.

Wenn wir uns zu ihr aufschwingen, können wir sagen: »Ich bin vielleicht nicht perfekt, aber ich bin in Ordnung.«

Dann können wir uns Situationen aus der Distanz ansehen und erkennen, daß auch andere Menschen Probleme haben. Wir können ihnen erlauben, ihre Gefühle zu zeigen, ohne uns persönlich getroffen zu fühlen.

Wir erkennen, daß es in Ordnung ist, Trauer und Freude zu zeigen, aktiv zu sein und zu entspannen, zu reden und still zu sein. All dies sind unterschiedliche Aspekte des komplexen, aber wunderschönen Organismus Mensch.

Das Zurücktreten von den Wünschen der Persönlichkeit verlangt, daß wir uns unserer Intuition bewußt werden und ihrer Fähigkeit vertrauen, uns in Bereiche zu führen, die Raum für die Erweiterung des Bewußtseins bieten.

Es braucht Zeit, bis man lernt, sich auf seine Intuition zu verlassen, aber letztendlich kann man sich auf ihre Weisheit eher verlassen als auf das Urteil anderer.

Konstruktive Kritik wird immer eine Saite Ihrer eigenen inneren Wahrheit zum Klingen bringen.

Eine Analogie

Auf meinem Lebensweg komme ich an einem wunderschönen Pferd vorbei. Ich steige auf, und langsam setzt das Pferd sich in Bewegung.

Anfangs begeistert es mich, den Wind in meinen Haaren zu spüren, aber als das Pferd schneller galoppiert, beginne ich, mich unsicher zu fühlen. Ich versuche, seine Geschwindigkeit zu drosseln, indem ich die Zügel anziehe; aber das Pferd reagiert nicht, und ich rufe nach Hilfe.

Das Pferd ist jetzt so schnell, daß einzelne Strukturen in der umgebenden Szenerie nicht mehr zu erkennen sind, und ich bin völlig desorientiert.

In diesem Augenblick ruft jemand »Spring!«. Aber ich habe Angst und klammere mich nur noch fester an.

Schließlich ist mir so schwindlig, daß ich die Zügel locker lasse und bewußtlos vom Pferd auf den weichen Boden falle.

Als ich zu mir komme, stelle ich erstaunt fest, daß mein wunderschönes Pferd zu einem Karussell gehört.

Es war alles eine Illusion. Wenn ich auf dem Pferd geblieben wäre, hätte ich mich nur immer weiter im Kreis gedreht. Je schneller das Tier sich bewegte, desto ängstlicher und desorientierter wurde ich, desto mehr verlor ich die Kontrolle über das Geschehen.

Das Verlassen des Pferdes war zwar zunächst erschreckend, führte aber dazu, daß ich wieder Herr der Lage war und die Freiheit zurückbekam, vorwärtszugehen.

Desorientiertheit bedeutet vom lateinischen Wortsinn her »Weg von Osten«. In den Lehren der amerikanischen Indianer ist der Osten der Ort der Erleuchtung. Die Neuorientierung bzw. die Wiederausrichtung nach Osten führt zur erneuten Übereinstimmung mit unserer eigenen Quelle der Inspiration – der Seele.

Manchmal kann man aus einer statischen Position zu Freiheit und Bewegung nur gelangen, wenn man die ursprüngliche Struktur gründlich verändert, damit sich unter Anleitung der Inspiration ein neues Muster bildet.

Nichts ist je vergeudet oder verloren, aber manchmal hilft es, sich die Dinge aus einem anderen Blickwinkel anzusehen.

Wir sind nicht unsere Gefühle, genausowenig wie wir unsere materiellen Besitztümer oder unsere Überzeugungen sind. Wir benutzen unsere Gefühle, um die Energie der Seele auszudrükken, und dadurch wachsen wir.

DER ÄTHERKÖRPER

Die Hauptfunktion des Ätherkörpers besteht darin, den physischen Körper mit den einströmenden Energien des Astralkörpers, des Mentalkörpers und des Höheren Selbst zu verbinden.

Diese Energien werden manchmal als »Lebenskraft« bezeichnet, denn sie beseelen alles Leben – das menschliche, das pflanzliche und das planetarische.

Die Belebung des physischen durch den ätherischen Körper erfolgt hauptsächlich durch dessen Entsprechung, das Nervensystem, besonders das autonome Nervensystem.

Vom Ätherkörper heißt es, er bestehe aus einem komplexen Gewebe von Übertragungslinien bzw. »Nadis«, die wie die Ner-

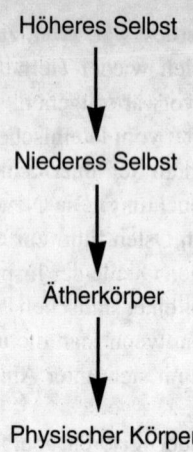

Höheres Selbst

Niederes Selbst

Ätherkörper

Physischer Körper

venfasern, Arterien und Venen im ganzen Körper verlaufen. Sie erreichen und beleben jede Zelle.

Auf diese Weise ist der Ätherkörper auch so etwas wie ein Entwurf für die Gestalt des physischen Körpers; die Kraft der ausgesandten Energie und ihre Schwingungsfrequenz bestimmen die für die Erschaffung von Organen und Systemen erforderliche Zellbildung.

Eine Analogie

Wenn ich draußen in der Dunkelheit ein Licht anzünde, sammeln sich nach einer Weile Nachtfalter um es, bis man nur noch sie sieht.

Wenn ich es nicht besser wüßte, könnte ich annehmen, da draußen wäre nicht ein Licht, sondern nur dieser Schwarm von Nachtfaltern.

Wenn ich das Licht ausmache, zerstreuen die Nachtfalter sich, und nichts bleibt.

Diese Analogie symbolisiert den Einfluß des Ätherkörpers auf den physischen Körper. Wenn die »Kraft« aktiv ist, empfinden wir Leben. Wenn sie »abgeschaltet« ist, erleben wir Tod.

Wie bereits gesagt, verbindet der Ätherkörper uns auch mit der elektromagnetischen Kraft, die vom Ätherkörper aller Lebensformen ausgeht. So wird ein Netzwerk geschaffen, das den Planeten und das ganze Universum umspannt.

Man könnte sagen, daß der Ätherkörper alles Materielle, der Seelenkörper dagegen alles Geistige verbindet.

In den letzten Jahren hat die Technologie sich sehr weit verbreitet; elektrische und computergesteuerte Werkzeuge zu Hause und am Arbeitsplatz sind alltäglich geworden. Manche Menschen glauben, daß diese elektromagnetische Energie mit ihren positiven Ionen eine Disharmonie im Ätherkörper erzeugt, die zu Krankheiten führt, besonders solchen des Nervensystems.

Die Empfindlichkeit gegenüber elektromagnetischen Feldern hängt vom Zustand der anderen Körper ab; ich glaube jedoch, daß man mit der Verbreitung dieser positiven Ionen vorsichtiger sein sollte, damit die immer häufigeren Nervenkrankheiten zurückgehen.

DER PHYSISCHE KÖRPER

Die Spaltung des Atoms hat gezeigt, daß sich hinter einer scheinbar festen Struktur eine dynamische Wechselwirkung elektrischer Partikel verbirgt, die alle verschiedene Aspekte des Energiefelds ausdrücken.

Angesichts dieses Wissens kann der physische Körper nicht mehr als feste, statische Form betrachtet werden; vielmehr ist er eine komplexe, synchronisierte Masse sich bewegender Energiepartikel, die Zellen und Organe bilden und dem Körper Gestalt geben.

Für den spirituellen Menschen ist der physische Körper Produkt und Träger der vereinten Energie der anderen Körper.

Er besitzt viele Fähigkeiten, etwa Flexibilität, Beweglichkeit, Kreativität, Regenerationskraft, Verwandlungsvermögen, extreme Empfindlichkeit, sowie ein sehr effizientes Kommunikationssystem.

Er ist auf eine optimale »Ernährung« angewiesen, worunter nicht nur die Nahrung, die wir essen, und die Luft, die wir atmen, zu verstehen ist, sondern auch der intelligente »Input« der niederen und höheren Körper.

Krankheiten des physischen Körpers verweisen im allgemeinen auf Disharmonien in anderen Körpern. Idealerweise sollte das Gleichgewicht im höchstmöglichen Körper wiederhergestellt und so die Krankheit im physischen Körper beseitigt werden. Manchmal jedoch sind die körperlichen Veränderungen irreversibel; dann müssen die anderen Ebenen sich der Veränderung anpassen.

Eine Analogie

Ob ein Auto fährt, hängt nicht von seiner äußeren Form ab, sondern vom Funktionieren der Maschine und den Aktivitäten des Fahrers.

Wenn ein Draht sich lockert und ein Scheinwerfer ausfällt, läßt ein weiser Autobesitzer sich von einem Fachmann helfen, der den Fehler erkennt und den Draht wieder anschließt.

Wenn der Fahrer jedoch keine Hilfe sucht oder diese nicht verfügbar ist, kann er nicht mehr sicher in der Dunkelheit fahren, und dies beeinträchtigt seine Leistung.

Wenn die ersten Warnsignale nicht beachtet werden, müssen gravierendere Hinweise auftreten, um die Aufmerksamkeit auf das Problem zu lenken.

Der physische Körper gibt eine elektromagnetische Kraft ab, die gemessen und zur Einschätzung der Vitalität des Körpers benutzt werden kann. Sie wird durch die Kirlian-Photographie sichtbar gemacht, mit deren Hilfe disharmonische Bereiche im Körper aufgespürt werden können. Sie offenbart auch das subtile Zusammenspiel der Energien zweier Menschen, zwischen denen ein enger körperlicher Kontakt besteht. Dies ist besonders beim Heilen relevant, wo die Energien des Therapeuten zwangsläufig das Wohlergehen des Patienten beeinflussen.

Heute wird viel daran gearbeitet, daß Heilkundige die von den anderen Körpern ausgehenden Energien aufzeichnen können.

Der physische Körper ist der heilige Tempel der Seele; ohne ihn ist unsere Reise auf Erden zu Ende. Deshalb sollte er mit dem Respekt behandelt werden, den jedes heilige Objekt verdient. Es heißt, das Herz könne 400 Jahre seinen Dienst verrichten; der Mensch kann es in 40 Jahren zerstören.

Leider wird der physische Körper nicht nur benutzt, um all die guten Dinge des Lebens aufzunehmen, sondern auch unseren Haß, unsere Bitterkeit, unseren Groll und unsere Verletzungen. Diese Art der Verschmutzung zerstört unseren Tempel weit schneller als die Luftverschmutzung.

Die Liebe zu ihm ist der erste Schritt zu totaler Liebe und damit zur Ganzheit.

DER KAUSALKÖRPER

Vor dem Tod ziehen die Impulse des höheren und niederen Verstandes sich zurück, was die Auflösung des Ätherkörpers bewirkt; dadurch kann auch der physische Körper nicht mehr weiterleben.

Die im Verlauf eines Lebens entwickelten positiven Aspekte des Astral- und Mentalkörpers bilden den Kausalkörper. Die negativeren Aspekte unseres Lebens werden in eine positive Energie verwandelt, die später benutzt werden kann.

Der Aufbau des Kausalkörpers dauert viele Leben; er bildet schließlich den Tempel der Seele. Als überdauerndes Gefäß ist er das spirituelle Gegenstück zur Persönlichkeit und der Träger der Seele zwischen den verschiedenen Leben auf Erden.

DIE AURA

Obwohl die Körper einzeln beschrieben wurden, bilden sie ein Ganzes; ihre Energien vermischen sich.

Diese vereinte Energie wird als *Aura* bezeichnet.

Ein Hellsichtiger sieht die Aura als Schleier sich bewegender Farben um den Menschen herum. Die Farben weisen verschiedene Schattierungen auf und reichen unterschiedlich weit über den physischen Körper hinaus.

Je mehr die verschiedenen Körper in Harmonie sind, desto größer ist die Aura. Vor dem Tod wird die Aura kleiner, da die Lebenskraft den physischen Körper verläßt.

Unterbewußt sind wir alle uns der Aura bewußt, die von anderen Menschen ausgeht. Wo wir uns hinsetzen oder -stellen, wird oftmals von dem Gefühl beeinflußt, ein bestimmter Mensch habe eine »hellere« Aura, während die eines anderen »dunkler« und weniger freundlich ist.

Da die Energie der Aura eines Heilers seine Heilfähigkeit beeinflußt, ist es für ihn sehr wichtig, sein Bewußtsein zu erweitern, bevor er anderen hilft.

Die vier Funktionen und die verschiedenen Körper

Der Psychologe C. G. Jung ging von vier psychischen Funktionen aus, die grundlegende Haltungen darstellen: Spüren bzw. Wahrnehmen, Fühlen, Denken und Intuition.

Sie können zu den vier Elementen Erde, Wasser, Luft und Feuer und den vier Körpern in Beziehung gesetzt werden:

1. SPÜREN, d. h. Berühren, Schmecken, Sehen etc.
   PHYSISCHER/ÄTHERISCHER KÖRPER
   »Ich spüre ...«
2. FÜHLEN, z. B. Zorn, Freude, Trauer etc ....

ASTRALKÖRPER
»*Ich fühle ...*«

3. *DENKEN, d. h. Analyse, Logik ...*
   MENTALKÖRPER
   »*Ich denke ...*«
4. *INTUITION, d. h. uneingeschränktes Wissen ...*
   SEELENKÖRPER
   »*Ich weiß ...*«

Die meisten Menschen drücken sich durch ein oder zwei charakteristische Haltungen aus, d. h. Fühlen/Spüren oder Intuition/Denken.
Wir müßten alle vier Funktionen aktivieren, denn die Unterdrückung einer Funktion kann dazu führen, daß sie sich im physischen Körper als Krankheit zeigt.

Übungen:

1. Schreiben Sie drei oder vier Familienleitsätze auf, an die Sie sich aus Ihrer Kindheit erinnern:

Zum Beispiel:

»Sag den anderen nichts.«
»Müßiggang ist aller Laster Anfang.«
»Sprich nicht, bevor du angesprochen wirst.«
»Trag immer saubere Unterwäsche, für den Fall, daß du einen Unfall hast!«

a) Sind diese Sätze für Ihr Leben immer noch relevant?
b) Haben Sie diese Botschaften an Ihre Kinder weitergegeben?
c) Sind einige Sätze nicht mehr relevant?

Wir bekommen viele vernünftige Ratschläge von unseren Betreuern, aber manchmal wird das, was für uns als Kind wichtig war, nicht mehr gebraucht. Oft ist Angst das Hindernis. Haben Sie den Mut, überholte Überzeugungen hinter sich zu lassen.
Oft lehnen wir den in der Kindheit erhaltenen Rat ab, stellen dann aber fest, daß wir ihn genau so an unsere Kinder weitergeben. Überprüfen Sie, ob Ihr Rat berechtigt ist.

2. Hören Sie Ihrer inneren Unterhaltung zu:
Wie oft kommen die Worte »sollte, muß, müßte …« vor?
Fragen Sie sich, wer Ihnen diese Anweisungen gibt: Ihr höheres Selbst oder die Persönlichkeit, die vielleicht immer noch von der Vergangenheit beherrscht wird?

3. Sehen Sie sich die Farben an, die Sie in Ihrem Zuhause umgeben, und die Farben, die Sie tragen.
Was sagen sie den Menschen, denen Sie begegnen?
Sind Sie mit dieser Aussage glücklich?
Wenn nicht, ist vielleicht die Zeit für eine Veränderung gekommen. Nichts Unbesonnenes, aber eine andere Richtung.

4. Achten Sie in Ihrer Unterhaltung auf die folgenden Redewendungen: »Ich fühle«, »Ich denke«, »Ich spüre« und »Ich weiß«. Welche zwei benutzen Sie am häufigsten, wenn Sie eine Unterhaltung beginnen?

Zum Beispiel:

»Ich denke« und »Ich spüre«: Wie bereits gesagt, kann die Unterdrückung der anderen beiden Funktionen zu Energieblockaden führen, die sich als physische Krankheit zeigen. Drücken Sie diese latenten Funktionen aus, indem Sie Ihre Sätze mit »Ich fühle« und »Ich weiß« beginnen.
Es ist erstaunlich, wie der Inhalt einer Unterhaltung sich ändert, wenn man nur die ersten paar Worte austauscht.

KAPITEL 4

Die Chakren

In jedem dieser sechs feinstofflichen Körper befinden sich sieben Energiezentren bzw. *Chakren,* die anatomisch genau dem Verlauf von Stammhirn und Rückenmark folgen. Die Energie in den Chakren bewegt sich spiralförmig, etwa wie ein Feuerrad.

Nachstehend die Namen der Chakren und ihre Lage:

Chakra	Lage
Scheitelchakra	Schädelplatte
Stirnchakra (Drittes Auge)	zwischen den Augenbrauen
Halschakra	vorn an der Kehle
Herzchakra	Brustkorbmitte
Nabelchakra	Magengrube
Sakralchakra	Unterbauch
Wurzelchakra	Steißbein und Kreuzbein

Kleinere Energiezentren, von denen es einige gibt, befinden sich z.B. hinter den Knien, in den Händen und Füßen und in den Ohrläppchen. Auch durch sie kann ein Therapeut eine Verbindung zu den Chakren herstellen.

Über die Lage eines achten Chakras gehen die Meinungen auseinander. Manche sagen, es sei das Energiezentrum über dem Kopf, das die Verbindung zum höheren Selbst darstellt; es wird oft als »Himmlisches Auge« bezeichnet.

Man kann sich ein Chakra auch als Blume mit vielen Blütenblät-

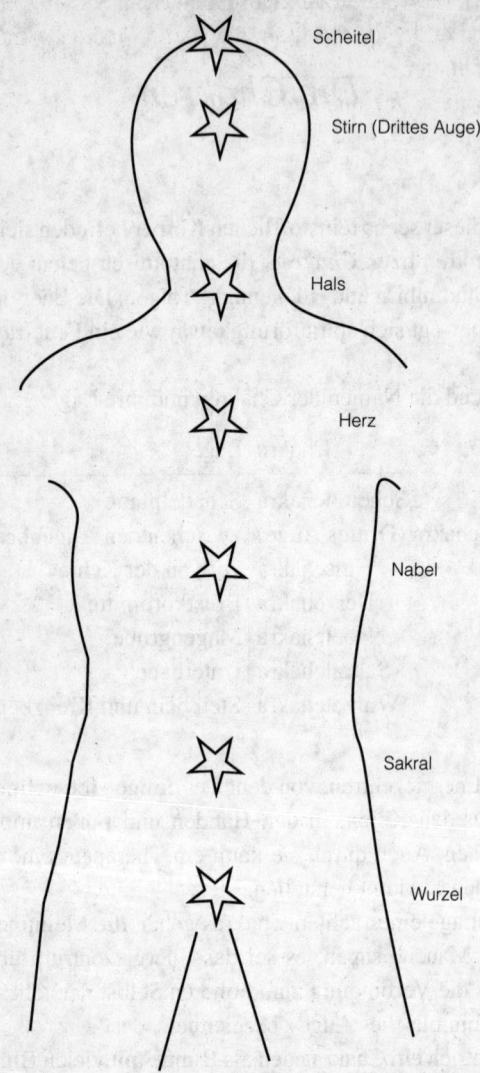

Die Chakren

Scheitel

Stirn (Drittes Auge)

Hals

Herz

Nabel

Sakral

Wurzel

tern vorstellen; in der Mitte befindet sich jeweils die Energie der Seele und die Verbindung zum höheren Selbst. Von der Mitte nach außen bilden der Mental-, der Astral- und der Ätherkörper die Blütenblätter.

Je offener die Blüte und damit auch das Chakra, desto mehr ist

Mentalkörper

Seelen
körper

Astralkörper

Ätherkörper

der Mensch mit der Energie der Seele und der mit dem jeweiligen Zentrum verbundenen spirituellen Eigenschaft in Harmonie. Die Öffnung bzw. Aktivität des Chakras hängt vom Bewußtsein der Seele des Betreffenden und der Menschheit als Ganzes ab. Gegenwärtig versorgen vor allem der Astral- und der Ätherkörper die Chakren mit Energie.

Zur Zeit sind nicht alle Chakren aktiv, denn ein Großteil der Menschheit hat vor allem die Energien des Wurzel-, Sakral-, Nabel- und Halschakras aktiviert – die bis auf das letztgenannte unter dem Zwerchfell liegen; Scheitel- und Herzchakra sind relativ geschlossen.

Aber die zur Zeit stattfindende Erweiterung des planetarischen Bewußtseins, die das Zeitalter des Wassermanns einleitete, hat zu einer vermehrten Aktivität dieser beiden Chakren geführt.

Diese Tatsache wird durch neuere wissenschaftliche Entdeckungen erhärtet, die die Entsprechungen dieser Chakren, die Zirbel- und die Thymusdrüse betreffen. Bis vor kurzem hieß es von diesen Drüsen, sie würden im Lauf des Lebens verkümmern und hätten deshalb ab der Pubertät bzw. Anfang 20 nur eine minimale Funktion.

Die Forschung hat jedoch jetzt gezeigt, daß diese Drüsen auch nach diesem Zeitpunkt verschiedene Hormone abgeben.

Die Krankheit AIDS hat dazu geführt, daß die Thymusdrüse intensiv erforscht wurde, denn ihre Lymphozyten werden von der Krankheit betroffen. Ich glaube, daß Krankheiten des Immunsystems, die sogenannten Autoimmunkrankheiten – u. a. Chronisches Müdigkeitssyndrom, AIDS und Krebs –, zunehmen, weil derzeit verstärkt Energien ins Herzchakra einströmen.

Die Energie der feinstofflichen Körper fand bislang Ausdruck durch das Wurzelchakra, den Solarplexus und das Halschakra. Mit dem Beginn des Wassermannzeitalters werden jedoch das Scheitel- und Herzchakra aktiviert. Diese Veränderung führt zu einer verstärkten Aktivität der mit diesen beiden Chakren korrespondierenden Drüsen, der Thymus- und der Zirbeldrüse, was wiederum Krankheiten des Immunsystems (Herzchakra) und Gehirnerkrankungen wie Alzheimer (Scheitelchakra) begünstigt.

Die Veränderung des Energiezustands in bislang inaktiven Chakren führt zu den oben erwähnten Gesundheitsproblemen. Wenn wir besser mit diesen ungewohnten neuen Energieschwingungen zurechtkommen, also z. B. zur bedingungslosen Liebe des Herzchakras finden, werden Erkrankungen des Immunsystems (Thymusdrüse) wohl kein Problem mehr darstellen.

Auch das Interesse an Krankheiten wie Alzheimer, Parkinson und saisonalen affektiven Störungen ist weiter angewachsen; die Erforschung der Funktionen der Zirbeldrüse hat in diesem Zusammenhang bereits zu interessanten Ergebnissen geführt.

Der Weg des Impulses durch die Chakren

Die aus den verschiedenen Körpern in jedes Chakra einströmende Energie vermischt sich und geht dann in den Ätherkörper ein.

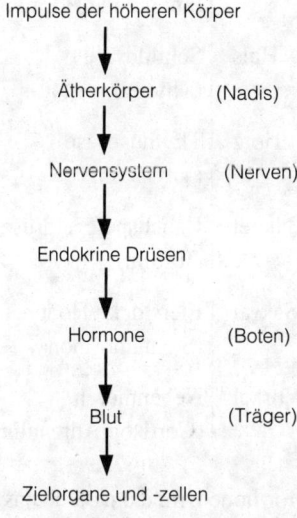

Durch sein Netzwerk fließender Energien bzw. Nadis stellt er die Verbindung zwischen der vom Chakra ausgesandten Energie und dem physischen Körper her. Dieses Netzwerk aktiviert das Gehirn und das autonome Nervensystem, was wiederum die endokrinen Drüsen dazu veranlaßt, Hormone zu produzieren.

Das Blut bringt die Hormone dann zu bestimmten Zielorten im Körper, an denen der von den feinstofflichen Körpern ausgehende Impuls in Handlung umgesetzt wird.

Jedes Chakra ist mit einer bestimmten endokrinen Drüse verbunden:

Chakra	Drüse (entsprechendes Hormon)
Scheitel	Zirbeldrüse (Melatonin)
Stirn	Hirnanhangdrüse (anregende Hormone)
Hals	Schilddrüse (Thyroxin)
Herz	Thymusdrüse (Thymosin)
Nabel	Bauchspeicheldrüse (Insulin)
Sakral	Eierstöcke/Hoden (Sexualhormone)
Wurzel	Nebennieren (Cortison/Adrenalin)

Die Wirkung der Hormone wird dann durch das Blut in die Drüse zurückgemeldet, von der sie ausgegangen ist. Von hier wird die Botschaft über das Nervensystem an den Ätherkörper weitergegeben und dort mit dem ursprünglichen Impuls der feinstofflichen Körper verglichen. Aufgrund dieses Vergleichs werden neurale und endokrine Anpassungen vorgenommen, bis zwischen Impuls und Reaktion Harmonie besteht.

106

Das Funktionieren des physischen Körpers hängt also von der Aktivität der Chakren ab, die wiederum von den Energien der feinstofflichen Körper abhängt.

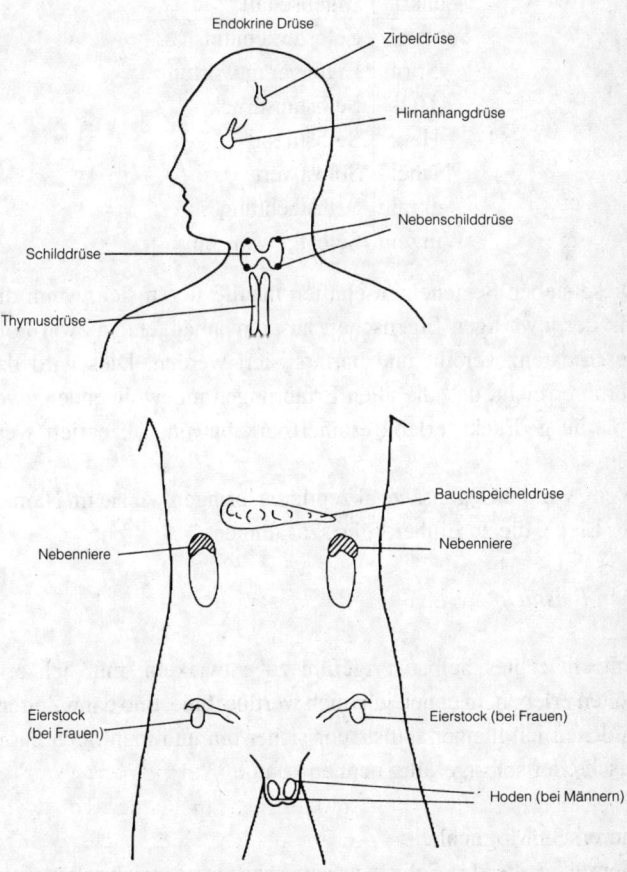

SPIRITUELLE EIGENSCHAFTEN
UND CHAKREN

Jedes Chakra hat auch mit einer bestimmten spirituellen Eigenschaft zu tun, die zusammen die Ziele des Menschen angeben.

Chakra	Eigenschaft
Scheitel	Selbsterkenntnis
Stirn	Eigenverantwortung
Hals	Selbstausdruck
Herz	Selbstliebe
Nabel	Selbstwert
Sakral	Selbstachtung
Wurzel	Selbstgewahrsein

Diese sieben Seeleneigenschaften manifestieren sich, wenn die mit der jeweiligen Eigenschaft zusammenhängenden zwei Pole der Existenz vereint und harmonisiert werden. Dies wird dadurch erreicht, daß die allen Erfahrungen innewohnenden zwei Pole ausgedrückt, erlebt, erinnert, erkannt und akzeptiert werden.

Wenn wir die Gegensätze akzeptieren, bringen wir sie im Namen der Liebe, die zu Einheit führt, zusammen.

Zum Beispiel:

Um ein echtes Selbstwertgefühl zu entwickeln, muß ich erst Zeiten erleben, in denen ich mich wertlos fühle, und dann Zeiten, in denen ich meiner selbst sehr sicher bin und man mich egoistisch oder selbstgefällig nennen könnte.

Zur ersten Möglichkeit:
Menschen, die kein Selbstwertgefühl haben oder sich selbst nicht schätzen können, übernehmen oft die Rolle, anderen zu gefallen

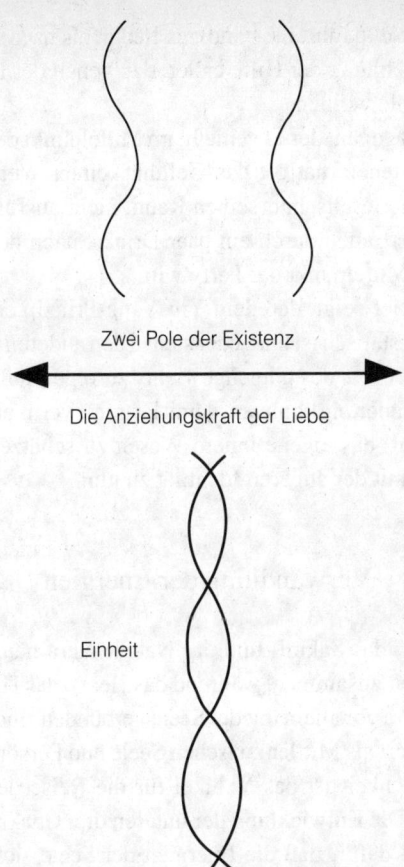

Zwei Pole der Existenz

Die Anziehungskraft der Liebe

Einheit

– ständig wollen sie anderen helfen, denn das gibt ihnen ihre Identität … sie brauchen es, gebraucht zu werden.

Sie wollen gelobt werden, auch wenn sie diesen Wunsch zunächst sehr subtil anbringen: »War das richtig?« – »Wolltest du das?« – »Magst du meine…?«

Aber auch, wenn man sie noch so sehr lobt – ihr Selbstwertgefühl nimmt erst zu, wenn sie an sich selbst zu glauben beginnen.

Nach einer Weile führt ihr ständiges Bedürfnis nach Bestätigung und ihre Ablehnung der Hilfe anderer zu genau der Ichbezogenheit, die sie nie wollten.

Der Egoist dagegen, der es genießt, im Mittelpunkt der Aufmerksamkeit zu stehen, hat oft das Gefühl, keinen Wert zu haben, solange er in Gesellschaft seinen Raum nicht ausfüllt. Er stärkt sein Selbstvertrauen durch ein paar Drinks, nach denen er zum sprühenden Mittelpunkt der Party wird.

Dieses Beispiel zeigt, daß dem Yin-Yang-Prinzip entsprechend kein Zustand statisch ist und jeder sich in den anderen verwandeln kann. Dem Gesetz des Gleichgewichts zufolge muß es zu einer solchen Veränderung kommen, damit Extreme vermieden werden. Die Fähigkeit, das eigene innere Wesen zu schätzen, hat dann nichts mehr mit der äußeren Identität zu tun.

Verwandlung der Energien

Das Wurzel-, das Sakral- und das Nabelchakra hängen mit der Persönlichkeit zusammen, während das Herz-, das Hals- und das Scheitelchakra vor allem mit der Seele verbunden sind. Das Stirnchakra fungiert als Mittler zwischen Seele und Persönlichkeit.

Die Persönlichkeit ist das Vehikel für die Reise der Seele auf dieser Erde. Die Entwicklung der unteren drei Chakren ist daher entscheidend dafür, daß die Energien der Seele sich ganz ausdrücken können.

Die Göttlichen Aspekte

Drei Dinge sind erforderlich, damit ein Impuls sich manifestieren kann: der Wille zu handeln, die Fähigkeit zu planen und die Fähigkeit, die erforderlichen Werkzeuge und Materialien anzuziehen.

Zum Beispiel:

Ich denke daran, einen Kuchen zu backen ... *Der Impuls*
Ich habe den Willen, dies zu tun ... *Die Kraft des Willens*
Ich wähle oder entwickle ein Rezept ... *Die Kraft der Kreativität*
Ich stelle die Zutaten zusammen ... *Die Kraft der Anziehung*
Ich backe den Kuchen ... *Die Manifestation des Impulses.*

Der Wille

Das Wurzelchakra empfängt den Willen der Persönlichkeit.
Das Scheitelchakra empfängt den Willen der Seele.

Die Kreativität

Das Sakralchakra empfängt und äußert den Willen der Persönlichkeit.
Das Halschakra empfängt und äußert den Willen der Seele.

Die Anziehung

Das Nabelchakra zieht das an, was zur Befriedigung der Wünsche der Persönlichkeit notwendig ist.
Das Herzchakra zieht das an, was zur Befriedigung der Wünsche der Seele notwendig ist.
(Die Anziehungskraft ist die Kraft der Liebe.)

Wenn die Seele tiefer in die physische Form eindringt, nehmen die drei unteren Chakren ihre höheren Entsprechungen auf, und die Energien von Persönlichkeit und Seele verschmelzen wie folgt:

Die Energie des Wurzelchakras ... geht ins Scheitelchakra.

Das Bewußtsein von sich selbst als Teil des Lebens auf Erden verwandelt sich in das Bewußtsein bzw. Wissen vom Selbst als Teil der universellen Quelle der Schöpfung. Der Wille der Persönlichkeit wird zum Willen der Seele.

Die Energie des Sakralchakras ... geht ins Halschakra.

Die Kreativität der Persönlichkeit wird zu der des ganzen spirituellen Wesens, zu der des inneren Selbst.

Die Energie des Nabelchakras ... geht ins Herzchakra.

Die Wünsche des niederen Selbst bzw. der Persönlichkeit, die oft an Bedingungen geknüpft sind, verwandeln sich in bedingungslose Wünsche des höheren Selbst.

Das *Stirnchakra* als sensorische und aktivierende Kraft sorgt dafür, daß die Zusammenführung der Energien in allen Chakren stattfindet.

Man kann auch sagen, daß die zwei Pole der Existenz zu einem werden. (Siehe die obere Zeichnung auf der nächsten Seite.)
Auf der Zellebene zeigt die Integration sich an den zwei DNA-(Desoxyribonukleinsäure-)Strängen, die ein Chromosom bilden. Ein Chromosom enthält den Entwurf für Strukturen und Funktionen eines Menschen und spiegelt den spirituellen Plan, der in der Botschaft der Chakren enthalten ist.
Die Verbindung der Stränge – die in bezug auf die Chakren Einheit symbolisiert – läßt sich im physischen Körper als Wasserstoffatom sehen, das das Atomgewicht eins hat. (Siehe die untere Zeichnung auf der nächsten Seite.)
Das zunehmende Verständnis für genetische Krankheitsursachen erhärtet die Vorstellung, daß die materielle Korrektur des Ungleichgewichts in den Chromosomen zu vollkommener Gesundheit führt.
Wir sind jedoch immer noch weit davon entfernt, die das Funktionieren der Gene bestimmenden Mechanismen zu verstehen.

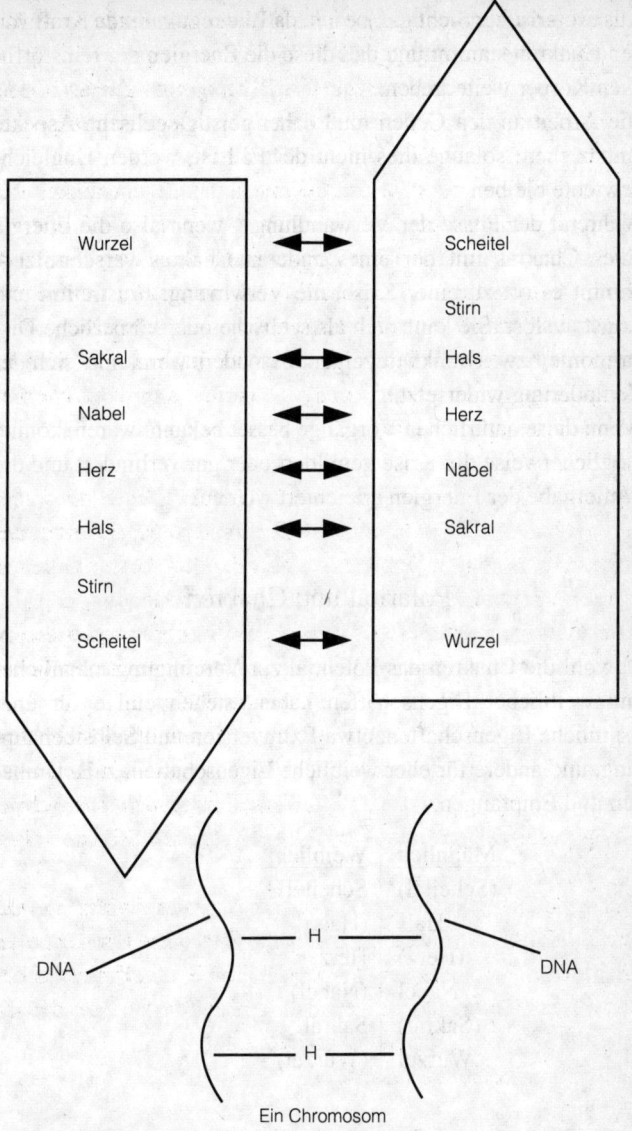

Wurzel	⟷	Scheitel
		Stirn
Sakral	⟷	Hals
Nabel	⟷	Herz
Herz	⟷	Nabel
Hals	⟷	Sakral
Stirn		
Scheitel	⟷	Wurzel

DNA — H — DNA

— H —

Ein Chromosom

Aus esoterischer Sicht glaube ich, daß die regulierende Kraft von den Chakren stammt und daß diese die Energien der feinstofflichen Körper weitergeben.

Die Arbeit an den Genen muß daher geistig-seelische Aspekte einbeziehen; solange dies nicht der Fall ist, werden Ungleichgewichte bleiben.

Während der Phase der Verwandlung – wenn also die Energie eines Chakras mit der eines anderen Chakras verschmilzt – kommt es oft zu einer Krise, die Verwirrung, Frustration und Angst auslöst. Sie kann sich als seelische oder körperliche Disharmonie bzw. Krankheit zeigen, besonders wenn man sich der Veränderung widersetzt.

Wenn diese natürlichen Vorgänge besser bekannt wären, könnte möglicherweise die Krise gemildert oder gar verhindert und die Weitergabe der Energien erleichtert werden.

Polarität und Chakren

Obwohl die Chakren das Potential zur Vereinigung männlicher und weiblicher Eigenschaften haben, stehen einige für eher männliche Eigenschaften, etwa Extraversion und Selbstbehauptung, und andere für eher weibliche Eigenschaften, z. B. Umhegen und Empfangen.

Männlich	Weiblich
(Scheitel)	Scheitel
Hals	(Hals)
(Herz)	Herz
Nabel	(Nabel)
(Sakral)	Sakral
Wurzel	(Wurzel)

Das *Stirnchakra* ist in dieser Auflistung nicht enthalten, weil es die Vereinigung von männlichen und weiblichen Energien dirigiert.

Ich habe festgestellt, daß oft die Schatten-Energie des Chakras blockiert ist und freigesetzt werden muß.

Ich glaube auch, daß die Punkte, an denen die beiden Energien sich kreuzen, wichtige Behandlungszonen darstellen.

Im physischen Körper sind die Bereiche, die demselben Pol zugeordnet werden, oft eng verbunden. Deshalb beeinflußt die Abgabe von Hormonen aus den Nebennieren, aus der Bauchspeichel- oder Schilddrüse die Aktivität der beiden anderen Drüsen.

Ähnlich ist es bei den rezeptiven Chakren. Aus Untersuchungen der Zirbeldrüse bei Tieren ist bekannt, daß die von ihr abgegebenen Hormone die Aktivität der Sexualdrüsen stark beeinflussen. Neurophysiologische Verbindungen zwischen der Zirbeldrüse und anderen Drüsen beim Menschen werden zur Zeit untersucht. Die Ergebnisse werden nicht auf sich warten lassen, denn die Endokrinologie (die Erforschung der Drüsen und ihrer Hormone) ist eine Wissenschaft im Aufschwung.

Die Farben der Chakren

Die Schwingungsfrequenz der Chakren ist verschieden; ein Hellsichtiger nimmt die Energie als Farben wahr; die folgende Aufstellung zeigt, welche Farben mit den verschiedenen Chakren in Verbindung gebracht werden:

Chakra	Farbe
Scheitel	Violett
Stirn	Indigo
Hals	Blau
Herz	Grün/Rosa
Nabel	Gelb
Sakral	Orange
Wurzel	Rot

Da zur Zeit vor allem die Energie des Astral- und Ätherkörpers in ein Chakra eingeht, werden diese Farben dominieren. Wenn jedoch das Bewußtsein des Menschen sich erweitert und Energien der höheren Körper integriert hat, werden auch die in jedem Zentrum vorhandenen Farben sich ändern.

Übung

Suchen Sie eine entspannte Stellung im Sitzen oder Liegen, bei der Sie nicht Gefahr laufen, einzuschlafen. Legen Sie einen Block und einen Stift bereit, damit Sie Ihre Eindrücke festhalten können.

Legen Sie beengende Kleidung ab – z. B. die Schuhe – und sorgen Sie dafür, daß Nacken und Rücken gut abgestützt sind.

Entspannen Sie, Körperbereich für Körperbereich, von den Füßen bis zum Kopf, alle harten, angespannten Muskeln; entspannen Sie als letztes Ihren Atem.

Stellen Sie sich dann über Ihrem Kopf eine Energie vor, die Ihr höheres Selbst repräsentiert. Verbinden Sie sich mit dieser Energie, und bitten Sie um die Weisheit und das Verständnis, die Ihnen helfen, wieder ganz zu werden.

Verbinden Sie sich daraufhin mit der Energie der einzelnen Chakren; fangen Sie mit dem Wurzelchakra an. Gibt es ein Bild, einen Satz, eine Farbe oder ein Gefühl, die dieses Chakra darstellen? Schreiben Sie Ihre Ergebnisse kurz auf. Verbinden Sie sich dann wieder mit Ihrem höheren Selbst, und gehen Sie zum nächsten Chakra.

Machen Sie so weiter, bis Sie auch das Scheitelchakra auf diese Weise erforscht haben. Stellen Sie die Verbindung zu Ihrem höheren Selbst wieder her, und lassen Sie seine Energie durch die Wirbelsäule und die Füße tief in den Boden fließen. Spüren Sie dabei den Frieden und die bedingungslose Liebe, die von dieser Quelle ausgehen, und wie sie jede Zelle Ihres Körpers durchdringt.

Lassen Sie, wenn Ihnen danach ist, die Energie von unten aufsteigen und die Energie über Ihrem Kopf absteigen, so daß sie sich in Ihrem Herzen treffen. Spüren Sie noch einmal ihren Frieden. Bringen Sie, wenn Sie soweit sind, Ihr Bewußtsein in den Raum zurück, indem Sie ein paar tiefe Atemzüge machen und Finger und Zehen bewegen.

Wenn Sie ein großes Stück Papier und ein paar Farbstifte haben, sollten Sie jetzt eventuelle Bilder vom Wurzel- bis zum Scheitelchakra aufzeichnen. Worte begrenzen oft, und Sie erhalten nicht alle Informationen, die das höhere Selbst Ihnen schickt.

Es kann sein, daß Sie sich ein Chakra in einer anderen Farbe vorstellen als in der, die normalerweise dieses Zentrum charakterisiert. In diesem Fall ist wichtig, was Sie mit dieser Farbe assoziieren, d. h. was bedeutet die Farbe für Sie?

Vielleicht können Sie Ihre Gefühle und Bilder selbst deuten, aber Sie werden mit Sicherheit feststellen, daß das Kapitel über die Verbindungen zwischen Chakren, Gefühlen und Krankheit Ihr Verständnis verbessert.

AFFIRMATIONEN UND CHAKREN

Die folgenden Aussagen zu den einzelnen Chakren vervollständigen den Kursus für spirituelles Wachstum:

Scheitel: Ich bin mir des Willens meines höheren Verstandes voll bewußt, und ich bin offen für ihn.

Stirn: Ich übernehme die volle Verantwortung für meine Gedanken, Worte und Taten.

Hals: Ich bin bereit, mein wahres Selbst auszudrücken und so voll an meiner eigenen Erschaffung teilzunehmen.

Herz: Ich liebe mich und andere bedingungslos, durch Geben und Nehmen.

Nabel: Ich bin es wert, mein Leben voll und ohne Angst oder Schuld zu leben und nur meiner inneren Stimme zu folgen.

Sakral: In jeder Beziehung respektiere ich die Bedürfnisse von mir und anderen und handle entsprechend.

Wurzel: Ich bin mir meiner Stellung auf Erden voll bewußt und weiß, daß meine Grundbedürfnisse immer befriedigt werden.

Wenn die Chakren in Harmonie sind, klingen sie wie ein Akkord; das höchste Chakra eines Körpers verbindet sich mit dem niedrigsten Chakra des nächsten.

Strukturell und funktionell sind wir auf dieser Erde ganz von der Energie abhängig, die von den Chakren aufgenommen und weitergegeben wird. Ich glaube, daß die Verbindung dieser Energie mit psychischen und endokrinen Funktionen zu einem ganz neuen Zweig der Medizin führen wird, deren Anfänge wir bereits in der Psychoneuroimmunologie sehen.

KAPITEL 5

Die Bedeutung von Krankheit

Wenn wir akzeptieren, daß alles von der Einen Quelle ausgeht, muß auch Krankheit ein Bestandteil des Größeren Plans sein, und nicht ein Unglück, das zufällig passiert.

Was also ist die Ursache oder, richtiger, der Zweck von Krankheit? Ist sie, wie viele glauben, ein Zeichen für Versagen oder Schwäche? Warum sagen wir dann: »Nur gute Menschen sterben jung«? Bedeutet die Tatsache, daß Sie noch auf Erden sind, Erfolg, oder daß da noch ein paar unerledigte Punkte sind, die Sie hier zum Abschluß bringen müssen?

Je mehr ich mich mit Krankheit beschäftige, desto mehr erkenne ich die Komplexität des Themas. Es gibt nicht nur eine einzige Ursache, und jeder Fall muß für sich betrachtet werden. Aber ich glaube, daß wir Hinweise erhalten, die uns helfen, das Geheimnis zu enträtseln. Solche Hinweise sind die vorhandenen Symptome, der betroffene Bereich, die pathologischen Veränderungen und das Verständnis der Vorgeschichte des Kranken.

Die Aufdeckung des Hintergrunds muß kulturelle, religiöse und soziale Überzeugungen berücksichtigen, die tief im Menschen verwurzelt sind, auch wenn er sie auf der bewußten Ebene ablehnt.

Ich habe die folgenden psychospirituellen Aussagen formuliert, die meines Erachtens diese Aspekte von Krankheit zusammenfassen.

1. Krankheit ist eine Manifestationsform des Lebens, die uns die Chance zu Veränderung und Seelenwachstum bietet. Das be-

wußte Erkennen der Erfahrung kann den Heilungsprozeß fördern, wenn es nicht nur im Kopf bleibt. Jede Zelle des Körpers muß sich der stattfindenden Veränderungen bewußt werden und alte Verhaltensmuster loslassen.

(Diese alten Muster müssen nicht noch einmal erlebt werden; es genügt, ihr Vorhandensein anzuerkennen.)

Die Veränderungen können geschehen, ohne daß dies bewußt erkannt wird, was vielleicht sogar besser ist, da sie dann nicht vom Willen der Persönlichkeit behindert werden!

2. In den meisten Fällen erscheint Krankheit bzw. Disharmonie zuerst in Geist und Seele, bevor sie im Körper auftritt. Wir können uns entscheiden, ob wir uns mit ihr auf der geistigen Ebene beschäftigen wollen, oder ob wir den physischen Beweis brauchen, bevor wir uns zum Handeln entschließen. Trotz Warnungen meinen die meisten Menschen, sie würden nicht krank werden.

Eine körperliche Krankheit ist auch ein legitimer Grund für Gefühle der Disharmonie; viele Menschen halten rein geistigseelische Not für Drückebergerei.

3. Wenn die Disharmonie nicht in Seele und Geist einer Lösung zugeführt wird, kommt es zur körperlichen Krankheit; sie bedeutet, daß ein Pol der Existenz extrem ausgedrückt und der andere ausgeschlossen wird. Ein solches Ungleichgewicht kann auf jeder Ebene auftreten und hat mehr mit der Angst zu tun, sich mit dem Schatten bzw. dem unterdrückten Bereich zu beschäftigen, als mit dem Wunsch, im Extrem zu bleiben.

Asthma

körperliche Symptome	Extrem	Schattenseite
enge Lungen	übersensibel	kein Raum zum Sprechen
kann nicht ausatmen ←	zu starkes Einatmen →	kann sich nicht ausdrücken
kann nicht atmen	nimmt zuviel auf	kann nicht sprechen

Das letztendliche Ziel besteht darin, alle Teile von uns zu erkennen und zu akzeptieren und so wieder ganz bzw. gesund zu werden.

4. Die vom Körper geäußerten Zeichen und Symptome enthalten die Botschaft, daß etwas nicht stimmt, und lenken die Aufmerksamkeit des Beobachters auf den Bereich der Disharmonie.

Wir können uns entscheiden, die Botschaft zu ignorieren, indem wir »die Warnleuchte abschrauben«, aber am Ende wird der Botschafter sich Gehör verschaffen.

5. Die Botschaft kann dazu benutzt werden, nur die körperliche Ursache zu behandeln; bei einem tiefergehenden psychospirituellen Verständnis jedoch werden wir versuchen, sie zu entziffern und den ganzen Menschen zu behandeln.

6. Krankheit enthält nicht nur eine Botschaft, sondern stellt auch die Mittel zur Verfügung, durch die vollständige Harmonie wiederhergestellt werden kann. Dies ist bei Krankheiten wie AIDS, Krebs oder multipler Sklerose, bei denen die Aussichten auf Genesung gering sind und der Patient sehr viel leidet, sicher schwer zu verstehen.

Aber viele Menschen mit diesen Krankheiten sagen, diese Erfahrung habe nicht nur ihren Körper, sondern auch ihre Lebenseinstellung verändert, in vielen Fällen zum Besseren.

Solange wir nicht begreifen, daß Gesundheit und Ganzheit Seele und Geist einschließen müssen und daß Krankheit und Tod nicht Versagen bedeuten, werden wir den Schmetterling nicht sehen, der sich aus dem scheinbar kranken Kokon befreit.

7. In vielen Fällen fungiert die Krankheit als »Sprecher« des Betreffenden; sie sagt etwas, was anders nicht geäußert werden kann. Wenn die Botschaft gehört wird, kann die Krankheit gehen.

Leider ist in einigen Fällen die Botschaft nicht klar, und die eingetretenen körperlichen Veränderungen sind irreversibel; der Mensch hat dann eine schwerere Last zu tragen, als notwendig ist.

Diese ersten sieben Aussagen könnten als »Hauptnutzen der Krankheit« bezeichnet werden, der der Seelenebene zugute kommt. Die folgende Aussage betrifft die Persönlichkeit und verwandelt den Hauptnutzen für die Seele in einen sekundären Nutzen für die Persönlichkeit.

8. Hier wird trotz Schmerz und Leid die Krankheit fortgesetzt, um die Wünsche der Persönlichkeit zu befriedigen. Die beste Gesundheitsversorgung kann die Harmonie nicht wiederherstellen, solange der Mensch nicht sieht, daß alle erreichten Vorteile langfristig weder die Seele noch die Persönlichkeit befriedigen.

Oft verbirgt dieser sekundäre Nutzen tiefergehende Themen, die konfrontiert werden müssen, bevor die Persönlichkeit bereit ist, ihre Einflußnahme auf das Schicksal des Betreffenden aufzugeben.

Krankheit ist nicht Schwäche, sondern ein Weg nach vorne.

Die vorhergehenden Aussagen bieten einen Rahmen für die Untersuchung von Krankheit und Gesundheit. Sie sind ein Modell der Existenz unter Berücksichtigung des freien Willens. Sie sind nicht als Urteil gedacht und wollen keine Schuld auslösen. Solche Vorstellungen entstammen der Ebene der Persönlichkeit, nicht der der Seele.

Wenn ich mit diesen Gedanken im Sinn meinen Patienten entgegentrete, frage ich mich und oft auch sie: »Was ist die Botschaft, was ist der Zweck dieser Krankheit?«

Es ist überraschend, wie oft die Patienten die Antwort kennen, aber weil die Frage selten gestellt wird, haben sie dieses Wissen für sich behalten.

In Wahrheit weiß nur der Patient die Antwort; der Therapeut ist lediglich der Spiegel, der wiedergibt, was bereits bekannt ist, aber noch nicht ausgedrückt wurde.

Es ist nicht leicht zu sagen, welche Aussage für einen bestimmten Fall zutrifft, denn wie bei vielen Dingen im Leben sind sie nicht deutlich voneinander getrennt; oft überlappen sie sich, besonders wenn das Karma der Gruppe und das Karma des einzelnen miteinander verbunden sind. Aber ich hoffe, daß die folgenden Beispiele bestimmte Punkte meiner Gedanken veranschaulichen.

Die Botschaft einer Krankheit

A. Sie sind spät dran. Sie rennen, um einen Bus zu erwischen, fallen und brechen sich den Fußknöchel. Auf der körperlichen Ebene wird ein gebrochener Knöchel diagnostiziert, der mit einem Gipsverband behandelt wird.

Auf der psychospirituellen Ebene lautet die Diagnose, daß Sie immer versuchen, zu viele Dinge in zu kurzer Zeit zu erledigen, und dieses Mal haben Sie »den Bus verpaßt«!

Hinter dieser Diagnose steht, daß Sie sich nur wertvoll fühlen, wenn Sie etwas tun, und daher das ständige Gerenne. Sie haben das Gefühl, Ihre Zeit zu verschwenden, wenn Sie sich hinsetzen und Ihre Verantwortlichkeiten vernachlässigen. Ihr Selbstwert hängt mit dem Ausmaß an sichtbarer Aktion zusammen.

Der gebrochene Knöchel verlangt, daß Sie eine Pause einlegen, was Ihnen zwei Alternativen läßt:

a) Sie können die Zeit dazu benutzen, sich wegen Ihrer Schwerfälligkeit Vorwürfe zu machen und sich über die Ärzte zu ärgern, die den Bruch diagnostiziert haben, und weiter herumlaufen, obwohl Ihnen Ruhe verordnet wurde.

b) Sie können erkennen, daß Sie achtlos waren und dies geschehen ist, weil Sie so hart zu sich selbst sind und sich nie eine Pause gönnen.

Im Verlauf der zu Hause verbrachten Zeit stellen Sie fest, daß Sie Ihren Tag konstruktiver organisieren können, wenn Sie ab und zu eine Erholungspause einlegen.

Sie lernen, daß ein echtes Selbstwertgefühl entsteht, wenn Sie sich so schätzen, wie Sie sind, und nicht für das, was Sie tun.

B. Doris war 65, als sie ihren Mann verlor. Trotz einer großen und liebevollen Familie blieb sie untröstlich und hatte keine Zeit mehr für ihre Enkel, die vorher einen Großteil ihres Lebens in Anspruch genommen hatten.

Sie begann, sich über körperliche Symptome wie Kurzatmigkeit und Verdauungsstörungen zu beklagen. Aber trotz eingehender medizinischer Untersuchungen konnte keine Ursache für ihre Symptome entdeckt werden.

In der Weihnachtszeit begann die Familie zu verzweifeln und willigte ein, die Mutter in die Psychiatrie zu geben. Doris empfand ihre Welt als schwarz und konnte nur an ihre eigenen Probleme denken.

Eines Tages, als sie von der Beschäftigungstherapie zurückkam, sah sie sich im Spiegel. »Mein Gott!« rief sie, »die Frau sieht aber elend aus!«

Von diesem Augenblick an änderten sich die Dinge, und bald war sie wieder zu Hause bei ihrer Familie.

Einen Monat später hatte sie einen schweren Herzinfarkt und starb.

Ich glaube, daß sie mit sich selbst Frieden geschlossen hatte und bereit und fähig war, dieses Leben zu verlassen.

Viele Menschen versuchen unter Aufbietung aller Kräfte, ihr Leben zu verändern. Aber oft schleicht die Veränderung sich ohne Warnung ein oder dann, wenn wir sie am wenigsten erwarten. Sie kann in Sekundenschnelle geschehen, aber auch ein Leben lang dauern, wenn wir nicht bereit sind, alte Vorstellungen und Gefühle aufzugeben. Das Sterbebett ist ein bevorzugter Ort, um etwas wiedergutzumachen und sich und anderen zu verzeihen.

C. Joan suchte mich auf, weil ihr rechtes Knie rot und geschwollen war und schmerzte. Ihre täglichen Besuche bei ihrem alten Vater, der in einem 15 km entfernten Dorf lebte, machten die Sache nicht gerade besser. Joan fuhr nicht Auto, und deshalb war die Reise besonders anstrengend; sie mußte zwei verschiedene Busse benutzen und dann noch weit zu Fuß gehen.

Ihr Vater litt an Arthritis, lehnte aber jede Hilfe durch soziale Dienste ab. Er verließ sich in allem und jedem auf seine Tochter; in den letzten sechs Monaten war er ein paarmal gefallen, was Joans Befürchtungen hinsichtlich seiner Betreuung verstärkte.

Joan hatte zwei Kinder und einen Mann und war so beschäftigt, daß ihr für sich selbst wenig Zeit blieb. Sie gab zu, daß sie manchmal das Gefühl hatte, nicht mehr zu können, und daß sie sich zuweilen auch über ihren Vater ärgerte, weil er so anspruchsvoll war. Sie erkannte, daß ihre Besuche zwar voller guter Absichten waren, ihr Ärger aber ihre Taten sabotierte.

Sie beschloß, ihren Vater zu überzeugen, fremde Hilfe zu akzeptieren und ihre Besuche zu reduzieren, um ihr schmerzendes Knie zu entlasten.

Als ich sie das nächste Mal sah, war ihr Knie sehr viel besser geworden, und sie erzählte, die Realität hätte ihre Pläne eingeholt; ihr Vater war noch einmal gefallen, was einen kurzen Aufenthalt im Krankenhaus erforderlich gemacht hatte. Die Ärzte konnten ihn überzeugen, fremde Hilfe zu akzeptieren, und Joan hatte jetzt mehr Zeit für sich selbst. (Der Ablauf der äußeren Ereignisse, die unsere Entscheidung, etwas zu verändern, unterstützen, wundert mich immer wieder.)

Aber trotz dieser guten Nachrichten sah Joan niedergeschlagen aus. »Was wollen Sie jetzt tun?« fragte ich.

»Ich habe in meinem Leben viele Dinge angefangen, sie aber nie beendet …, sagte sie. »Ich habe Angst, es wieder nicht zu schaffen.«

Es stellte sich heraus, daß Joans Sorge für ihren Vater nicht ganz uneigennützig war. Sie war eine perfekte Entschuldigung für ihre Abneigung, sich in Situationen zu begeben, in denen sie vielleicht versagen würde. Sie mußte sich also jetzt mit ihren Ängsten konfrontieren und auf den »Schutz« ihres Vaters verzichten.

Wir sprachen darüber, sich Ziele zu setzen, und wie wichtig es ist, mit erreichbaren Zielen zu beginnen. Als ich sie das letzte Mal sah, hatte sie gerade einen Kurs für kreatives Schreiben abgeschlossen und zeigte mir stolz ihren fertigen Artikel.

Die *Botschaft der Krankheit:* Rötung und Schmerz stehen für unterdrückte Wut. Joan richtete sie zunächst gegen ihren Vater und dann gegen sich selbst, weil sie meinte, das bestehende Verhaltensmuster nicht ändern zu können.

Die Stelle der Rötung, d. h. das Knie, repräsentiert Demut, die bei Joan exzessiv war; sie stand – bildlich gesprochen – vor der Aufgabe, die kniende Position aufzugeben und mehr Stolz auf ihren Selbstwert zu zeigen.

Das Knie bot ihr auch einen akzeptablen Ausweg aus einer schwierigen Situation – Worte hätten vielleicht den Eindruck erweckt, sie sei nicht fürsorglich … *die Gelegenheit zur Veränderung.*

Wenn die tiefsitzende Angst vor dem Versagen nicht aufgedeckt worden wäre, hätte sie das schmerzende Knie als Entschuldigung benutzen können, um eigene Talente nicht zu entwickeln … *der sekundäre Nutzen.*

Krankheit verbirgt im allgemeinen eine Angst und kann eine Möglichkeit darstellen, ihre Existenz zu leugnen bzw. ihren Ausdruck zu vermeiden. Werden die Symptome beseitigt, ohne daß man sich mit dem Gefühl beschäftigt, werden unweigerlich weitere Symptome auftreten, oder die eigentlich richtige Behandlung muß versagen.

In manchen Fällen ist die Frage angebracht:

»Wollen Sie, daß es Ihnen bessergeht?« oder »Was könnten Sie tun, wenn Sie nicht mehr krank wären?«

Das Aufsuchen eines Heilkundigen ist letztlich kein überzeugender Beweis für den Wunsch, wieder ganz gesund zu werden. In manchen Fällen möchte der Patient ein Mitglied der Ärzteschaft austricksen oder seiner Familie beweisen, daß es ihm wirklich schlechtgeht – das ist ihm Befriedigung genug und das Leiden wert … sekundärer Nutzen.

Bei Patienten, die durch Verwandte oder Freunde an mich verwiesen wurden und die wenig motiviert erscheinen, sind die Ergebnisse meiner Behandlungen oft nur minimal – was mich nicht überrascht.

Auch Patienten, die sich ungeachtet des äußeren Anscheins in den Mantel der Armut hüllen und darum bitten, für die Konsultation weniger bezahlen zu müssen, reagieren schlecht auf Hilfe. Der geringe finanzielle Beitrag spiegelt die geringe Motivation dieser Patienten.

Wenn Menschen jedoch gespart haben, um sich die Behandlung durch einen nicht von der Kasse bezahlten Heilkundigen leisten zu können, sind sie oft schon halb geheilt, bevor sie das Sprechzimmer betreten. Die Motivation ist der Schlüssel zur Gesundung, und auch wenn manche Menschen wie etwa Joan in einem Bereich ihres Lebens stark motiviert sind, verbirgt ihre Geschäftigkeit möglicherweise eine mangelnde Bewegung in einem anderen Bereich.

Hier weitere Beispiele, denen ich auf meinen Reisen begegnet bin:

a) *Eine Frau zieht sich eine Muskelzerrung im Rücken zu* und kann die Hausarbeit nicht mehr erledigen. Ihre Familie reißt sich zusammen und gibt während dieser familiären Krise ihre Freizeitbeschäftigungen auf.

Als die Frau sich erholt, denken die Familienmitglieder wieder nur an ihre eigenen Interessen, und sie ist allein. Am folgenden Tag liegt sie erneut flach auf dem Rücken.

Dieses Szenario, bei dem durch Krankheit Aufmerksamkeit und Liebe gesucht werden, ist ziemlich häufig. Es wird oft früh erlernt, etwa wenn das Kind sich aufgrund häuslicher Umstände vernachlässigt fühlt und feststellt, daß ein kleines Leiden ihm wieder die Aufmerksamkeit sichert, die es gerne hätte.

Diese im Unterbewußtsein gespeicherte Information wird im Erwachsenenleben immer dann wiederholt, wenn Unsicherheit oder Mangel an Liebe drohen.

b) *Ein erfolgreicher, aber gestreßter Geschäftsmann hat wegen seines überaktiven Verstandes Schlafprobleme.* Er bittet den Arzt um Schlaftabletten, erhält aber den Rat, besser Ferien zu machen und weniger Zeit im Büro zu verbringen.

Er antwortet, daß zu viele Menschen sich auf ihn verlassen und daß nur ein gebrochenes Bein ihn zum Langsamtreten veranlassen könnte. In der nächsten Woche fällt er ...

Die inneren »Sklaventreiber« – etwa »Streng dich mehr an«, »Sei stark«, »Mach es mir recht« – sind oft von Kindheit an so in Fleisch und Blut übergangen, daß man sich nur schwer von ihnen befreien und seiner eigenen inneren Stimme folgen kann.

Der Geschäftsmann war nicht in der Lage, freiwillig aus der Tretmühle auszusteigen, und deshalb mußten die Umstände das Heft in die Hand nehmen. Während der im Bett verbrachten Zeit konnte er über sein Leben nachdenken und feststellen, daß die anderen ohne ihn sehr gut zurechtkamen!

Nichts geschieht durch Zufall.

c) *Ein Mädchen mit Verhaltensstörungen und Asthma wird zum Arzt gebracht.* Es ist das mittlere Kind zwischen zwei sehr wortgewaltigen Geschwistern. Es zieht sich lieber zurück und spielt allein.

Als die Mutter nach anderen Streßfaktoren im Leben des Kinds gefragt wird, deutet sie an, daß ihre Beziehung zu ihrem Mann nicht immer harmonisch ist; es stellt sich heraus, daß das Betragen des Kindes in Zeiten elterlichen Streits schlimmer wird.

Hier ist das Kind zum Sündenbock für die familiären Probleme geworden. In vielen Familien gibt es so einen Menschen, der die Zielscheibe der Witze ist oder mitleidig behandelt wird.

Wenn der Sündenbock beschließt, eine andere Rolle zu spielen, bedroht dies elementare Strukturen der Familie; die anderen Familienmitglieder werden daher darauf hinarbeiten, daß er die ihm zugewiesene Position behält.

Zum Beispiel:

Wenn der Sündenbock das pummelige Kind mit Spitznamen wie »Dickerchen« oder »Mops« ist, kennt jeder seinen Platz, bis es beschließt, eine Abmagerungskur zu machen.

Anfangs wird es ermutigt, bis sich herausstellt, daß dadurch der Status quo in der Familie verändert wird.

Von da an versucht jeder, das neue dünne Kind zum Essen zu überreden, und sagt ihm, dick sei es sehr viel attraktiver gewesen!

Wenn der Sündenbock die Kraft und den Mut hat, an seinem Selbstwert festzuhalten, werden in jedem Familienmitglied bemerkenswerte Veränderungen vor sich gehen, bis das Gleichgewicht wiederhergestellt ist.

In solchen Fällen ist oft eine Familientherapie hilfreich, bei der jedes Familienmitglied die Zeit und den Raum bekommt, sich als

Individuum und nicht als Vertreter dieser oder jener Rolle zu äußern.

Die Familienmitglieder können dadurch die Bedürfnisse der anderen verstehen lernen und auf ehrliche Kompromisse hinarbeiten, die zu Harmonie im Haus führen.

d) *Eine Mutter hat multiple Sklerose* und ist praktisch ans Bett gebunden. Man kann die Symptome lindern, aber nicht den Krankheitsprozeß aufhalten.

Mit der Zeit wird klar, daß die Krankheit der Mutter die Kinder nicht gehemmt hat, sondern daß sie von der Erfahrung profitieren und ihre Erkenntnisse in den folgenden Jahren in ihrem eigenen Leben anwenden.

Der positive sekundäre Nutzen der Krankheit betrifft oft nicht nur den Patienten, sondern auch Familie und Freunde, Angehörige der helfenden Berufe und sogar Menschen, die die Geschichte aus zweiter Hand hören.

In der Situation selbst ist es oft schwierig zu sehen, daß Krankheit und Leid irgend etwas Gutes haben könnten, und oft reagiert ein Beobachter zuerst wütend und verbittert.

Langfristig führen solche Reaktionen jedoch zu Problemen, ohne am ursprünglichen Ereignis etwas zu ändern. Dieses muß schließlich bewußt akzeptiert werden, damit weitergegangen werden kann.

Nur rückblickend erkennt man die Weisheit und Kraft von Menschen, die von der Krankheit eines Freundes oder Verwandten betroffen sind.

e) *Ein Geschäftsinhaber konnte sowohl bei der Arbeit als auch zu Hause nur schwer Hilfe annehmen.* Er meinte, er allein müßte die Situation voll unter Kontrolle haben, damit die Arbeit gut erledigt würde. Menschen gegenüber, die einfache

Anweisungen nicht sofort verstanden und Fehler machten, war er gereizt und ungeduldig.

Eines Tages brach er bei der Arbeit zusammen; die rechte Seite seines Körpers war gelähmt. Die Diagnose: Schlaganfall. Er erholte sich langsam; die Bitterkeit darüber, daß sein Körper ihn im Stich gelassen hatte, hemmte den Heilungsprozeß.

Er war darauf angewiesen, daß andere ihn anzogen, ihn fütterten, ihm beim Gehen halfen und seine beeinträchtigte Sprache verstanden.

Die Abhängigkeit von seinen Freunden und seiner Familie frustrierte ihn, aber er war überrascht, wie tolerant die anderen sich ihm gegenüber verhielten.

Ich habe oft Schlaganfälle bei Menschen gesehen, die gern alles unter Kontrolle haben und gut organisieren, aber schlecht delegieren können.

Es ist sehr bedrohlich, diese Macht abzugeben, aber die Lähmung des Körpers erfordert diesen Schritt. Im vorliegenden Fall brauchte der Mann die Krankheit, um Einsicht in seinen Charakter zu bekommen und anderen zu erlauben, positiver an seinem Leben teilzuhaben.

f) *Bei einer Frau wurde Krebs im Endstadium festgestellt.* Sie hatte einen Großteil ihres Lebens damit verbracht, hart zu arbeiten, und sich jeden Luxus zugunsten ihrer Familie, die sie nach dem Tod ihres Mannes alleine großziehen mußte, versagt. Leider hatten ihre beiden Söhne sich wegen einer geschäftlichen Angelegenheit zerstritten und kaum Kontakt miteinander.

Als die Frau im Krankenhaus war, vermieden die Jungen es, sich während der Besuchszeit zu begegnen. Aber eines Tages standen sie zusammen am Bett der Mutter und konnten nicht länger so tun, als gäbe es den anderen nicht.

Die Mutter bat sie inständig, miteinander zu reden, und weil sie sie liebten, waren sie bereit, ihre Differenzen zu besprechen und nach einem Kompromiß zu suchen.

Die Mutter hatte noch nie so glücklich ausgesehen.

In dieser Nacht starb sie friedlich im Schlaf.

In dieser Welt geschieht nichts, was nicht eine Auswirkung auf andere hat. Unsere Leben sind miteinander verflochten, und wir können anderen helfen, wenn wir selbst uns verändern.

Solange wir den Tod nicht als Übergang auf eine andere Ebene des Lebens sehen, halten wir an der Ansicht fest, daß er eher Verlust und Versagen als Wachstum bedeutet. Im vorliegenden Fall hatte die Frau bis zum Abend ihres Todes nie um irgend etwas für sich selbst gebeten. Ihre Bitte, die Söhne möchten um ihretwillen miteinander reden, war ein großer Schritt nach vorne, der sie durch die Tür von Tod und Wiedergeburt in eine andere Dimension des Lebens brachte.

Das alte Sprichwort »Operation erfolgreich, Patient tot«, sollte durch »Operation erfolgreich und Patient tot« ersetzt werden.

Die Vermittlung psychologischer und spiritueller Einsichten sollte meines Erachtens zu jeder medizinischen Ausbildung gehören, denn ohne sie erreicht unsere Behandlung nichts als die Oberfläche.

Symptome als Boten

Die Symptome einer Krankheit wurden lange als Feinde betrachtet, die um jeden Preis ignoriert oder zum Schweigen gebracht werden mußten; besser wäre es gewesen, ihre tiefere Bedeutung und ihre Botschaft zu schätzen.

Eine Analogie

Wenn der Briefträger (Bote) einen eingeschriebenen Steuerbescheid (die Botschaft) bringt, wird das Problem nicht gelöst, wenn wir den Boten ignorieren oder hoffen, daß er weggeht. Er wird sich schließlich irgendwie bemerkbar machen, indem er seine Stimme, seine Hände oder auch Gewalt benutzt.

Sie können den Briefträger erschießen, aber dann wird ein anderer Bote geschickt. Manche Menschen versuchen, den Briefträger in ihr Haus zu lotsen, um ihn zu einem Teil ihres Lebens zu machen … aber auch damit wird das Problem nicht gelöst, d. h. der Steuerbescheid nicht bezahlt!

Das erste Problem besteht darin, die durch die körperlichen Symptome zum Ausdruck kommende Botschaft zu deuten. Ich glaube, daß dies nur unter Verwendung eines »Weitwinkelobjektivs« möglich ist, das alle Facetten des Individuums, die sichtbaren und die unsichtbaren, einfängt.

Oft sind die Hinweise klar, wenn wir Augen haben zu sehen, Ohren zu hören, und die Weisheit zu verstehen.

1. Das gesprochene Wort

Ich habe festgestellt, daß die Worte, die ein Patient benutzt, um sein soziales Umfeld zu beschreiben, oft eng mit seinen körperlichen Symptomen zusammenhängen.

Zum Beispiel:

Die Frau mit einem Geschwür im Nasendurchgang:
   »Ich habe die Nase voll von meiner Schwester.«
Der Mann, der sich über einen schmerzenden Nacken beklagt:
   »Mein Partner sitzt mir im Nacken.«
Die Frau mit Gürtelrose:
   »Meine Mutter geht mir auf die Nerven.«
Die Ehefrau, die einen brennenden Ausschlag um den Hals herum hat:

»Was mein Mann macht, frustriert mich total, aber ich kann es ihm nicht sagen.«

Die Mutter mit starken Schmerzen im unteren Rücken:
»Ich habe das Gefühl, nicht mehr Verantwortung tragen zu können.«

Das Mädchen, dem ständig schlecht ist:
»Mein Job widert mich an.«

Der Mann mit einem schmerzhaften Abszeß im Analbereich:
»Mein Chef macht mir Feuer unterm Hintern.«

In anderen Fällen geben die zur Beschreibung der Symptome benutzten Worte Hinweise auf die zugrundeliegende Ursache:

a) *»Der Ausschlag irritiert mich so«:* eine Frau, die sich darüber ärgert, daß niemand die Hausarbeit so macht, wie sie sagt.

b) *»Meine Hüften sind so steif, daß es mir schwerfällt, mich morgens zu bewegen«:* ein Mann, der vor kurzem pensioniert wurde und das Gefühl hat, in der Gesellschaft nichts mehr zu gelten. Körperliche Unbeweglichkeit steht oft für geistige Unbeweglichkeit und die Angst, vorwärtszugehen.

c) *»Ich bin so verstopft, daß ich nur einmal in der Woche zur Toilette gehen kann!«:* eine Frau, die alle Probleme leugnet und gerne alles unter Kontrolle haben möchte. Sie läßt selten ein Gefühl oder sonst etwas heraus!

d) *»Mir ist so schwindlig, daß ich das Gleichgewicht nicht halten kann und mich hinlegen muß«:* ein Mann, der mit einer ängstlichen Frau, drei aktiven Kindern im Teenager-Alter und einem neurotischen Hund zusammenlebt.

e) *»Ich hasse mich, weil ich nur Schokolade essen will«:* eine junge Frau, deren Mann gerade mit ihrer besten Freundin durchgebrannt ist.

In all diesen Fällen wird der physische Körper benutzt, um einen auf anderen Ebenen – dem Astral-, Äther- oder Mentalkörper – vorhandenen extremen Zustand ins Gleichgewicht zu bringen.

So gesehen:

a) Die Frau mit dem Ausschlag ist extrem heikel und möchte alles sauber und ordentlich haben. Der Ausschlag stellt den Teil von ihr dar, der unvollkommen ist, und dies ist für sie extrem irritierend.

b) Dieser Mann fühlt sich unsicher und verängstigt, weil er keine bestimmte Rolle im Leben mehr hat. Wegen des Gefühls, innerlich keine Kontrolle zu haben, ist er äußerlich unbeweglich geworden.

c) Diese Frau hat Angst, loszulassen und verwundbar zu werden; deshalb hält sie alles fest.

d) Das äußere Leben dieses Mannes ist so hektisch, daß das Schwindelgefühl ihm gestattet, Ruhe und Frieden in seinem Bett zu finden.

e) Diese junge Frau fühlt sich ungeliebt und nicht liebenswert und verwöhnt sich mit Schokolade.

Obwohl alle obigen Leiden durch eine schulmedizinische Behandlung gelindert werden können, glaube ich, daß die Symptome dauerhaft verschwinden würden, wenn die Patienten eine psychospirituelle Anleitung bekämen, die ihnen verschiedenes bewußter machen würde.

Viele Formen der komplementären Medizin berücksichtigen bei Diagnose und Behandlung den ganzen Menschen und können eine langfristige Linderung der Symptome bewirken, ohne daß der Patient sich der zugrundeliegenden Probleme bewußt wird.

Ich habe jedoch die Erfahrung gemacht, daß Patienten, mit denen über ihren Zustand gesprochen wird, nicht nur schneller auf eine Behandlung reagieren, sondern auch diese Gespräche begrüßen, weil sie so einen Teil der Verantwortung für ihren Heilungsprozeß selbst übernehmen können.

Ich habe auch festgestellt, daß ein Patient, der sich mit dem

135

Hintergrund seiner Krankheit auseinandergesetzt hat, die Warnsignale zukünftiger Disharmonie früher erkennt und dann angemessen handeln kann, um die Disharmonie zu beseitigen.

2. Körpersprache: Die Botschaft des Gesichts

Im Verlauf eines Tages registrieren unsere Augen viele Bilder, die verlorengehen, wenn das Bild im Gehirn keinen Anhaltspunkt findet. Im Verlauf meiner Jahre als Ärztin habe ich gelernt, meine physischen Augen und mein Drittes Auge zu benutzen, um die vorhandenen Krankheitsanzeichen zu untersuchen und auch die Person zu beobachten, die vor mir sitzt. So sehe ich den ganzen Menschen und kann ihn entsprechend behandeln.

Zum Thema Körpersprache sind viele Bücher geschrieben worden; ich möchte hier nur ein paar Richtlinien wiedergeben. Viele Informationen haben mit meinem Verständnis der Chakren zu tun und werden später ausführlicher erörtert.

Beispiele

a) *Eine junge Lehrerin verschränkt die Arme vor dem Solarplexus* (über der Taille), als sie über ihre stressige Arbeit und ihre Betroffenheit angesichts der mißlichen Lage eines Schülers spricht.

Durch den Solarplexus erhalten wir Informationen über unsere Umgebung, besonders solche emotionaler Art. Manche Menschen, die sehr sensibel auf die Welt reagieren, sind wie Schwämme; sie ziehen alle möglichen Gefühle aus ihrer Umgebung an, bis sie völlig überwältigt sind.

Unterbewußt schützen sie sich, indem sie ihre Arme als Schutz gegen unerwünschte Energien benutzen.

b) *Ein Kind wird von seinen Freunden auf dem Spielplatz allein*

gelassen, weil es ihre Spiele nicht spielen will. Es hat die Arme
fest über der Brust verschränkt und sieht verdrossen aus.

Das Herz ist der Bereich, in dem Verletzungen registriert werden.
Um ein gebrochenes Herz aufzupäppeln oder weiteren Schaden
zu verhindern, werden auch hier zur Abwehr die Arme eingesetzt.

c) *Eine nervöse junge Frau windet während eines Vorstellungs-*
   gesprächs ihre Beine sorgfältig umeinander, damit sie sich
   sicherer fühlt.

Auf diese Weise schützt das Mädchen den Teil von sich selbst,
der besonders bei Frauen verwundbar ist. Ein Mann, der mit weit
von sich gestreckten Beinen sitzt, sagt damit, daß er sich sicher
fühlt und andere auffordert, näher zu kommen.

d) *Ein nervöser junger Mann verdeckt mit der Hand seinen Mund,*
   als er seinem Lehrer antwortet.

Es ist, als hätte der Junge Angst, andere seine Antwort hören zu
lassen; dies zeigt sein mangelndes Vertrauen in seine Fähigkeiten.

e) *Die gerunzelte Stirn eines Geschäftsmanns warnt andere, daß*
   sie sich ihm auf eigene Gefahr nähern!

Die nonverbale Kommunikation ist eine sehr wirkungsvolle und
schnelle Methode, verstanden zu werden. Wir alle beherrschen sie,
denn wir werden von klein an in ihr unterwiesen. Schon ein Baby
lächelt zurück, wenn Mutter oder Vater es anlächeln, und wird
ernst, wenn das Lächeln durch ein Stirnrunzeln ersetzt wird.

Es ist sicher, daß die meisten Babys bereits im Uterus Botschaften
ihrer Mutter erhalten, die ihr Leben formen können.

Das Sprichwort »Aus den Augen, aus dem Sinn« stimmt einfach
nicht.

f) *Die feuchten Augen einer Frau, die Ihnen vom Tod ihres*
   Mannes erzählt, zeigen an, daß der Trauerprozeß noch nicht
   abgeschlossen ist.

Unser Tun widerspricht oft unseren Worten, weshalb der Kontakt
von Mensch zu Mensch für den Arzt von unschätzbarem Wert

ist. Nonverbale Zeichen müssen sorgfältig und in Zusammenarbeit mit dem Patienten untersucht werden.

g) *Der Fuß eines Mannes bewegt sich ruckartig, als der Arzt ihn bittet, über seine Ehe zu sprechen.*

Solche Bewegungen sind im allgemeinen unwillkürlich; sie zeigen, daß jetzt das Unterbewußte in die Unterhaltung mit einfließt.

h) *Ein Junge preßt die Hände zusammen, bis die Knöchel weiß hervortreten, als er über seine Wut auf seinen Vater spricht.*

Die Hände des Jungen agieren eine unterbewußte Szene aus; ihre Kraft würde ausreichen, den Vater zu erwürgen. Sein Bewußtsein verhindert dies, aber niemand wird über die Ernsthaftigkeit seiner Gefühle im Zweifel gelassen.

All diese Zeichen geben Menschen, die sie sehen und weise kombinieren können, wichtige Hinweise. Es ist jedoch nicht Aufgabe des Helfenden, die vom Patienten gesetzten Grenzen zu überschreiten, um sein eigenes Ego in den Vordergrund zu schieben.

Man kann leicht Menschen zu nahe treten, wenn man – und sei es in bester Absicht – ihre Worte und Taten kommentiert. Sie fühlen sich unter Umständen verwundbar und beurteilt und verweigern bei weiteren Fragen die Kooperation. Es ist auch weise, alle Hinweise zu berücksichtigen, bevor man eine Entscheidung über die mögliche Ursache des Problems trifft.

Der Mensch ist ein sehr komplexes Wesen; im Verlauf vieler Jahre lernt er, eine Verhaltensschicht über die nächste zu legen, bis er einer Zwiebel gleicht. Daher sollten wir alle versuchen, den inneren Kern des Problems zu finden, und uns nicht von der äußeren Hülle täuschen lassen.

Die folgenden Kapitel erörtern weitere Möglichkeiten, mit Hilfe der pathologischen Anzeichen und des Verständnisses der Chakren die Botschaft einer Krankheit zu entschlüsseln.

KAPITEL 6

Krankheit durch die Chakren

Bis auf ein paar später erörterte Ausnahmen steht jedes Chakra mit dem ihm benachbarten Bereich des physischen Körpers in Verbindung.

Wenn es zu einer Disharmonie kommt, sind im allgemeinen eine Reihe von Zentren angesprochen; oft ist jedoch vor allem das Zentrum betroffen, in dessen Bereich sich die meisten Symptome finden. Nachdem dieses Zentrum ins Gleichgewicht gebracht wurde, geraten möglicherweise die anderen aus dem Gleichgewicht und brauchen eine Anpassung an die neue Schwingung.

Heute haben die meisten Krankheiten mit den unteren Chakren zu tun; dies weist auf die Probleme vieler Menschen hin, eine spirituelle Identität zu entwickeln und gleichzeitig eine akzeptable Position in der Gesellschaft zu behalten.

Wie zuvor gesagt, konzentrieren viele Probleme des spirituellen Menschen sich immer noch im Astralkörper und kommen als körperliche Krankheit zum Ausdruck. Deshalb beschreibe ich die Chakren im Hinblick auf ihre spirituellen und emotionalen Eigenschaften und zeige, wie letztere auf eine neue Bewußtseinsebene angehoben werden können.

KAPITEL 7

Das Wurzelchakra

DAS WURZELCHAKRA

Lage	Basis der Wirbelsäule
Spritueller Aspekt	Sich seiner selbst als menschliches Wesen bewußt sein
Grundbedürfnis	Sicherheit, Vertrauen
Gefühle	Angst und Mut
Endokrine Drüse	Nebennieren (Cortison)
Organe	Nieren, Blase, Mastdarm, Wirbelsäule, Hüften
Farbe	Rot

Anatomie der Nieren

Die Nieren begründen das Leben im Becken. Hier legt die Seele Struktur und Funktion der Nieren für diese Inkarnation nieder; sie enthalten daher die elementare Wurzelchakra-Energie. Vor der Geburt wandern die Nieren zu ihrer normalen Position in den Lenden.

Die Nebennieren

Diese Drüsen liegen am oberen Ende der Nieren. Ihre Hauptfunktion besteht darin, den Körper in Streßphasen zu unterstützen, indem sie die Energiezufuhr zu den lebenswichtigen Organen steuern, ohne die allgemeinen Aktivitäten des Körpers zu vernachlässigen.

Jede Drüse besteht aus zwei Teilen:

a) dem *Mark,* das mit dem autonomen Nervensystem verbunden ist und *Adrenalin und Noradrenalin* absondert.
b) dem *Cortex,* der *Cortisol, Aldosteron und kleine Mengen Sexualhormone* abgibt.

Bei Streß wird zunächst vermehrt Adrenalin ins System abgegeben, was den Körper auf die *»Flucht-oder-Kampf«*-Reaktion vorbereitet. Sie ist eine animalische Antwort auf Gefahr und ein perfektes Beispiel der Dualität: Der Mensch hat die Wahl, entweder wegzulaufen oder zu bleiben und zu kämpfen.
Adrenalin bewirkt, daß die Aktivitäten und die Blutzufuhr zu den bei Gefahr nicht lebenswichtigen Organen – den Geschlechtsorganen, dem Verdauungssystem und dem Urintrakt – reduziert werden und die Energie statt dessen in die jetzt wichtigeren Organe – Herz, Lunge, Gehirn, Muskeln – gelenkt wird.
Wenn die Gefahr vorüber ist, kehrt der Körper in seine natürliche Ruheposition zurück; ein anschauliches Beispiel dafür ist eine Katze, die nach einer hektischen Vogeljagd entspannt im Garten schläft. Die Blutzufuhr zu den bei Gefahr nicht lebenswichtigen Organen nimmt wieder zu, die zu den anderen Organen wieder ab, bis das Normalmaß erreicht ist.
Heutzutage jedoch ist Ruhe ein Luxus, was dazu führt, daß die Adrenalindrüse ständig aktiv ist und infolgedessen Muskelschwäche, Herzkrankheiten, Erschöpfung, Magengeschwüre, Unfruchtbarkeit und Verdauungsstörungen zunehmen.
Um das müde System mit mehr Energie zu versorgen, wird *Cortisol* freigesetzt, das die Aufspaltung der Energiereserven in Muskeln und Leber erleichtert. Wenn jedoch die Cortisol-Abgabe unablässig weitergeht, tauchen Symptome wie nach der län-

geren Aufnahme von künstlichen Steroiden auf: Bluthochdruck, Diabetes, Muskelschwäche, Dünnerwerden von Knochen und Haut und ein geschwächtes Immunsystem.

Schließlich versagen die Nebennnieren ihren Dienst, was bedeutet, daß Streß weniger Widerstand entgegengesetzt werden kann.

Der Vorgang, der dieser ständigen Anspannung des Körpers zugrunde liegt, wird verständlicher, wenn wir den Bereich des Seelenwachstums untersuchen, der das Wurzelchakra beeinflußt.

Geist und Materie

Wenn die gesamte Energie der Seele das Wurzelchakra erreicht, ist die Seele ganz im physischen Körper inkarniert, und die Seele (die Fußsohle) berührt die Erde.

Das Wurzelchakra ist der Ort, in dem der Geist sich ganz mit der Materie verbindet und der *Wille zum Sein* entsteht.

Ausgangspunkt für den Abstieg der Seele in die Materie ist das Scheitelchakra. Anatomisch verbindet das in der Wirbelsäule enthaltene Rückenmark das Scheitel- mit dem Wurzelchakra. Als Teil des Nervensystems steht das Rückenmark in direkter Verbindung mit dem Ätherkörper und dadurch mit den anderen feinstofflichen Körpern.

Es ist daher das Gerüst, um das herum das Leben des Menschen auf Erden sich aufbaut. Dieses Gerüst ist jedoch nicht statisch, denn bei ihrem Abstieg in die Materie verändert die Seele ihre Schwingung; sie ruft Veränderungen in der Wirbelsäule und den mit ihr verbundenen Nerven hervor, was wiederum die Schwingung der umliegenden Gewebe verändert.

Chiropraktiker arbeiten darauf hin, Verschiebungen der Wirbelsäule zu korrigieren, damit die Energie der Seele leichter durch sie hindurchfließen kann.

Spiritueller Aspekt: Sich seiner selbst bewußt sein

Wenn die Seele sich im physischen Körper inkarniert, erkennt man sich als Kind der Verbindung von Vater und Mutter. Dies führt zu einem Gefühl der Sicherheit; man weiß, wer man ist und wie man in den größeren Plan hineinpaßt.

Ohne dieses Bewußtsein fühlen wir uns leicht unsicher. Um dieses Gefühl abzubauen, können wir uns mit äußeren Strukturen wie einem Zuhause, einer Familie, einer Arbeit etc. umgeben.

Dies führt dazu, daß die Identifikation mit der physischen Welt stärker ist als mit der spirituellen Welt.

Das mit dem Wurzelchakra zusammenhängende Thema Sicherheit führt zu den extremen Polen *Über- bzw. Unterlegenheit,* die sich als *Kampf-oder-Flucht-Reaktion* zeigen.

Das Seelenwachstum ermuntert uns, unsere Bindung an diese äußeren Formen aufzugeben und uns unserer eigenen inneren Kraft bewußt zu werden. Dazu müssen wir die Notwendigkeit der beiden Extreme akzeptieren und sie kombinieren, um eine weniger stressige Lebensweise zu finden, bei der wir weder kämpfen noch flüchten. Statt dessen zeigen wir unsere Kraft passiv, eine Haltung, die im Tierreich schon immer respektiert wird.

Eine solche Haltung erfordert Mut und Vertrauen; oft wird man zunächst zwischen den verschiedenen Aspekten der Kampf-oder-

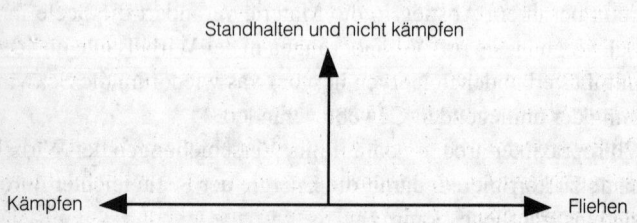

Standhalten und nicht kämpfen

Kämpfen ← → Fliehen

Suche nach
innerer spiritueller Kraft

überlegen   unterlegen

unsicher

Flucht-Reaktion hin- und herpendeln. Das ist normal; aber wenn
wir keine Angst haben, werden wir ein Gleichgewicht finden.

Kampf- und Fluchttendenzen sind im allgemeinen gleichzeitig
vorhanden, auch wenn ein Aspekt dominiert.

Menschen, die das Wurzelchakra ins Gleichgewicht bringen
wollen, sind oft Perfektionisten; sie haben Angst vor dem Versagen und bemühen sich sehr, ein Ziel zu erreichen, das ihnen
– wie sie meinen – Sicherheit geben wird. Leider ist nicht immer
klar, was Perfektion ist; daher sind die Ziele im allgemeinen
undefinierbar und also unerreichbar, was zu weiteren Versa-
gensgefühlen führt.

Sie möchten etwas erreichen, denn dies ist das Maß ihres Erfolgs.
Dazu treiben sie sich und andere an, besonders in Zeiten von
zusätzlichem Streß. Sie sind kritisch und intolerant gegenüber
Menschen, die nicht ihrem Standard entsprechend funktionieren,
denn diese spiegeln gewissermaßen ihr eigenes Versagen. Ein
Erfolg, der auf Kosten anderer erreicht wird, führt jedoch selten
zu innerem Frieden.

Perfektionisten können ärgerlich und aggressiv werden und haben dann für die Bedürfnisse anderer kein Gefühl mehr. Wenn
sie gestoppt werden, können sie angreifen oder in die Defensive
gehen: Sie schreien oder ziehen sich zurück.

Oft konkurrieren sie bei der Arbeit und bei Freizeitaktivitäten; sie
mögen Sportarten wie Squash, Joggen, Tennis und Schwimmen
und können einen Verfolgungswahn entwickeln, wenn sie das

Gefühl haben, daß jemand anders ihre überlegene Position gefährdet.

Sie sind oft in Familien aufgewachsen, in denen Erfolg geschätzt und mit Liebe verknüpft wurde. Der geistige Antrieb lautete: »Sei perfekt«, und wenn sie dieses Gebot nicht befriedigt haben, gilt es auch noch im Erwachsenenleben.

Spezielle Probleme ergeben sich, wenn die Botschaft negativ war, etwa »Du wirst nie zu irgend etwas gut sein« oder »Du wirst es nie schaffen«. In diesem Fall ist oft ein Elternteil ebenfalls unsicher und möchte nicht, daß das Kind ihn »überholt«, d. h. erfolgreicher und erfüllter wird.

Menschen, bei denen das Wurzelchakra dominiert, können nur schwer ausruhen, denn sie haben Angst, beim Aufstieg auf der Erfolgsleiter eine Gelegenheit zu verpassen; sie sind immer dabei, »etwas zu tun«. Auch wenn sie sitzen, sind sie zappelig, und ihr Verstand ist überaktiv. Sie haben nie genug Zeit und können es nicht ertragen, in einer Schlange zu warten. Sie gehen lieber, ohne das Gewünschte erledigt zu haben.

Sie leben in der Zukunft und in der Vergangenheit und verpassen die Freuden des Augenblicks. Man erkennt sie schon am Gang: Der Kopf ist vorgestreckt und plant den kommenden Tag; Beine und Gesäß dagegen hängen noch in der Vergangenheit und beschäftigen sich mit den Ereignissen des Morgen.

Nur ein Bereich ist in der Gegenwart, der Solarplaxus, der Sitz der Gefühle; er ist voll damit beschäftigt, die Flut der eingehenden Informationen zu verarbeiten.

Sie haben das starke Bedürfnis, alles unter Kontrolle zu haben, und können in bezug auf ihre Besitztümer schwierig sein; sie hängen alle Bilder akkurat gerade, erfassen ihre Schallplatten im Computer und regen sich auf, wenn jemand ein Buch an der falschen Stelle ins Regal stellt.

Sie folgen den Regeln und stecken Menschen und Dinge in Schubladen. Dann sind sie außer Gefahr; sie wissen, wo sie stehen, und fühlen sich sicher. Aber wenn etwas oder jemand es wagt, ihre sorgfältig kontrollierte Umgebung zu stören (oder wenn das Wetter es wagt, sich zu ändern), werden sie reizbar und ängstlich. Sie können nicht gut mit Veränderungen umgehen, aber weil sie nach Perfektion streben, ändert ihre Umgebung sich ständig. Dies führt dazu, daß sie immer einen Finger am Streßknopf haben, um auf die Gefahren der Welt jederzeit vorbereitet zu sein.

Obwohl sie bei der Arbeit perfektionistisch sind, können sie zu Hause im Chaos leben. Dies zeigt die zwei Pole der Dualität; der letztere muß sich äußern, um den ins Extrem geführten ersten auszugleichen. Ein Beispiel dafür sind auch der überstrenge Vater und sein rebellischer Sohn. Keiner fühlt sich in seiner Rolle völlig entspannt und glücklich, denn beide müssen ihre Position um jeden Preis aufrechterhalten.

Ein Beispiel für die Energie, die die beiden Extreme verbindet und Harmonie bringt, ist ein etwa zweijähriges Kind. Es lebt nicht nach den Regeln der Menschen, sondern nach denen Gottes und erinnert sich daran, wie es Spaß haben kann.

Die Fluchtreaktion zeigt sich an dem Wunsch, wegzulaufen und sich zu verstecken. Dies wird offensichtlich bei Menschen, die Platzangst haben oder in die Defensive gehen, wenn man sich ihnen nähert. Sie kommt aber auch bei Menschen zum Ausdruck, die sich lieber hinter einer Uniform verstecken, als ihren Unsicherheiten ins Auge zu sehen. Für einen Arzt kann es recht bedrohlich sein, den weißen Kittel auszuziehen oder hinter dem Schreibtisch vorzukommen, um dem Patienten auf gleicher Ebene zu begegnen.

Unsichere Menschen haben gern Gefolgschaft, denn dies verstärkt ihr Sicherheitsgefühl; allerdings darf der Bewunderer nicht größer werden als sie, denn dann könnte er ja die Herrschaft übernehmen. Deshalb unterminieren sie das Selbstvertrauen anderer und machen sie auf diese Weise abhängig und nachgiebig.

Solche Reaktionen hängen auch mit der Energie des Solarplexus eng zusammen, in dem das Ego gespeichert ist.

Die Fluchtreaktion zeigt sich auch bei einem Menschen, der nicht gern in Gesellschaft ist; er kann zum »Aussteiger« oder Einzelgänger werden. Er kritisiert andere und sagt, er würde seine eigene Gesellschaft der von Dummköpfen und Langweilern vorziehen. So kann er sich ihnen überlegen fühlen und eigene Minderwertigkeitsgefühle vermeiden.

Am Ende ist Einsamkeit oft sein einziger Gefährte. Dies findet sich nicht nur bei Menschen, die alleine leben, sondern auch bei denen, die eine große Familie haben. Viele suchen nach der perfekten Welt und lehnen jeden ab, der nicht ihren Maßstäben entspricht; dies führt zu Tränen und Bitterkeit.

Pessimisten behaupten oft, daß wir allein in diese Welt kommen und allein sterben. Aber ich bin noch nie jemandem begegnet, der nicht mit jemandem verbunden war, wenn er geboren wurde. Die Nabelschnur verbindet uns mit unserer Mutter und symbolisiert unser aller Verbindung zur ganzen Menschheit, zur Mutter Erde und der Materie an sich.

Die Seele kann eine Phase der Einsamkeit nutzen, um mit der Persönlichkeit zu kommunizieren. Dann wird, abseits von Geschrei und Wut, ihre ruhige, zarte Stimme vernommen werden. Für den spirituellen Menschen braucht niemand allein zu sein; wir haben viele Freunde auf allen Ebenen, wenn wir nur lernen, unsere Abwehr aufzugeben und zu vertrauen. Das ist leichter, wenn wir uns selbst lieben und vergeben und so innere Kraft und Sicherheit entwickeln.

Manchmal wird die Unsicherheit überwältigend, und dann tritt der Minderwertigkeitskomplex in Erscheinung. Solche Menschen glauben, daß sie nie zu Erfolg kommen und immer versagen werden. Sie haben Angst, ihre Seelenenergie auf die Erde zu bringen; ein Teil von ihnen lebt außerhalb ihres Körpers in der Welt der Phantasie und der Träume und nur der Rest auf der Erde.

Der fehlende Seelendruck führt zu niedrigem Blutdruck, Schwindel und kalten Händen und Füßen.

Auch diesen Menschen fällt es schwer, in der Gegenwart zu leben, denn die Ängste aus der Vergangenheit und die eingebildeten Anforderungen der Zukunft überwältigen sie. Sie haben mehr Angst vor dem Leben als vor dem Tod.

Egal ob die Unsicherheit bewußt ist oder nicht – wenn der Geist wenig Einfluß auf die Materie hat, tauchen Krankheiten auf, die mit der undisziplinierten Energie im Wurzelchakra zu tun haben. Dazu gehören Panikanfälle mit starkem Herzklopfen, Hyperventilation, häufiges Wasserlassen, häufige Darmentleerungen und Muskelkrämpfe. Der physische Körper ist außer Kontrolle.

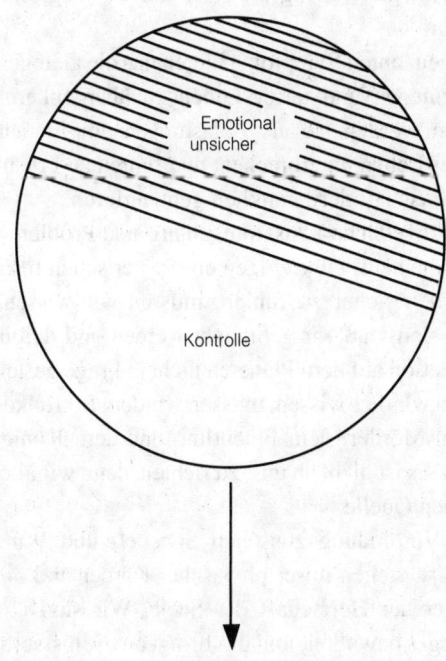

Dies alles weist auf überaktive Nebennieren hin, die zu versagen beginnen. Menschen, die gern alles unter Kontrolle haben, sagen mir oft, daß die Symptome dann auftauchen, wenn sie sich gerade ausruhen, z. B. mitten in der Nacht. »Ich kann es einfach nicht verstehen«, sagen sie, »wenn ich beschäftigt bin, habe ich keine Symptome, aber wenn ich mich ausruhe, tauchen sie auf.«

Ich erkläre ihnen, daß ihr bewußter Verstand den Körper beherrscht, solange sie beschäftigt sind. Aber wenn der bewußte Verstand sich während einer Ruhepause »abschaltet«, besteht die Kontrolle nicht mehr, und das Unterbewußte kann sich durch körperliche Symptome äußern.

Auch hier möchte also der physische Körper ein Ungleichgewicht ändern; gleichzeitig weist er auf das zugrundeliegende Problem hin.

Alle oben genannten Symptome bieten uns die Gelegenheit, eine Pause einzulegen und unser Leben zu überdenken. Aber im allgemeinen werden sie als Belastungen empfunden, die ein geschäftiges Leben unterbrechen, und führen zu Frustration und Wut. Die Botschaft der Krankheit geht verloren.

Mit dem Wurzelchakra zusammenhängende Probleme und Unsicherheit sind häufig und zeigen unsere tierischen Instinkte. Um uns auf Erden sicher zu fühlen, müssen wir wissen, daß wir einzigartig sind, daß wir gebraucht werden und daß unsere besondere Position auf dem Planeten nicht in Frage gestellt werden kann. Wenn wir dies wissen, müssen wir dem Betrunkenen in der Gosse, dem Mörder, dem Flüchtling und dem König dasselbe zugestehen. Es ist nicht an uns, zu richten, denn wir alle kommen aus der Einen Quelle.

Wenn die Verbindung zwischen Scheitel- und Wurzelchakra hergestellt ist, stehen unser physischer Körper und die Gefühle wieder unter der Herrschaft der Seele. Wir sind uns unseres inneren Weges bewußter, und das bringt uns Selbstvertrauen und Frieden.

Zum »Erden« der spirituellen Energie sind Beschäftigungen empfehlenswert, die Hände und Füße mit dem Gehirn verbinden, z. B. Gärtnern, Kochen, Töpfern, Holzarbeiten, Spazierengehen und Tanzen.

Die Gefühle

Angst ist ein gesundes Gefühl, wenn sie als Warnsignal erkannt wird und nicht ein Seinszustand ist. Als Kind lernte ich, daß Feuer brennt. Das bedeutet jedoch nicht, daß ich jedesmal in Panik gerate, wenn ich ein Feuer sehe. Ich habe einen gesunden Respekt vor der Gefahr, kann es aber trotzdem genießen, an einem kalten Winterabend vor dem knisternden Feuer zu sitzen.

Irrationale Angst kann zu Bewegungslosigkeit und Lähmung führen und ein tieferliegendes Problem verbergen, das man sich nicht ansehen möchte. Manchmal bezieht die Angst sich auch auf ein imaginäres Problem und nicht auf die Realität.

Wenn unsere innere Kraft und unser Mut zunehmen und wir uns weniger auf äußere Unterstützung verlassen, lösen die irrationalen Ängste sich auf, und eine positive Entwicklung beginnt. Das Wort Courage stammt übrigens von dem französischen Wort für »Herz«. Wenn wir also vom Herzen unserer Seele aus handeln, erwerben wir Mut.

Das Bedürfnis, eine Rüstung zu tragen, uns mit einer dicken Mauer zu umgeben oder uns zwanghaft vor äußeren Kräften zu schützen, zeigt unsere Angst. Der einzige Schutz, den wir brauchen, ist die Liebe; denn nur die Liebe – die zu uns selbst und die zu anderen – kann uns vollkommene Sicherheit und Harmonie geben.

Das Wurzelchakra umfaßt das Kreuzbein, das Steißbein und die Anal-, Blasen- und Vaginalöffnung. Wenn jemand sich unsicher fühlt oder Angst hat, werden diese Bereiche oft mit den Händen oder den Beinen geschützt.

Manche Frauen können im Sitzen oder Stehen ein Bein mehrmals um das andere winden. Dies tut erstens Bändern und Gelenken nicht gut und zeigt zweitens eine starke Unsicherheit und fehlendes Selbstvertrauen. Ich habe festgestellt, daß solche Menschen sich oft defensiv verhalten und neuen Ideen, die ihre bereits unbeständige Umgebung erschüttern könnten, Widerstand entgegensetzen.

Auch bei Menschen, die nicht stillstehen oder -sitzen können, ohne ständig zu zappeln, ist das Wurzelchakra nicht im Gleichgewicht. Es ist, als würden sie sich nicht das Recht zugestehen, hier zu sein und fest auf der Erde zu stehen.

Körperbereiche mit übermäßigem Fettgewebe zeigen das Bedürfnis, diesen Bereich zu schützen. Ein breites Gesäß ist ein Schutzschild gegen Unsicherheit, während kräftige Beine, besonders bei einer Frau, einem Menschen Gewicht geben, der nicht hier sein möchte, was ein Zeichen seiner Unsicherheit und Sensibilität ist.

Beispiele für Disharmonien des Wurzelchakras

1. Verstopfung

Verstopfung findet sich oft bei Menschen, die ständig beschäftigt und gestreßt sind und dem Körpergeschehen nicht genügend Zeit geben. Die Botschaften des physischen Körpers werden ignoriert, was dazu führt, daß der Darm ständig »unter Druck« steht.

Solche Menschen tragen zusätzliches Gepäck mit sich herum, das ihre Last vermehrt; sie geben sich nicht die Zeit, das loszulassen, was nicht mehr gebraucht wird.

Auch Menschen, die gern alles unter Kontrolle haben, leiden oft unter Verstopfung. Sie hassen es, ihre Gefühle offen herauszulassen, was sich körperlich an einem schwierigen Stuhlgang zeigt.

Als Kinder haben wir nur zwei Möglichkeiten, Macht über unsere Eltern auszuüben: die Nahrung zu verweigern oder unseren Stuhlgang zurückzuhalten. Diese Methoden können ins Erwachsenenleben übernommen werden, auch wenn sie jetzt weniger gegen andere gerichtet sind und mehr mit der generellen Fähigkeit zu tun haben, die Kontrolle zu behalten.

Die Angst vor dem »Loslassen« kann in einen Vorteil verwandelt werden. Die gespeicherten Gefühle enthalten vergangenen Kummer und Leid. Wenn sie im Körper bleiben und nicht eliminiert werden, können sie immer wiedergekäut werden, um einen daran zu erinnern, wie schlimm die Dinge doch waren. Solche Patienten berichten beispielsweise detailliert von Ereignissen, die vor dreißig Jahren geschehen sind. Es ist, als ob ihre Sicherheit davon abhinge, daß sie diese Information ihren Peinigern jederzeit entgegenhalten können. Sie lieben es, ihre Geschichte wieder und wieder zu erzählen, und sind fast gekränkt, wenn man ihnen sagt, sie sollten vergeben und vergessen!

2. Hämorrhoiden

Hämorrhoiden sind Blutgefäße, die sich beim Pressen ausdehnen und denen nicht genug Zeit gegeben wird, sich vor Beendigung des Stuhlgangs zu leeren.

Oft ist dies bei Müttern der Fall, die ständig und sogar auf der Toilette von fordernden kleinen Stimmchen gestört werden, die ihnen wenig Zeit für sich selbst lassen.

Auch Männer, deren Zufluchtsort zum ruhigen Zeitunglesen die Toilette ist, haben oft Hämorrhoiden. Plötzlich wird ihnen bewußt, daß die Zeit vergangen ist und sie sich beeilen müssen, was dem System nach der Darmentleerung nicht genügend Zeit gibt, sich zu entspannen.

Solche Menschen müssen lernen, ihren körperlichen Bedürfnissen Zeit einzuräumen und sich nicht von der Uhr oder den Wünschen anderer bestimmen zu lassen.

3. Colitis

Hier handelt es sich um eine entzündliche Darmkrankheit, die unterschiedlich lange Abschnitte der inneren Dickdarmschicht in Mitleidenschaft zieht. Die Schleimhaut ist entzündet, blutet und eitert; häufigstes Symptom ist ein blutiger Durchfall.

Die Krankheit kann Schwäche, Blutarmut und Schmerz verursachen und unterbricht auf jeden Fall das normale Leben des Betreffenden.

Mögliche Ursachen sind Überempfindlichkeit gegenüber bestimmten Nahrungsmitteln, Viren und Streß. Streß muß mit angeführt werden, weil diese Menschen oft sensibel sind und in vielen Situationen überreagieren.

Sie sind im allgemeinen Perfektionisten und haben Angst vor dem Versagen; oft stammen sie aus einer Familie, in der große Erwartungen in sie gesetzt wurden.

Um ein Versagen und ihre eigenen Ängste zu vermeiden, versuchen sie, wegzulaufen, was durch den Durchfall zum Ausdruck kommt. Der Vorgang ist destruktiv und ihr Leben oft verzweifelt.

Sie haben Angst, innezuhalten und sich die Situation anzusehen, denn sie müssen immer so aussehen, als wären sie beschäftigt (und sei es auch nur mit dem Gang zur Toilette!).

Diesen Patienten sollte man raten, mit dem Hin- und Herrennen aufzuhören und der Wahrheit ins Gesicht zu sehen. Beim Aufbau ihrer inneren Sicherheit brauchen sie liebevolle Ermutigung und Unterstützung.

4. Durchfall

Außer bei einer Lebensmittelvergiftung tritt einfacher Durchfall oft vor einem wichtigen Ereignis auf; er ist dann Teil der Angstsymptome. Wie bereits gesagt, ist dies häufig bei Menschen der Fall, die nach außen hin gern so aussehen, als hätten sie alles unter Kontrolle, innerlich aber in bezug auf ihre Position in der Gesellschaft unsicher sind.

Auch sie müssen ermutigt werden, innezuhalten und an ihre eigene innere Kraft zu glauben. Erinnern Sie sie daran, daß die Angstverursacher – Prüfer, Interviewer, Publikum – auch nur Menschen sind.

5. Chronische Darmentzündung (Ileitis terminalis)

An dieser entzündlichen Darmkrankheit sind alle Schichten der Eingeweide beteiligt; sie kann vom Mund bis zum After im ganzen Verdauungsbereich auftreten. Hauptsymptome sind Durchfall, Schmerzen, schlechte Nahrungsabsorption und Fistelbildung (Entstehung von Kanälen zwischen Organen).

Ursachen sind auch hier die Überempfindlichkeit gegenüber bestimmten Nahrungsmitteln sowie Viren.

Psychospirituell sind Menschen mit dieser Krankheit Perfektionisten; sie sind zwanghaft in bezug auf Sauberkeit und Leistung und wollen es immer »richtig machen«. Anders als Colitis-Patienten haben sie weniger Angst, dafür aber mehr Wut; dies zeigt sich an der Knötchenbildung (Granulome), die für diese Krankheit charakteristisch ist.

Hier lautet der Rat, locker, d. h. flexibler und weniger starr zu werden. Lassen Sie die aufgestaute Wut los und gehen Sie weiter.

Alle Krankheiten des Verdauungstrakts stehen auch mit dem Halschakra in Verbindung. Dessen Thema ist »Mein Wille gegen deinen Willen«, und viele dieser Leiden hängen mit einem starken oder schwachen Willen zusammen. Die im Bereich des Wurzelchakras angesiedelten Krankheiten verweisen darauf, daß hier der Wunsch ins Spiel kommt, perfekt zu sein. In anderen Bereichen des Körpers finden sich andere Aspekte des Willens, die deshalb auch eine andere Antriebskraft haben.

6. Kalte Finger und Zehen

Wenn ein Mensch sich durch seine Umgebung bedroht fühlt, reagiert er instinktiv mit einem Rückzug nach innen, was die Extremitäten vom Fluß der Lebenskraft abschneidet. Völliges Selbstgewahrsein und das Aufgeben der Angst steigern hingegen die äußere und innere Wärme.

7. Häufiges Wasserlassen

Dies finden wir bei überaktiven Menschen, die ständig »auf dem Sprung« sind und in regelmäßigen Abständen eine Toilette aufsuchen müssen. Sie kennen alle Toiletten auf ihrem Weg, auch die für Notfälle. Ihre Blase, die nur eine geringe Aufnahmekapazität hat, ist genauso überaktiv wie sie.
Diese Menschen können im allgemeinen keine außergewöhnlichen Belastungen vertragen, weil ihr Leben bereits so stressig ist. Oft benutzen sie ihr Problem unbewußt, um eine Situation zu vermeiden, die Streß auslöst bzw. ihnen ein Gefühl der Unsicherheit vermittelt: »Ich kann diese Busreise nicht mitmachen, weil es keine Toiletten gibt.«

8. Hüftarthrose

Symptome einer Knochenarthrose sind Steifheit, eingeschränkte Bewegungsfähigkeit und Schmerz. (Wenn eine Entzündung vorliegt, sprechen wir von einer Arthritis).

Mit den Hüften bewegen wir uns vorwärts oder stehen fest und sicher auf dem Boden.

Im Krankheitsfall ist die Bewegung stark eingeschränkt; dahinter steht die Angst, das zu verlassen, was bekannt und sicher ist. Der Verstand hält störrisch an alten Ideen und Prinzipien fest. Menschen mit diesem Problem brauchen die Ermutigung, Schritt für Schritt vorwärtszugehen.

Dies beinhaltet im allgemeinen Änderungen der Einstellung, der körperlichen Bewegung und der Ernährung. Letztere ist besonders wichtig, weil Knochenarthrose oft mit einer schlechten Ernährung einhergeht, die zu einer Gewichtszunahme und daher weiteren Problemen führt.

Ich erinnere mich an eine alte Dame, die wegen Arthrose ans Haus gebunden war. Sie hatte mir vorher erzählt, daß sie nur selten Süßigkeiten esse und sich vollwertig ernähre. Als ich kam, lag neben ihrem Stuhl ein Stapel Süßigkeiten und Schokolade.

Auf Befragen erzählte sie mir, ihre Familie habe ihr diese Dinge gebracht in der Meinung, sie müsse ein bißchen verwöhnt werden. Sie wollte die Gefühle der Familie nicht verletzen und aß sich gehorsam durch den Stapel durch, bevor diese abends nach Hause zurückkam.

Ich sprach mit den Angehörigen und überzeugte sie, lieber Obst als Süßigkeiten dazulassen. Nach einem Monat hatte die Patientin 6 Kilo abgenommen und konnte sich wieder freier im Haus bewegen.

Gewichtsverlust ist für Menschen, bei denen tragende Gelenke wie Hüften und Knie von der Arthrose betroffen sind, und für Menschen mit Übergewicht ein unentbehrlicher Schritt zur Genesung.

9. Nierensteine

Bei einem Steinleiden hat sich Material angesammelt, das aus irgendeinem Grund nicht auf normale Weise ausgeschieden wurde. Im Harntrakt kann dies zwischen Niere und Blase überall in Erscheinung treten, meist durch länger anhaltenden Streß hervorgerufen, der die Aktivität der Nierenmuskeln vermindert.

Esoteriker bringen den Abbau von Angst mit dem Harntrakt in Verbindung. Nierensteine symbolisieren nicht geäußerte Ängste bei Menschen, die nach außen hin selbstbewußt erscheinen, sich aber in einem Bereich ihres Lebens innerlich unsicher und ängstlich fühlen.

Solche Menschen sollten darin unterstützt werden, diese Angst auszudrücken und dadurch abzubauen, daß sie sich ihrer inneren Sicherheit und ihrer Fähigkeit bewußt werden, ihren Weg zu gehen.

10. Erhöhter Blutdruck

Der Blutdruck ist der Druck, den das Blut während der Systole (der Zusammenziehung des Herzmuskels) und während der Diastole (der Entspannung des Herzmuskels) auf die Gefäßwände ausübt. Der höhere Wert bei einer Untersuchung bezieht sich auf die Systole (die Druckphase), der niedrigere auf die Diastole (die Entspannungsphase). Der normale höhere Wert liegt bei 120, der normale untere bei 80.

Uns Ärzte beunruhigt ein erhöhter Wert während der Diastole mehr als ein solcher während der Systole, denn dies zeigt die Unfähigkeit des Herzens und der Blutgefäße, sich völlig zu entspannen.

Ein erhöhter Blutdruck liegt vor, wenn sich bei der Diastole ein Wert von über 90 ergibt; die Meinungen darüber, ob eine Behandlung erst bei einem unteren Wert von 105 begonnen werden sollte, gehen auseinander.

Die Unfähigkeit, sich auch während einer scheinbaren Ruhephase völlig zu entspannen, zeigt in esoterischer Hinsicht, daß der Betreffende sich nicht offen äußern kann und möglicherweise vor dem Rest der Welt etwas verbirgt.

Das braucht nichts Sensationelles zu sein, auch wenn ich Patienten hatte, die mir persönliche Geheimnisse anvertrauten, die lange Zeit verborgen waren.

Häufig ist auch die Unfähigkeit vorhanden, ganz man selbst zu sein, weil die Angst dahinter steht, in den Augen der anderen nicht perfekt zu sein. Solche Menschen müssen ständig aufpassen, daß jemand ihre Unsicherheiten entdeckt; Kontrolle ist bei ihnen ein wichtiges Thema.

Interessanterweise haben viele dieser Patienten nur erhöhten Blutdruck, wenn sie einen Schlaganfall haben, der zu einem Kontrollverlust führt und das hilflose Kind im Inneren zeigt.

Die Verhärtung der Arterien (Arteriosklerose) bei diesen Patienten wird durch Cholesterol verursacht, das aus der Ernährung stammt und bei Streß auch von der Leber produziert wird. Die Gefäßwände werden unelastisch, was psychospirituell mit dem Thema »Sicherheit durch Kontrolle« zu tun hat.

Es hat sich gezeigt, daß offenes Reden und Entspannung den Blutdruck senken; solche Methoden sollten daher in allen Herzkliniken angewandt werden.

11. Niedriger Blutdruck

Hier liegt der Druck während der Systole unter 90 und während der Diastole unter 60. Wir bereits erwähnt, übt die Seele in diesen Fällen wenig Druck auf den Körper aus; das Leben wird eher nach den Bedürfnissen anderer als nach den eigenen inneren Anforderungen ausgerichtet.

Solche Menschen sollten ermutigt werden, ihre eigenen Energien auf die Erde zu bringen und unbeirrt ihren Weg zu gehen.

12. Impotenz

Die äußeren Sexualorgane, d. h. Penis und Klitoris, stehen unter der Herrschaft des Wurzelchakras. Sie können ohne Rückgriff auf eine Beziehung erregt werden und aktivieren die Feuerenergie an der Basis der Wirbelsäule.

Diese Energie wird oft schon früh erfahren, lange bevor die sekundären Geschlechtsmerkmale ins Spiel kommen. Der Sexualakt ist nicht die einzige Möglichkeit, die im Wurzelchakra schlummernde »Schlange« zu wecken und zu einem Scheitelchakra-Orgasmus zu führen; viele Erfahrungen können eine ähnliche Energiebewegung erzeugen, wenn wir uns die Erlaubnis geben, das Leben zu genießen.

Impotenz bzw. Ohnmacht tritt auf, wenn entweder die Gefühle zu stark kontrolliert werden oder das Selbstwertgefühl (Solarplexus) so gering ist, daß der Betreffende versagen muß. Je mehr er versagt, desto mehr glaubt er, daß er auch in Zukunft versagen wird.

Der Sexualakt ist so mit Männlichkeit verknüpft worden, daß es in unserer überall auf Konkurrenz eingestellten Welt nicht überrascht, daß Impotenz derzeit zunimmt. Wenn »alles auf eine Karte gesetzt wird« und das Selbstwertgefühl vom Sexualakt abhängt, zeigt dies einen verzweifelten Menschen.

Sowohl der Stolz auf sich selbst auf allen Ebenen als auch das Zulassen der Unvollkommenheit verhilft uns zu einer ausgeglicheneren Betrachtungsweise unserer Leistungen. Niemand sonst kann uns diesen Selbstwert geben ... er kann nur von innen kommen.

13. Vaginismus

Hier sind die Muskeln der Vagina so angespannt, daß sie den Geschlechtsverkehr verhindern oder zumindest extrem unangenehm machen.

Dafür gibt es verschiedene Ursachen; als häufigste gilt ein sexueller Mißbrauch in der Kindheit und/oder Adoleszenz. Die damals erlebte Machtlosigkeit veranlaßt die Betreffenden, alles in ihrer Macht Stehende zu tun, um den Eingang verschlossen zu halten.

Mißbrauch steht ebenso mit dem Sakral- und dem Halschakra in Verbindung; derart geschädigte Frauen haben Angst, sich zu äußern, und fühlen sich schuldig. In vielen Fällen schützen sie sich, indem sie das sexuelle Verlangen »abstellen« und den Beckenbereich betäuben.

Sie brauchen die Beratung eines Spezialisten und einen fürsorglichen Partner, der seiner selbst sicher ist und zulassen kann, daß die Kraft des Sexualakts gleichmäßig zwischen den Partnern verteilt wird.

14. Angeborene strukturelle Veränderungen der Füße

In den Füßen begegnet der Geist der Materie. Wenn ich einen Menschen sehe, dessen Fußsohle nach innen gedreht ist (Klumpfuß) oder weit von der Erde weg weist (Hohlfuß), weiß ich, daß ich vor einer sehr empfindsamen Seele stehe, die sich nicht sicher ist, ob sie auf diese Erde herabkommen möchte.

Im allgemeinen liegen Angst und Unsicherheit vor, die sich schon bei der Geburt an langen, schwierigen Wehen, Atemproblemen oder zu langem Verbleiben im Mutterleib zeigen. Dem Widerstand gegen die Ankunft auf Erden kann ein Protest in den ersten Lebensjahren folgen, d. h. Schreien, Wutausbrüche oder körperliche Probleme.

Solche Kinder brauchen eine bestimmte, aber liebevolle Unterstützung und sollten ermutigt werden, weiterzumachen. Oft lassen sie erst mit 28 Jahren (der ersten Wiederkehr des Saturn) die Seelenenergie in den Körper ein und die Erde gestalten.

Vorschläge zum Ausgleich des Wurzelchakras

1. Seien Sie nicht zu stolz und kontrolliert und erkennen Sie, daß Sie ein Problem haben. Begreifen Sie, daß das, was Sie an anderen nicht mögen, Ihr eigenes inneres Wesen spiegelt, das sich Gehör verschaffen möchte.

2. Legen Sie den Stock weg, der Sie jedesmal schlägt, wenn Sie nicht perfekt sind … hören Sie auf, es sich selbst schwer zu machen. Lieben Sie sich selbst.

3. Seien Sie froh darüber, daß Sie unvollkommen sind und Fehler machen. Vollkommenheit ist nicht ausgeglichen. Gleichgewicht entsteht, wenn Sie das Vollkommene und das Unvollkommene als Teile Ihres Wesens akzeptieren.

4. Erkennen Sie, daß Sie einzigartig sind und Konkurrenz daher unsinnig ist. Der Druck der Seele wird für die Spannung sorgen, die notwendig ist, damit Sie weitergehen.

5. Wählen Sie entspannende Hobbys, bei denen Zeit und Raum nicht verknüpft werden; wenn Sie 20 Schwimmbadlängen in 10 Minuten schwimmen wollen, führt dies unweigerlich zu Streß. Wählen Sie sich Ziele in bezug auf Zeit oder Ort, nicht in bezug auf beide.

6. Entscheiden Sie sich, auf der Erde zu bleiben und das Leben zu genießen. Das bedeutet nicht, daß es keine schweren Zeiten mehr geben wird, aber Sie können sehr viel leichter mit ihnen fertigwerden, wenn der ganze Druck der Seele Ihnen hilft, als wenn Sie nur zum Teil in Ihrem Körper sind.

7. Gut erdende Übungen sind Gärtnern, Kochen, Töpfern, Kunst und Spazierengehen. Ziehen Sie wenn möglich die Schuhe aus, und spüren Sie, wie die Energien der Erde Ihre Füße zum Mittelpunkt des Planeten ziehen.

8. Wählen Sie rote Kleidungsstücke – Schuhe, Hosen, Socken, Röcke; diese Farbe unterstützt alle erdenden Übungen. Denken Sie daran, daß zuviel Rot eine starke Energie an der

Basis erzeugt; wechseln Sie daher mit tieferen Schattierungen von Rot oder anderen Farben ab, wenn Sie gut geerdet sind.

9. Lehnen Sie sich an einen Baum und spüren Sie seine Kraft, die wahrscheinlich seit Hunderten von Jahren auf dieser Erde ist. Tun Sie, als seien Ihre Füße die Wurzeln des Baums, die tief in den Boden reichen, und stellen Sie sich vor, Ihr Kopf und Ihre Arme würden sich aufwärts zum Licht strecken; so verbinden Sie Wurzel- und Scheitelchakra.

10. Tun Sie etwas Lustiges und lassen Sie Ihr inneres Kind spielen. Am besten wäre ein Spiel in Verbindung mit Erde und Wasser; es kann aber auch etwas sein, was zu Hause immer verboten war und durch Ihren Versuch, immer »perfekt« zu sein, unterdrückt wurde.

11. Stellen Sie sich mit leicht gebeugten Knien fest auf den Boden und sagen Sie sich: »Ich habe einen einzigartigen Platz hier auf Erden und kann mich sicher fühlen.«

KAPITEL 8

Das Sakralchakra

DAS SAKRALCHAKRA

Lage	Unterbauch
Spiritueller Aspekt	Selbstachtung
Grundbedürfnis	Kreativität innerhalb von Beziehungen
Gefühle	Besitzgier, Teilen
Endokrine Drüsen	Eierstöcke und Hoden
Organe	Gebärmutter, Dickdarm, Prostata, Eierstöcke, Hoden
Farbe	Orange

Anatomie der Eierstöcke/Hoden

Beim Fötus entwickeln Hoden bzw. Eierstöcke sich im Unterbauch; erstere wandern bei der Geburt in den Hodensack. Hier kann die Spermaproduktion bei einer Temperatur stattfinden, die etwas unter der des übrigen Körpers liegt.

Aus esoterischer Sicht entsteht die ätherische Verbindung zu den Hoden während der Schwangerschaft und kommt daher vom Sakralchakra.

Physiologie der Geschlechtsdrüsen

Der männliche Zellkern enthält XY-Chromosomen, der weibliche XX-Chromosomen. Sie geben Männern und Frauen die grundlegende anatomische und physiologische Identität.

In der Pubertät beginnen die Eierstöcke, die Hormone *Östrogen* und *Progesteron* abzugeben; die Hoden beginnen, das Hormon *Testosteron* zu produzieren.

Diese Hormone wirken auf die Anatomie, die Physiologie und die Psychologie ein und bringen die sekundären Geschlechtsmerkmale hervor.

Die Verbindung zwischen spiritueller und physischer Schöpfung

Die Eier in den Eierstöcken und das Sperma in den Hoden sind der Same, der die Fortsetzung der menschlichen Rasse sicherstellt. Man könnte sagen, daß Eier und Sperma Träger der schöpferischen Lebenskraft sind, die von der Materie weitergegeben wird.

Beim Geschlechtsverkehr wird mit dem Geist verbundene Energie vom Wurzelchakra freigesetzt und geht in die Materie ein. Diese Interaktion von Geist/Vater und Materie/Mutter führt zur Erschaffung des Sohns/der Seele, dessen/deren Rolle letztendlich darin besteht, die Fortsetzung des Lebens zu garantieren.

Dieses Muster wiederholt sich überall dort, wo zwischen zwei entgegengesetzten Polen – Geist und Materie, männlich und weiblich, dominant und rezessiv, Yin und Yang – eine Interaktion stattfindet, die zur Erschaffung eines Dritten führt, das die Essenz der ursprünglichen Partnerschaft bewahrt, aber auf einer höheren Bewußtseinsebene angesiedelt ist.

Dies ist der Zweck aller Beziehungen: Wir sollen nicht nur uns selbst finden, sondern dabei etwas erschaffen, was größer ist als die Summe der Teile. Auf diese Weise ist die ursprüngliche Quelle allen Lebens ständig im Wachsen begriffen und zeigt, daß nichts im Universum statisch ist.

Nach der Befruchtung des Eies durch das Sperma (ein Symbol

für die spirituelle Interaktion) entsteht eine einzige Zelle. Innerhalb von Minuten hat diese Zelle sich geteilt und ist zum Vielzeller geworden. Dieser Vorgang symbolisiert die vielen Teilungen der Ur-Seele.

Beim Menschen beträgt die Schwangerschaftszeit neun Monate; in dieser Zeit vertieft sich die Beziehung zwischen Geist und Materie. Es werden Verbindungen aufgebaut, die die Kommunikation zwischen den zwei Polen der Partnerschaft sicherstellen. Diese Verbindungen sind unabdingbar, damit die Lebenskraft fließen kann. Ohne sie tritt der Tod ein. Die Verbindung muß ausgeglichen sein, d. h. wir müssen uns selbst und den Partner achten. Dies ist der spirituelle Aspekt des Sakralchakras.

Bei der Geburt gehen die starken Verbindungen zur Quelle verloren, aber die Interaktionen zwischen Geist und Materie werden tief ins innere Wesen eingepflanzt. Wenn man ihrer Führung folgt, wird man seines Selbst bewußt, indem man die Teile von sich selbst ausfindig macht, die sich noch nicht gezeigt haben.

Dies erreichen wir dadurch, daß wir uns mit anderen Menschen auf der Erde verbinden und in dem Spiegel, den sie uns vorhalten, uns selbst sehen. Manchmal mögen wir, was wir sehen, und manchmal schrecken wir vor der Wahrheit zurück.

Beziehungen

Jede wichtige Beziehung öffnet uns die Tür zu einem Bereich von uns, der verborgen ist. Wenn wir diesen Teil erkennen, akzeptieren und lieben, können wir ganz und gesund werden.

Wir können nicht hoffen, alles, was wir suchen, in einem Menschen zu finden, denn unsere Schattenseite existiert nur in uns. Wir alle haben einen »Seelenpartner«, der uns gleich ist und zur gleichen Zeit mit uns entstand. Es ist jedoch extrem selten, daß wir ihm begegnen, denn es wäre eine Verschwendung wertvoller Ressourcen, wenn zwei Menschen am selben Ort dieselbe Arbeit tun. Die Ehe mit unserem »Zwilling« würde dazu führen, daß das Wachstum aufhört.

Wenn wir uns einem Menschen eng verbunden fühlen, gehört er wahrscheinlich derselben Seelengruppe an; dies bedeutet, daß unser Ziel auf Erden von derselben Gefahr bedroht wird.

Häufiger begegnen wir kleinen Teilen von uns selbst in vielen Menschen. Wenn wir dies erkennen, werden wir nachsichtiger mit unserem Partner, von dem wir alles erwarten und der uns oft enttäuscht, weil seine Leistung nicht unseren Erwartungen entspricht.

Es gibt alle möglichen Beziehungen:

a) Mit unserer Familie sind wir durch die Bande des Blutes verbunden. Sie sind sehr stark, auch wenn es sonst wenig Gemeinsamkeiten gibt.

b) Wir können uns sehr stark von einem Menschen angezogen fühlen, dem wir in früheren Leben begegnet sind und mit dem wir noch etwas zu regeln haben. Äußerlich gibt es möglicherweise kaum Gemeinsamkeiten, aber man kann der Anziehung nicht widerstehen.

c) Wir verbinden uns leicht mit Menschen, mit denen wir eine bewußte gemeinsame Verbindung haben. Sie bestätigen unsere Überzeugungen und tragen dazu bei, daß wir uns sicher fühlen.

Die gemeinsame Verbindung sorgt in jeder Beziehung für die Kommunikation. Die Verbindung muß nicht unbedingt positiv sein, d. h. zwei Menschen können auch durch Haß aneinander gebunden sein. Er kann sie enger aneinander binden als die Liebe.

d) Wir verbinden uns weniger leicht mit Menschen, zu denen wir eine unbewußte Verbindung haben. Was uns bei anderen stört, ist oft in uns selbst vorhanden. Es ist wichtig, diese Welt als einen Ort zu sehen, an dem wir etwas lernen sollen. Jeder hat eine Botschaft, die unserer Seele auf ihrem Weg weiterhilft.

Zum Beispiel:

Die Aggressivität meines Chefs ärgert mich.
Ich fühle mich durch sie klein und unbedeutend.
Er kritisiert mich vor anderen. Ich möchte ihm sagen, was ich denke, fühle mich aber nicht stark genug.
Das aggressive Verhalten des Chefs ist Ausdruck seiner eigenen Unsicherheit. Meine Unsicherheit hindert mich am Handeln. Unser beider Wurzelchakra ist nicht im Gleichgewicht, denn uns fehlt es an innerer Kraft.

e) Die Beziehungen zwischen uns und Menschen, die etwas ausdrücken können, was für uns selbst schwierig ist, sind oft angespannt; das Mädchen z. B., das beim geringsten Druck weint und dadurch Sympathie weckt, ärgert den starken, fähigen Typen, der insgeheim gerne die Aufmerksamkeit hätte, aber Angst hat, verletzlich zu werden. Der Ärger zeigt, daß es etwas zu lernen gibt.

f) Dann wieder werden wir von Menschen angezogen, die eine Einstellung oder einen Charakterzug haben, den wir bewundern. In den meisten Fällen zeigt dies, daß derselbe Aspekt auch in uns vorhanden ist; wir können ihn entdecken, wenn wir nur richtig hinschauen.

g) Wir werden von einem Angehörigen des anderen Geschlechts angezogen, der die Charakteristika unseres »Schattenge-schlechts« hat. Ungeachtet des äußeren Anscheins sind wir alle männlich und weiblich, und die Suche nach der »anderen Hälfte« führt uns in vielen Fällen in eine Beziehung.
Die Seele ist androgyn, und auf diesen Zustand arbeiten wir hin; nicht indem wir unsere Männlichkeit oder unsere Weib-

androgyner Zustaand

männlicher Aspekt ——————————|—————————— weiblicher Aspekt

lichkeit unterdrücken, sondern indem wir sie verbinden und etwas Neues erschaffen.

h) Oft werden wir von Menschen angezogen, die die Bereiche unseres Lebens befriedigen, in denen wir ein Defizit haben. Das kann bedeuten, daß wir jemanden heiraten, der das Geld, die Intelligenz oder die Familie hat, die uns fehlen.

Viele Beziehungen sind symbiotisch und für beide Seiten lohnend; jeder trägt das bei, was dem anderen fehlt. Dieser angenehme Zustand kann leider dazu führen, daß das Seelenwachstum stagniert, denn keiner verspürt das Bedürfnis, sein Selbst zu erkennen. Wenn ein Partner stirbt, ist der Überlebende oft unfähig, ohne die Unterstützung seiner »besseren Hälfte« das Leben zu bewältigen. Sein Kummer kann zu einem baldigen Tod führen – er stirbt buchstäblich an einem gebrochenen Herzen.

In anderen Fällen erlaubt der Tod dem überlebenden Partner,

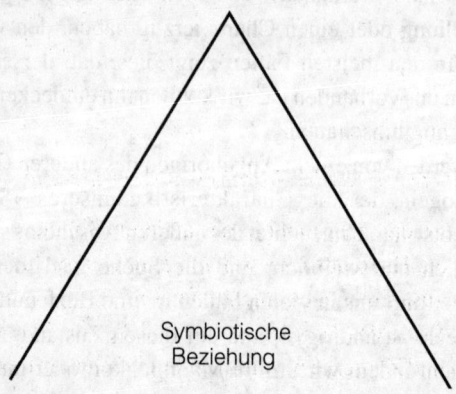

Symbiotische
Beziehung

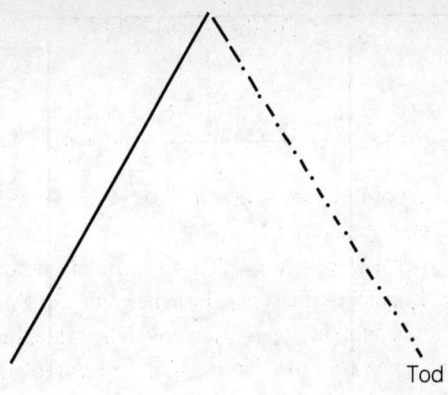

Tod

das Leben von seinem inneren Wesen aus zu leben, und er entdeckt Kräfte, die er nie für möglich gehalten hätte.

Die vollkommene Beziehung beruht auf Liebe, Respekt und Ehrlichkeit; beide Partner bleiben ganz und werden doch durch die Verbindung gefördert.

Entscheidung, sich zu erheben   oder zu fallen

Der Prophet (von Khalil Gibran) sagt über die Ehe:

»Gebt euer Herz, aber nicht in des anderen Obhut.
Denn nur die Hand des Lebens kann eure Herzen halten.
Und steht zusammen, aber nicht zu nah:
denn jede Säule des Tempels steht für sich,
und Eiche und Zypresse wachsen nicht im Schatten des anderen.«

Ausgeglichene Beziehung

Spiritueller Aspekt: Selbstachtung

Selbstachtung bedeutet, den eigenen schöpferischen Impulsen Raum zu geben, so daß Geist und Materie sich wahrhaft verbinden können. Ohne dies können wir nicht wachsen; vielleicht grollen wir auch den Menschen, die unseres Erachtens das Wachstum unseres inneren Kindes behindert haben.

Emotionaler, sexueller oder körperlicher Mißbrauch ist heute ein häufiges Problem. Er entsteht durch den mangelnden Respekt vor den Bedürfnissen des anderen, zeigt letztendlich aber auch einen Mangel an Selbstachtung. Der Kreis kann nur durchbrochen werden, wenn wir eine innere Selbstachtung aufbauen, die die Bedürfnisse der Seele und nicht die der Persönlichkeit befriedigt. Ein Kind kann dies kaum und braucht deshalb die Liebe, die Unterstützung und die Anleitung von Menschen, die von ihren persönlichen Bedürfnissen absehen können.

Das subtile Gleichgewicht zwischen wechselseitiger Abhängigkeit und Unabhängigkeit, die das Ziel jeder Beziehung ist, stellt sich ein, wenn die spirituelle Essenz beider Partner erkannt, respektiert und geliebt wird.

Achtung wird vor allem durch Kommunikation aufrechterhalten (das gemeinsame Band); ohne sie muß die Beziehung sterben. Es kann sein, daß die Partner in einem Gespräch beschließen, sich zu trennen, aber auch dies kann für beide gut sein, wenn es im gegenseitigen Einvernehmen geschieht.

Eine Analogie

In der Antarktis lebten zwei Stachelschweine. Es war sehr kalt, und sie beschlossen, sich eng aneinander zu kuscheln, um sich zu wärmen. Als sie sich näher kamen, begannen ihre spitzen Stacheln, das Fleisch des anderen zu verletzen. Sie gingen wieder auseinander, und es wurde ihnen kalt. Sie kamen einander näher und fühlten Schmerz.

Viele Monate vergingen, bis sie das richtige Gleichgewicht fanden. Nah genug, um sich zu wärmen, aber nicht so nah, daß sie sich Schmerzen bereiteten.

Die Gefühle

Das Sakralchakra hat mit Raum und Grenzen zu tun. Der Mutterschoß ist ein warmer, hilfreicher Rahmen, der gleichzeitig die Fähigkeit hat, seine Größe dem Wachstum des Babys anzupassen.

Diese Flexibilität, die gleichzeitig die eigenen Grenzen wahrt, ist für jede Beziehung unabdingbar.

Zu wenig Raum beeinträchtigt die Entwicklung und kann von einem Partner vorgegeben werden, der possessiv und abhängig ist und »klammert«. Grund für dieses Verhalten ist Unsicherheit und ein schwaches Selbstwertgefühl. Die ganze Identität beruht auf der Rolle in der Partnerschaft.

Dies kann in einer Ehe der Fall sein, ebenso zwischen Eltern und Kindern oder auch in einer Freundschaft. Die Abhängigkeit unterdrückt das Wachstum beider Beteiligten und kann die Beziehung zerstören. Ein solches Ergebnis führt oft zu einer seelischen Wunde und dem Gefühl des Verlassenseins; man hat Angst, eine neue Beziehung zu beginnen.

So erscheint der andere Pol der Existenz, d. h. mangelnde Verpflichtung in einer Beziehung – der starke Wunsch, unabhängig zu bleiben, und der Entschluß, sich nie wieder verletzen zu lassen. Genauso wie die Stachelschweine Monate mit der Suche nach dem perfekten Gleichgewicht verbrachten, können wir über viele Leben hinweg lernen, unser inneres Kind zu nähren und gleichzeitig die Bedürfnisse des anderen zu achten und zu akzeptieren.

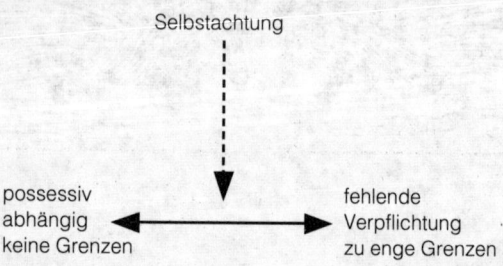

Selbstachtung

possessiv
abhängig
keine Grenzen

fehlende
Verpflichtung
zu enge Grenzen

Das Sakral- und das Halschakra sind miteinander verbunden, denn beide haben mit Kreativität zu tun. Letzteres wird oft fälschlich benutzt, um Blockaden des Sakralchakras zum Ausdruck zu bringen: Die frustrierte Hausfrau nörgelt an ihrem Mann herum, weil er ihr nicht bei den Hausarbeiten hilft, und beschreibt dann das Zimmer ihres heranwachsenden Sohnes als »Müllhalde«.

Beide Formen des Nörgelns werden mit dem Mantel der Liebe verbrämt, obwohl sie letztendlich das Wachstum behindern. Wenn ein Detail 90% der Aufmerksamkeit von einem Menschen bekommt, kann der andere nur noch 10% beitragen.

Wenn die nörgelnde Ehefrau sich auf 50% beschränkt, kann ihr Mann aktiv werden. Und wenn der Sohn eine Zeitlang seinen eigenen Vorstellungen überlassen bleibt, wird er irgendwann entweder sein Zimmer aufräumen oder unter der Masse der Kleider, Zeitschriften, leeren Plätzchenschachteln, schmutzigen Kaffeetassen usw. ersticken.

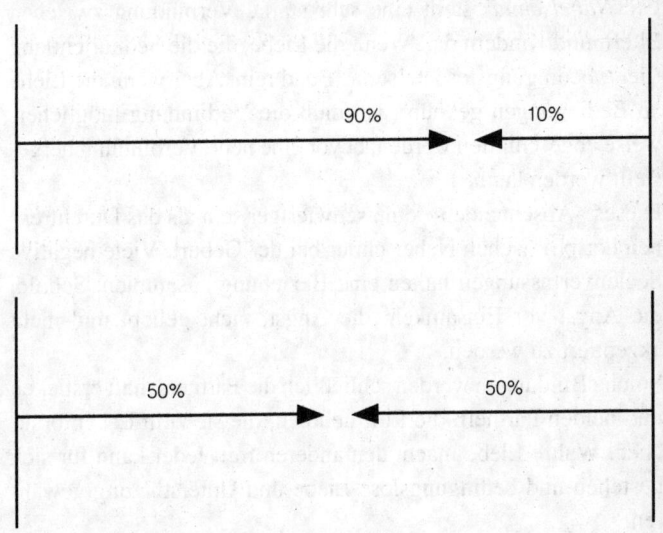

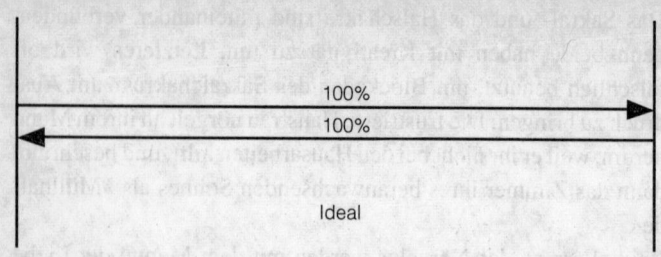

100%
100%
Ideal

Ständiges Nörgeln ist nicht kommunikativ ... es ist einseitig und verhindert das Wachstum. Wir müssen handeln oder akzeptieren. Die beste Beziehung ist eine, bei der beide Partner 100% einsetzen und 100% herausbekommen ... aber 50% und 50% ist ein guter Anfang!

Wenn wir nörgeln oder viel Zeit mit dem Versuch verbringen, andere zu ändern, verhindern wir oft unser eigenes Wachstum, das ebenfalls mit dem Halschakra zu tun hat. Wir müssen uns selbst ändern, bevor wir hoffen können, daß andere sich ändern.

Die *Nabelschnur* stellt eine sehr starke Verbindung zwischen Eltern und Kindern dar. Wenn die Liebe, die die Schnur entlang fließt, bedingungslos ist, ist das Band rein. Aber wenn die Liebe an Bedingungen geknüpft ist, muß die Verbindung möglicherweise abgeschnitten werden, bevor eine neue Verbindung hergestellt werden kann.

Dieses »Abschneiden« kann schwieriger sein als das Durchtrennen der physischen Nabelschnur bei der Geburt. Viele negative Seelenverfassungen halten eine Beziehung zusammen: Schuld, die Angst vor Einsamkeit, die Angst, nicht geliebt und nicht akzeptiert zu werden.

Solche Bindungen werden schließlich die Partnerschaft ersticken und beiden Partnern die Luft nehmen, die sie zum Leben brauchen. Wahre Liebe macht den anderen frei. Jeder kann für sich bestehen und bedingungslose Liebe und Unterstützung gewähren.

176

Rollenänderungen

In den letzten fünfzig Jahren haben die Rollen von Männern und Frauen sich gewaltig verändert. Die Weltkriege haben bewiesen, daß Frauen genauso hart und produktiv arbeiten können wie Männer. Heute arbeiten Frauen aus finanzieller Notwendigkeit oder zur Befriedigung ihrer eigenen Wünsche.

Ähnlich gibt es immer mehr Männer, die die Verantwortung für die Kindererziehung und den Haushalt mitübernehmen. Dieser Trend zeigt die Gleichwertigkeit der Geschlechter und die Notwendigkeit, die weiblichen Qualitäten des Mannes und die männlichen Qualitäten der Frau zu erkennen und zu akzeptieren.

Durch das Aufkommen von Teilfamilien wird die Rolle des Betreuers und des Brotverdieners in einer Person kombiniert. Dies kann ein wichtiger Schritt zur Androgynität sein, wenn die einfließende Energie von der Seelenebene kommt.

Eine noch größere Veränderung hat im Bewußtsein der Menschen stattgefunden: Frauen lernen, sich zu behaupten und logischer zu sein, und Männer nehmen den Kontakt zu ihrer Intuition und zu ihrem Einfühlungsvermögen auf. So vermischen sich die beiden Aspekte auf natürliche Weise.

Es ist nicht einfach, nach jahrelanger Konditionierung ein Verhaltensmuster zu ändern, weshalb Gesellschaft und Individuum dem oft Widerstand entgegensetzen. Er manifestiert sich im physischen Körper als Krankheit.

Ich gebe zu, daß das Pendel im Einzelfall zu weit in die entgegengesetzte Richtung ausgeschlagen ist, denn viele Karrierefrauen haben den Kontakt zu ihrer Weiblichkeit verloren, und für viele sensible Männer ist es extrem schwierig, in einer männlich orientierten Gesellschaft zu arbeiten.

Wie bei jedem Umschwung werden die Rollen schließlich ein Gleichgewicht finden. Die Übergangszeit wird sehr viel glatter verlaufen, wenn wir lernen, alle Teile von uns als gleichwertig zu akzeptieren.

Eine Disharmonie im Sakralchakra hängt oft mit dem Leitsatz »Sei stark« zusammen, der zu einem Gefühl der Unzulänglichkeit führt, d. h. man meint, »nicht Manns genug« oder »nicht die ideale Frau und Mutter« zu sein. Solche Gedanken beruhen oft auf vorgefaßten Meinungen über den perfekten Mann bzw. die perfekte Frau. Gott sei Dank ändern sich die Zeiten recht schnell, auch wenn der »männliche Chauvinist« und die »kleine Hausfrau« immer noch im Inneren lauern und anerkannt werden müssen, bevor sie schließlich verschwinden können.

Körpersprache

Das Sakralchakra regiert den Unterbauch und das Kreuzbeingebiet. Es steht für die Fähigkeit, etwas zu erschaffen und den geistigen Raum dafür zu haben. Manchmal will man das Erschaffene nicht loslassen, was zu Besitzgier führt; sie äußert sich durch Blähungen oder vermehrtes Körperfett über dem Unterbauch.

Frauen haben oft Angst, ihre Kreativität vom Kindergebären auf etwas anderes zu verlagern, das sie selbst hervorbringen. Viele waren immer nur die Tochter, die Mutter oder die Frau eines Mannes. Es kann angst machen, man selbst zu sein, und deshalb halten sie am Bekannten fest.

Männer hingegen können verstärkt ihre Familie oder ihre materiellen Besitztümer für sich behalten wollen.

Wenn man die Hände auf den Unterbauch legt, kann dies auf eine »Anstandsregel« zurückzuführen sein oder die Angst zum Ausdruck bringen, verletzt oder nicht respektiert zu werden. Diese Themen müssen erkannt werden, wenn man mit Menschen zu tun hat, die solche Signale aussenden. Sie brauchen einen sicheren

Raum und bedingungslose Liebe, um sich ganz ausdrücken zu können.

Krankheiten, die mit dem Sakralchakra zu tun haben

1. Reizdarm

Dieses sehr häufige Leiden ist auch als »Darmkrämpfe« bekannt. Es findet sich bei beiden Geschlechtern, ist jedoch bei Frauen häufiger. Der Darm selbst ist in Ordnung; das Problem ist ein Ungleichgewicht im Nervensystem, das ihn versorgt.

Nach einem auslösenden Reiz kommt es zu Krämpfen, die Bauchschmerzen, Blähungen und Verstopfung verursachen; darauf gehen Stuhl und Winde ab. Dies bewirkt ein Ungleichgewicht im Darm, das zum übermäßigen Wachstum bestimmter Mikroben – etwa Candida – oder der Überempfindlichkeit gegenüber bestimmten Nahrungsmitteln führen kann.

Diese sekundären Effekte müssen behandelt werden, aber das ihnen zugrundeliegende psychospirituelle Ungleichgewicht sollte gleichzeitig bearbeitet werden.

Die Disharmonie entsteht durch den Wunsch, unabhängig zu werden (die Darmentleerung), während man gleichzeitig emotional abhängig bleibt (die Krämpfe). Dies findet sich häufig, wenn Eltern/Kind-Grenzen nicht klar sind, d. h. bei Besuchen der Mutter oder Schwiegermutter oder wenn die Kinder das Elternhaus verlassen. Die Patienten sind oft fürsorgliche, gewissenhafte Menschen, die dazu neigen, ihre Gefühle für sich zu behalten. Sie sorgen für die Bedürfnisse anderer, ohne darum zu bitten, daß auch die ihren erfüllt werden. Oft entwickelt sich jedoch ein innerer Groll, der sie drückt und die Krämpfe verursacht.

Sie sollten beschließen, nicht auf die Gefühle anderer hin zu reagieren, sondern aus der eigenen Selbstachtung heraus. Wenn sie ihr Halschakra benutzen, lernen sie, ihre Bedürfnisse und Gefühle zu äußern, und sie erkennen, daß sie für die Reaktionen anderer nicht verantwortlich sind.

2. Probleme im Zusammenhang mit dem weiblichen Fortpflanzungssystem

Der Menstruationszyklus

In diesem Zusammenhang kann es zu verschiedenen Krankheiten kommen, die für sich betrachtet werden müssen. Hauptmerkmal ist jedoch immer der oben beschriebene kreative Fluß des Lebens. Der Menstruationszyklus folgt dem Schema der Schöpfung: Der erste Abschnitt symbolisiert die Energie, die in den Geist einfließt (das Ei), der zweite, nach dem Eisprung, die Aufnahme dieses Eies durch die Materie (den Schoß).

Wenn keine Befruchtung stattgefunden hat, werden das Ei und die Gebärmutterschleimhaut ausgestoßen (Menstruation); dieser »Tod« erlaubt eine neue Geburt, da ein anderes Ei heranreift. Jeder Zyklus bewahrt und verstärkt die Lebenskraft, indem er die Energie im Sakralchakra fördert.

A. *Das prämenstruelle Syndrom* zeigt sich an Reizbarkeit, Schwerfälligkeit, der Vorliebe für bestimmte Speisen, dem Wunsch, allein zu sein, Weinen, angespannten Brüsten sowie Blähungen; all dies hat mit einer Disharmonie in der zweiten Phase des Zyklus zu tun.

Obwohl dies eine Zeit sein sollte, in der frau sich verwöhnt und das Nest vorbereitet, bleibt in der modernen Welt für diese weiblichen Bedürfnisse wenig Zeit, was zu Identitätsverwirrung und Frustration führt.

Dies ist für Frauen eine besondere Zeit; anstatt die weiblichen

Wünsche zu unterdrücken und zum Trost zu essen, sollten wir uns Zeit nehmen, um uns zu verwöhnen und auf unsere Sensibilität hin zu reagieren.

B. Probleme mit der Menstruationsblutung

Eine zu starke oder zu schwache Menstruation zeigt, daß die weibliche Kraft nicht im Gleichgewicht ist. Sie kann durch vergangene Traumata verletzt sein, besonders solche, bei denen es um Respekt ging.

a) *Menorrhagie* bzw. zu starke Blutungen sind so etwas wie Tränen der Frustration, weil den weiblichen Anteilen kein kreativer Ausdruck gestattet wird. In diesem Fall sollten Sie mit dem inneren Mädchen in Kontakt kommen und seine Schönheit erkennen und pflegen.

b) Zu einer *Amenorrhoe* bzw. einem Ausbleiben der Periode kann es aus diversen strukturellen oder hormonalen Gründen kommen.

Bei manchen Frauen bleibt die Periode aus, wenn sie im Streß sind und diese nicht lebenswichtigen Organe vom Sympathikus – einem Teil des vegetativen Nervensystems – »abgeschaltet« werden.

Bei anderen Frauen tritt eine Amenorrhoe zusammen mit Merkmalen auf, die auf eine hohe Konzentration männlicher Hormone im Blut hinweisen, z. B. Behaartheit, Gewichtszunahme, Veränderungen der Stimme.

Diese Frauen haben möglicherweise den Kontakt zu ihrer weiblichen Seite abgebrochen, weil sie in ihrer Welt nicht akzeptiert wurde. Sie brauchen Ermutigung und Hilfe, damit sie lernen, ihre Weiblichkeit auszudrücken und stolz auf sie zu sein.

Amenorrhoe ist auch ein Merkmal bei Anorexia Nervosa (Magersucht), die ein Mehr-Chakren-Problem ist und im Kapitel über das Halschakra behandelt wird.

C. Gebärmuttermyom

Hier ist ein Bereich der Muskelschicht der Gebärmutter zu stark gewachsen und formt einen Ball. Myome können eine beachtliche Größe erreichen, bevor sie bemerkt werden; die meisten Frauen im gebärfähigen Alter haben wahrscheinlich eines oder zwei.

Die Beteiligung der Muskelschicht weist darauf hin, daß sich eine Spannung aufgebaut hat, die nicht abgebaut wurde. Charakteristisch für die Gebärmutter ist das Nähren; man kann daraus schließen, daß Myome häufig bei Frauen auftreten, die das Wachstum anderer – etwa eines Partners – gefördert haben und dabei verletzt wurden.

Dies führt zu einem unausgesprochenen Groll gegen das Nähren, Hegen und Fördern und dem Wunsch, keine weiteren Verpflichtungen einzugehen.

In der chinesischen Medizin hat dieser Groll mit einer Disharmonie im Energiefeld des Lebermeridians zu tun, der ebenfalls behandelt werden sollte.

Frauen mit Myomen muß gezeigt werden, wie sie ihr inneres Kind umhegen und seine Bedürfnisse beachten können. Wir alle haben in uns spirituelle Eltern, die uns bedingungslos lieben. Wenn wir die Liebe nicht von außen erhalten können, sollten wir nach innen schauen und diesen Eltern erlauben, für ihr Kind zu sorgen.

D. Eierstockzysten

Zysten bedeuten Verletzungen oder Schmerzen, die nicht losgelassen wurden. Die Flüssigkeit in der Zyste symbolisiert Tränen. Eierstockzysten können unterschiedlich groß werden; manche sind gutartig, manche bösartig. Sie wachsen im allgemeinen ruhig vor sich hin und äußern sich nur durch tückische Symptome, die auch auf viele andere Krankheiten hinweisen können.

Eine Zyste im Bereich der schöpferischen Lebenskraft weist auf ein Geschehnis hin, das die Freisetzung dieser Kraft verhindert. Es hat sich gezeigt, daß viele Frauen mit einer Zyste emotional oder körperlich mißbraucht worden sind. Sie haben das Gefühl, daß ihre Wünsche nicht respektiert werden und sie machtlos sind.

Es ist sehr wichtig, daß sie sich ihre Kraft wieder zu eigen machen, daß sie sich selbst achten und die alten Verletzungen und Schmerzen loslassen.

E. Endometriose

Bei dieser Krankheit kommt es zu gutartigen Wucherungen der Gebärmutterschleimhaut (Endometrium) außerhalb der Gebärmutter, im allgemeinen im Becken, an den Eierstöcken und am Eileiter. Dies bedeutet, daß diese Bereiche bei jeder Periode mitbluten, was Schmerzen und Verwachsungen hervorruft. Der Grund ist medizinisch nicht bekannt, aber auf psychologischer Ebene gibt es Hinweise darauf, daß viele dieser Frauen kaum – und wenn, dann negativ – aufgeklärt wurden; die Menstruation wurde ihnen als »Fluch der Frauen« präsentiert.

Heute wird Gott sei Dank positiver über den weiblichen Zyklus informiert. Aber solange Frauen sich selbst nicht voll respektieren, wird es immer wieder zu diesen Problemen kommen. Bei einer Schwangerschaft klingt die Krankheit oft jahrelang ab, was die Behauptung unterstützt, daß die negativen Vorstellungen abgebaut werden, wenn eine Frau ihren Körper zu dem Zweck benutzt, zu dem er vorgesehen ist.

3. Probleme im Zusammenhang mit dem männlichen Fortpflanzungssystem

A. Hodenkrankheiten

Hodentumore werden immer häufiger. Wie die Eierstöcke enthalten sie die Lebenskraft, von der alles Leben kommt. Wird diese Kraft aus irgendeinem Grund blockiert, kann dies zu Veränderungen auf Zellebene führen. Ich kenne viele Männer, die sich ihrer sexuellen Aktivitäten schämten und ein paar Monate später Hodenkrebs bekamen.

Noch einmal: Der Respekt und die Liebe zu anderen und der Respekt und die Liebe zu sich selbst müssen im Gleichgewicht sein.

B. Prostatakrankheiten

Die Prostata produziert ein Sekret, das die Samen nährt und beweglicher macht. Man könnte sagen, daß sie den nährenden Fähigkeiten der Gebärmutter entspricht.

Wenn das kreative Bedürfnis unterdrückt wird, kann es zu Erkrankungen dieses Organs kommen, etwa einer Entzündung oder einer gutartigen Vergrößerung; letztere ist häufig die Ursache für Harnprobleme bei älteren Männern.

Nicht jeder Mann hat eine Partnerin, um seine Sexualenergie abzubauen; aber diese Energie kann auch freigesetzt werden, wenn man sie zum Halschakra führt und zum kreativen Ausdruck der Persönlichkeit benutzt.

Übungen zum Ausgleich des Sakralchakras

1. Achten Sie sich selbst. Dies bedeutet, einige Grenzen abzubauen und dem kreativen Ausdruck Raum zu geben.
2. Erkennen Sie, daß Sie durch diesen Respekt Ihren Anteil in jeder Beziehung beeinflussen.
3. Lernen Sie zu kommunizieren, was Sprechen und Hören beinhaltet (und das Halschakra einbezieht). Arbeiten Sie daran, einen Kompromiß oder einen gemeinsamen Punkt zu finden, von dem aus die Beziehung weitergehen kann.
4. Wenn Sie in einer Beziehung Schwierigkeiten haben, können Sie sich ruhig hinsetzen und sich vorstellen, Ihr Partner säße Ihnen gegenüber. Zeichnen Sie im Geist ein Dreieck zwischen

sich, dessen Spitze gleich weit von Ihnen beiden entfernt ist. Lassen Sie die Energie des höheren Selbst von Ihnen beiden in diesem Punkt zusammenfließen.

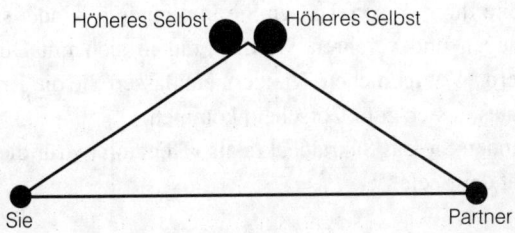

Das höhere Selbst steht über der Persönlichkeit und kann mit objektivem Mitgefühl kommunizieren. Fragen Sie das höhere Selbst Ihres Partners, was es von Ihnen braucht. Sagen Sie ihm, was Sie brauchen. Versuchen Sie, eine für beide Seiten akzeptable Lösung für Ihr Problem zu finden.

Wenn dies nicht möglich ist, sollten Sie es akzeptieren und durch Ihr höheres Selbst darum bitten, daß die spirituellen Energien, die für Ihren Partner sorgen, näher kommen und ihm helfen, denn Sie können es nicht mehr. Hüllen Sie sie in eine »liebevolle rosa Decke« und lassen Sie sie los.

Diese Übung enthält Vorstellungen über das Zerschneiden festhaltender Bindungen, die jedem, der Probleme mit dem Sakralchakra hat, stark empfohlen werden (*Cutting the Ties that Bind* von Phyllis Krystal).

5. Benutzen Sie die Farbe Orange, um die Energien dieses Bereichs anzuregen. Auch die Farbe Blau (Halschakra) kann benutzt werden, um die Gefühle des Sakralchakras auszudrücken.

6. Machen Sie sich ans kreative Visualisieren und sehen Sie Ihre männlichen und weiblichen Anteile als Menschen oder Tiere. Beobachten Sie deren Eigenschaften, und was sie Ihnen zu

sagen haben. Versuchen Sie, eine Verbindung zu finden, die durch eine dritte Person bzw. ein drittes Tier dargestellt werden kann. Erkennen und akzeptieren Sie ihre Vorzüge.

7. Akzeptieren und schätzen Sie die männlichen und weiblichen Anteile Ihrer Person. Lassen Sie Ihre inneren Kinder spielen. Umhegen und verehren Sie die Frau in sich mit Duftölen, Bädern, Wohlgerüchen, Kleidern etc; lassen Sie die Kraft des Mannes in sich zum Vorschein kommen.

8. Erkennen Sie das Sakralchakra als »Hebamme« für die Kreativität der Seele.

KAPITEL 9

Das Nabelchakra

DAS NABELCHAKRA

Lage	Magengrube, unter den Rippen
Spiritueller Aspekt	Selbstwert
Grundbedürfnis	Die Bedürfnisse des Selbst schätzen
Gefühle	Zorn, Groll, Wertlosigkeit, Schuld
Endokrine Drüse	Bauchspeicheldrüse
Orange	Leber, Milz, Magen, Dünndarm
Farbe	Gelb

Anatomie der Bauchspeicheldrüse

Die Bauchspeicheldrüse liegt hinter dem Magen; ihr dickeres Ende befindet sich in der Krümmung des Zwölffingerdarms. Leber und Gallenblase liegen neben dem dickeren Ende in der rechten Oberbauchgegend, die Milz neben dem dünneren Ende in der linken Oberbauchgegend.

Physiologie der Bauchspeicheldrüse

Die Bauchspeicheldrüse produziert mit ihrem endokrinen Anteil die Hormone *Insulin, Glucagon* und *Somatostatin* und mit ihrem exokrinen Anteil *Verdauungsenzyme*.
Insulin reguliert die Glukoseaufnahme der Zellen; dieser Stoff ist

die Energiequelle für die meisten Zellaktivitäten. Mit Hilfe von Insulin kann die Glukose auch in Leber und Muskeln als *Glykogen* gespeichert werden. Bei Streß wird die Glukose unter dem Einfluß von Adrenalin und Cortison ins Blut abgegeben. Diese Hormone wirken also dem Insulin entgegen.

Die Macht der Anziehung

Herz- und Nabelchakra (letzteres wird auch Solarplexus bzw. »Sonnengeflecht« genannt) sind die Zentren des Verlangens und reagieren auf die Energien, die vom Astral- bzw. Emotionalkörper kommen. Wenn wir in unserem Leben in erster Linie die Bedürfnisse der Persönlichkeit erfüllen, geht wenig Energie zum Herzchakra durch; der größte Teil bleibt im Solarplexus.

Wenn jedoch das Seelenbewußtsein wächst, nimmt die Energie des Herzchakras zu und die des darunter gelegenen Chakras ab. Der Solarplexus zieht wie die Sonne alles an, was zur Vervollständigung des im Wurzel- und Sakralchakra begonnenen Schöpfungsprozesses notwendig ist. Wenn alle »Zutaten« beisammen sind, werden sie in etwas verwandelt, was die Bedürfnisse der Persönlichkeit erfüllt. Biochemisch wird dies als Assimilation bezeichnet.

Die Sonne gibt eine elektromagnetische Kraft ab, die Licht und Wärme liefert; das Licht ist eine anziehende Kraft, während die Wärme als Transformator fungiert.

Glukose ist eine Energiequelle und daher der Schlüssel zur Erschaffung dieses verwandelnden Potentials im physischen Körper. Durch sie können wir überleben, uns regenerieren und also wachsen.

Der Sitz der Gefühle

Die Wünsche der Persönlichkeit werden erfüllt, wenn die Energie einer Idee in ein Gefühl verwandelt und dieses dann geäußert wird. Das Gefühl agiert wie ein Magnet: Es zieht das an, was wir wollen. Wenn wir uns glücklich fühlen, ziehen wir Glück an. Leider sind die Wünsche der Persönlichkeit oft an Erwartungen und Bedingungen geknüpft, die zum Teil vielleicht sogar erfüllt werden; andere dagegen sind schwieriger zu realisieren. Wenn wir z. B. in Mitteleuropa sagen: »Ich bin glücklich, solange es nicht regnet«, kann dies dazu führen, daß wir sehr lange unglücklich sind.

Wenn wir einen Impuls ohne Bedingungen äußern, sind wir frei, das Leben voll zu genießen und ganz in der Gegenwart zu leben; dann können wir sagen: »Ich bin glücklich.«

Der Solarplexus kann deshalb als Sitz der Gefühle bezeichnet werden. Er hat mit persönlicher Macht bzw. Selbstwert zu tun und ist der Bereich, in dem wir das Ego (unser gesundes Ego) finden.

In vielen spirituellen Gruppen wird hart daran gearbeitet, das Ego zu besiegen und auszurotten. Aber die Kraft, die gegen es angeht, ist keine andere als die des Ego selbst in Form der Persönlichkeit. Es ist klar, daß eine solche Schlacht verloren ist, bevor sie begonnen wurde.

Wir brauchen das Ego. Es ist das Vehikel für die Wünsche der Seele. Mit seiner Hilfe können wir standhaft und vertrauensvoll unseren Weg gehen. Ohne es stellen wir alles, was wir sind, unter einen Scheffel und verschwenden eine wertvolle Inkarnation.

Der Solarplexus ist der Sitz der bedingten Liebe, das Herz hingegen der Sitz der bedingungslosen Liebe. Die Persönlichkeit stellt Bedingungen, um ihre Macht über den Menschen zu behalten. Wenn ihr gezeigt werden kann, daß sie gebraucht wird und nützlich ist, wird sie eher bereit sein, unter Anleitung der Seele zu arbeiten, als wenn man ihr mit Zerstörung droht. Sie kann dann beginnen, Liebe nicht mehr mit Bedingungen zu verknüpfen, und einer höheren Macht vertrauen.

Spirituelle Eigenschaft: Selbstwert

Selbstwert ist die Fähigkeit, sich selbst dafür zu schätzen, daß man gerade der ist, der man ist. Die nächste Phase, die mit dem Herzchakra zusammenhängt, besteht darin, sich selbst zu lieben. Die beiden Fähigkeiten gehören zueinander, wobei der Weg zur zweiten über die erste führt.

In einer Welt der Dualität entsteht innerer Selbstwert durch die Beurteilungen der Außenwelt, die aber nach einer Weile keine Bedeutung mehr haben. Dies sagt nicht aus, daß wir uns über Lob oder Aufmerksamkeit nicht mehr freuen, sondern daß wir nicht mehr von ihnen abhängig sind, wenn wir uns über uns selbst ein Bild machen.

Zuerst müssen wir äußere Beurteilungen erleben; das ist nicht schwer, denn sie sind oft der Hauptinhalt unverbindlichen Geplauders:

»Wie geht es Ihnen?« – »Wer sind Sie?« – »Was machen Sie?« – »Sind Sie verheiratet? Haben Sie Kinder?«, etc.

Dies ist eine Identität, die auf äußeren Kriterien beruht.

Die Persönlichkeit muß ihren Selbstwert verstärken und zieht daher das an, was ihre Bedürfnisse befriedigt. Das bedeutet, daß sie nach Lob, Aufmerksamkeit und Bewunderung sucht und mit ihrer Leistung nur zufrieden ist, wenn ein äußeres Publikum ihr Beifall spendet.

Ziel der Persönlichkeit ist es, ohne dieses Publikum an sich selbst zu glauben. Dies hat nichts mit Selbstsucht oder Egoismus zu tun, sondern bedeutet, daß wir alles, was wir sind, mit innerem Stolz akzeptieren.

Wenn wir alles leugnen, was wir sind, leugnen wir unseren Schöpfer.

Sobald wir uns ganz akzeptieren, besteht der nächste Schritt darin, die Wünsche der Seele zu erkennen und die Anziehungskraft von den Bedürfnissen der Persönlichkeit auf die der Seele zu verlagern. Durch diese Verwandlung gelangt die Energie des Solarplexus ins Herzchakra.

Auf diesem Weg begegnen wir zwei Polen der Existenz im Astralbereich, die mit dem Selbstwert zu tun haben. Der eine zeigt sich in dem Menschen, der um jeden Preis gefallen möchte; seine Identität hängt völlig von der Fähigkeit ab, anderen zu gefallen und von ihnen gebraucht zu werden. Der andere Pol wird durch den selbstsüchtigen Menschen dargestellt, der sehr unabhängig und selbstsicher erscheint.

Im Grunde besteht hier keine Differenz; die beiden Pole sind wie zwei Punkte auf einem Kreisbogen. Beide Menschen haben ein schwaches Selbstwertgefühl, aber der eine kann es besser verstecken als der andere. Wenn wir auf der Solarplexus-Ebene arbeiten, können wir zwischen den beiden Bereichen hin- und herpendeln oder aus Angst vor dem Auftauchen der Schattenseite starr in einem Bereich bleiben.

Wir erkennen nicht, daß der Schatten für jeden außer uns selbst offensichtlich ist und wir trotz des Schattens geliebt werden.

Ein Mensch, der gefallen möchte, hat schreckliche Angst, egoistisch zu werden; aber wie ich bereits gezeigt habe, führt das

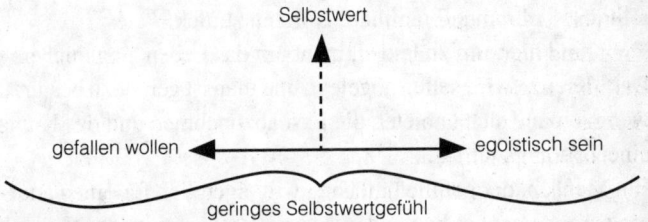

beständige Bedürfnis nach Anerkennung, Aufmerksamkeit und Liebe zu einem Zustand, der sehr ichbezogen und manipulativ sein kann.

Manipulation findet sich in allen drei Chakren, bei denen es um Kontrolle geht – dem Wurzel-, dem Nabel- und dem Halschakra. Meist ist die Manipulation subtil, mit Charme durchsetzt und emotional gefärbt.

»Keiner besucht mich« – nachdem die Familie zweimal am Tag ihren Besuch abgestattet hat.

»Ich weiß, daß ich nicht wichtig bin und du interessantere Leute besuchen kannst.«

»Mach dir nichts draus; ich habe nur vier Stunden gebraucht, um das Essen vorzubereiten; ich kann verstehen, daß die Arbeit vorgeht.«

»Ich war krank vor Sorge; du hast mich den ganzen Tag nicht angerufen.« Wenn man solche Menschen fragt, warum sie nicht selbst angerufen haben, um herauszufinden, was los ist, lautet die Antwort: »Ich wollte nicht stören.«

All diese Kommentare, die an emotionale Erpressung grenzen, haben mit dem Märtyrer-Syndrom zu tun; sie werden beim Zuhörer garantiert Schuldgefühle auslösen, wenn er mit seinem eigenen Solarplexus nicht im reinen ist.

Der Märtyrer sagt:

»Um meines Platzes in der Gesellschaft würdig zu sein, muß ich leiden.«

»Ich darf mich nicht beklagen« – geht oft auf tiefverwurzelte religiöse Lehren und familiäre Normen zurück.

»Wir sind hier, um zu leiden, nicht um das Leben zu genießen.«

Das »Kreuz« wird selten abgelegt, und man ist geradezu bestürzt, wenn jemand sich anbietet, die Last abzunehmen und das Kreuz eine Zeitlang zu tragen.

Ein Mensch, der gefallen möchte, will eigentlich für einen anderen sorgen, was ein bewundernswertes Ziel ist, mit dem auch ich mich beschäftige. Aber wenn Identität und Selbstwert des Sorgenden davon abhängen, daß er gebraucht wird, wird die Fürsorge an Bedingungen geknüpft und dadurch ihre Qualität nachteilig beeinflußt.

Es ist nicht einfach, bedingungslose Liebe zu geben und anzunehmen. Egal wie gutherzig man ist, es ist schwer, jegliches Interesse an seinem Geschenk loszulassen, sobald man es gemacht hat.

Wenn ein Patient zum nächsten Besuch wiederkommt, frage ich zuerst:

»Wie geht es Ihnen?«

Wenn das Selbstwertgefühl des Therapeuten schwach ist, wird die Antwort »Nicht besser« sein Selbstvertrauen nicht gerade steigern. Der erste Gedanke ist dann vielleicht:

»Es ist seine Schuld. Hätte er es nur so gemacht, wie ich ihm gesagt habe.«

Der nächste Gedanke kann sein: »Ich wußte, daß er sich nicht ändern würde; ich werde ihn bitten zu gehen«, oder auch: »Genau, ich mache meine Praxis dicht und eine Pommes-Bude auf«. Genau dasselbe passiert zu Hause, wenn jemand die anderen bittet, seine Arbeit zu kommentieren oder ihm ihre Liebe zu beteuern. Die Antwort erhöht das Selbstvertrauen selten; in vielen Fällen verringert sie es sogar, weil der Fragende wegen seines Anliegens jetzt auch noch Schuldgefühle hat.

»Sehe ich hübsch aus?« – an einen müden, überarbeiteten Ehemann gerichtet. Antwort: »Ja, Schatz, du siehst immer hübsch aus; ist das Abendessen fertig?«

Dann sind da die Schulden, die beglichen werden müssen. Es ist, als wäre durch den Akt des Gebens eine Angelleine ausgeworfen worden; der Haken erinnert den Empfänger des Geschenks zu gegebener Zeit daran, daß das Geschenk zwar auf einer bestimmten Ebene selbstlos war, er auf der anderen Ebene aber doch eine Schuld zu bezahlen hat.

»Zahlst du es mir so zurück, nachdem ich das alles für dich getan habe?«

»Sie haben sich nie für das Geschenk bedankt, das ich ihnen geschickt habe ... manche Leute haben einfach kein Benehmen.«

»Ich war immer für sie da; wo waren sie, als ich sie brauchte?«

Es ist sehr schwierig, derart fürsorglichen Menschen zu erklären, daß sie kein Recht haben, irgend etwas zurückzuerwarten. Erwartungen zeigen immer, daß die Fürsorge mit Bedingungen verknüpft war. Diese »Haken« können dazu führen, daß der Geber sich darüber ärgert, wie er behandelt wird. Aber da er gefallen und geliebt werden will, hat er Angst, diesen Groll zu zeigen, denn er fürchtet eine Szene oder die Aufspaltung der Familie.

Die Tatsache, daß niemand in der Familie redet, oder wenn, dann in schneidendem Ton und mit höhnischen Bemerkungen, löst das Problem nicht. Die Wut baut sich im Kopf auf und vergiftet die angebotene Fürsorge allmählich.

Zum Beispiel:

Die Tochter besucht ihre ans Haus gebundene Mutter, weil sie es für ihre Pflicht hält, und nicht, weil sie es wirklich will. Sie schreit die Mutter an, die für die Ausfahrt nicht fertig ist, und rumpelt den Rollstuhl die Treppen herunter.

Am Ende des Besuchs ist die alte Dame erschöpft und die Tochter frustriert.

Keiner profitiert von einem solchen Besuch. Das Angebot ist nicht echt und muß daher zu Schwierigkeiten führen. Auch hier ist wahre Kommunikation der Schlüssel zum Problem. Aber wenn sie jahrelang fehlte, ist es nicht einfach, den Ball ins Rollen zu bringen.

In dieser Phase kommt der Opfer/Täter-Kreislauf ins Spiel. Beide fühlen sich als Opfer, und keiner ist bereit, den Kreislauf zu unterbrechen und die Situation zu retten. Der Status quo besteht weiter.

Nur wenn wir unsere Gefühle anerkennen und uns überlegen, ob das, was wir anbieten, wirklich unsere Aufgabe ist, kommt Bewegung in die Angelegenheit. Vielleicht sind Tränen und Wut notwendig, die sich aber nicht gegen einen bestimmten Menschen richten, sondern eine Befindlichkeit ausdrücken sollten: »Ich bin wütend«, und nicht »Du machst mich wütend«.

Niemand *macht* uns irgendwie, wenn *wir* nicht *beschließen,* das Opfer zu spielen. Die Unfähigkeit, aus Angst vor Ablehnung nein zu sagen, läßt viele Menschen die Rolle des Helfers weiterspielen.

»Ich möchte andere nicht im Stich lassen (auch wenn es unbequem ist und ich erschöpft bin).« Die Arbeit wird getan, wenn auch nicht immer gern.

Manche Menschen enden als Fußabtreter; aufgrund ihres geringen Selbstwertgefühls und ihres Eifers, zu gefallen, besitzen Sie nur eine geringe Selbstachtung.

An dem Tag, an dem sie »nein« sagen, ist jeder entsetzt: »Wie kannst du uns nach 20 Jahren im Stich lassen.« Die Betreffende wird mit Schuld überhäuft, bis sie nachgibt und zurückkommt. Wenn sie nicht sofort nachgibt, wird jemand anders ihre Stelle einnehmen, und ihr Name ist bald vergessen.

Dies ist natürlich eine der ewigen Sorgen von Menschen, die gefallen wollen: daß jemand anders die Arbeit genauso gut macht wie sie. Sie brauchen es, gebraucht zu werden, und werden daher eher Krankheiten und Schwächen leugnen, als aufzugeben. Sie sind die Leute, die es immer »schaffen«; wenn man sie fragt, wie es ihnen geht, sagen sie »gut«, auch wenn sie Schmerzen haben und leiden. Sie sind gewissenhafte Arbeiter und »brave kleine Mädchen und Jungen«.

Ihre Geber-Rolle kann zu einer problematischen Co-Abhängigkeit führen, denn ihre Sucht, für andere zu sorgen, bringt sie mit

Menschen in Kontakt, die nach anderen Mitteln zur Steigerung des Selbstwertgefühls süchtig sind, etwa Alkohol, Glücksspiel und Drogen.

Geber meinen immer, der süchtige Partner würde sich irgendwann einmal ändern, und deshalb strengen sie sich sehr an, um ihm zu gefallen. Das Durchbrechen dieses Kreislaufs braucht Mut und die Erkenntnis, daß man die Dinge nicht mehr unter Kontrolle hat.

Heute gibt es viele Selbsthilfegruppen für Co-Abhängige, was auf die Verbreitung des Problems hinweist. Geben ist eine hochherzige Angelegenheit und wird deshalb oft nicht als Sucht erkannt. Wir alle sind in unterschiedlichem Ausmaß nach etwas süchtig (Alkohol, Glücksspiel, Drogen, Arbeit, Geben); das Kriterium für die Sucht, gebraucht zu werden, ist das Maß der Abhängigkeit. Leider ist es nicht immer einfach, die eigene Abhängigkeit objektiv zu sehen.

Bei Menschen, die anderen gefallen möchten, ist der Solarplexus weit offen; er ist wie ein Schwamm, der alle Energien in der Nähe aufsaugt.

Solche Menschen sind am Ende des Tages oft erschöpft, denn sie haben eine Vielzahl von positiven und negativen Energien aufgenommen und sind von »menschlichen Vampiren« ausgesaugt worden. Dies ist oft in den helfenden Berufen der Fall: Die Patienten fühlen sich erfrischt, der Therapeut ausgelaugt. Ein Schreibtisch oder ein weißer Kittel können das Wegströmen der Energie aus dem Solarplexus zum Teil verhindern.

Je gestreßter ein Mensch ist, desto mehr möchte er gefallen, und desto erschöpfter wird er. Schließlich ist er völlig ausgebrannt, woran auch Hals- und Wurzelchakra beteiligt sein können. Jetzt bedarf er der Fürsorge, und es braucht Zeit, bis der Schaden behoben ist.

Menschen, die gefallen wollen, reagieren extrem empfindlich auf Kommentare zu ihrer Person und können in bezug auf die Gedanken anderer geradezu paranoid werden. Der Wunsch, zu gefallen, kann zu einer chamäleonartigen Existenz führen, bei der die Sensibilität des Solarplexus benutzt wird, um das aufzuspüren, was dem Publikum gefällt. Dies ist ein gefährliches Spiel, denn es kann bedeuten, daß die Betreffenden sich dabei verlieren. Viele Menschen spielen dieses Spiel unbewußt und haben den Kontakt zu ihrer inneren Wahrheit völlig verloren.

Manche Menschen reagieren auf andere so empfindlich, daß sie sich nicht in einer Umgebung aufhalten können, in der die Energien aus dem Gleichgewicht sind. Im allgemeinen sind dies Menschen, die eine mediale Begabung haben und den Solarplexus als Antenne für die Übermittlung dieser feinstofflichen Energien benutzen.

In einer instabilen Umgebung oder in der Nähe eines Menschen, dessen Energien aus dem Gleichgewicht sind, können sie ziemlich unruhig werden. Ihnen muß man zeigen, wie sie dieses Zentrum schützen bzw. schließen und sich mit Hilfe des Herz- und Scheitelchakras auf ihre Intuition verlassen können, anstatt auf die vom Solarplexus kommenden »Gefühle aus dem Bauch«.

Am anderen Ende des Spektrums stehen die Menschen, die egoistisch erscheinen und sich immer erst um ihre eigenen Bedürfnisse kümmern. Ich habe festgestellt, daß dieses Verhalten erworben wurde, nachdem man sich jahrelang unzulänglich fühlte und wenig Selbstvertrauen hatte. Oft wird das Selbstvertrauen durch Alkohol aufgebessert, der zu einem Bestandteil der täglichen Routine wird.

Es ist sehr schwierig, die Abwehrmechanismen zu durchbrechen, die aufgebaut wurden, um das verletzliche innere Zentrum zu schützen; dies kann nur erreicht werden, wenn man das innere Selbstvertrauen verstärkt, so daß der Betreffende sich sicher genug fühlt, um die Mauer mit eigenen Händen einzureißen.

Menschen, die sich ihres Werts sicher sind, brauchen es nicht jedem zu erzählen. Sie können sich klar und objektiv verkaufen.

Das Bedürfnis, sich selbst zu beweihräuchern, zeigt ein angegriffenes Selbstvertrauen, das Bestätigung und Unterstützung braucht.

Ein schwaches Selbstwertgefühl kann bedeuten, daß man nur schwer um Hilfe oder um die Befriedigung der eigenen Bedürfnisse bitten kann. Solche Anliegen bedeuten nämlich, daß man irgendwie versagt hat und schwach ist, und deshalb behält man die Wünsche lieber für sich. Menschen dieser Art beklagen sich nie; sie ertragen eher alle Ebenen des Mißbrauchs, als »andere zu verletzen«. Es kann sein, daß sie lieber enorme Schuldgefühle in Kauf nehmen, die sie tapfer tragen, als sich ihrem Unterdrücker zu widersetzen. Sie vermeiden einen Konflikt um jeden Preis und erscheinen als Friedensstifter.

Am Schluß liegen der Persönlichkeitsanteil, der gefallen möchte, und der, der sich darüber ärgert, daß er benutzt wird, in einem ständigen Kampf:

»Er geht mir total auf die Nerven, aber ich möchte nichts sagen, weil er so launisch ist.«

»Mich ärgert, wie sie mich benutzt, aber ich möchte keinen Streit mit ihr.«

Solange der Mensch, der gefallen möchte, sich nicht äußert und einen Streit riskiert, wird die Situation weitergehen. Meist sind die Reaktionen nicht schlimmer als die ursprüngliche Sackgasse.

Menschen mit schwachem Selbstwertgefühl können zu Zuhörern werden. Sie hören zu, reden aber nicht, denn sie haben das Gefühl, daß sie nichts zu sagen haben; sie möchten andere Leute nicht stören und haben Angst, daß niemand zuhört. Aber wenn man ihnen den Raum zum Reden gibt, können sie nicht aufhören und machen weiter, ohne auf die Bedürfnisse des anderen zu achten. An diesem Punkt muß der zum Zuhörer Gewordene Position beziehen und sein Selbstwertgefühl zeigen, indem er die diesem Menschen zugestandene Zeit und Energie jetzt begrenzt.

Körpersprache

Der Solarplexus ist das Chakra, das am häufigsten Schutz braucht, denn durch es werden die Schwingungsveränderungen der Atmosphäre aufgefangen, besonders die emotionalen.

Das Verschränken der Hände vor dem Bauch kann auf einen Menschen hinweisen, der kalt ist; die Geste ist aussagekräftiger, wenn sie unbewußt bei heiklen Fragen ausgeführt wird. Sie zeigt die Empfindlichkeit für Themen, die mit dem Selbstwertgefühl zu tun haben, und das Bedürfnis, sich vor weiterem Schmerz zu schützen.

Wie bereits gesagt, ist ein Schreibtisch gut geeignet, um den Solarplexus unauffällig zu schützen. Wenn Sie eine aufrichtige Unterhaltung mit jemandem wünschen, sollten Sie ihn bitten, hinter dem Schreibtisch vorzukommen und ohne Schutzschild mit Ihnen zu reden.

Auch ein Bierbauch bedeckt den Solarplexus; er findet sich oft bei Menschen, die nach außen hin von sich eingenommen und selbstsicher erscheinen, denen es innerlich aber an echtem Selbstwertgefühl und Selbstvertrauen fehlt. Vielen Menschen gibt Alkohol dieses Selbstvertrauen, aber er ist eher eine Krücke als ein Spiegel der Realität. Wenn man der Wahrheit ins Auge sehen will, muß man die Krücke weglegen, aber das kann man nur, wenn man bereit ist, das innere Selbstvertrauen aufzubauen.

Auch wenn man ißt, um sich zu trösten – was oft bei Frauen der Fall ist –, kann dies zu Fett über dem Solarplexus führen. Wenn sie sich depressiv, angespannt oder ungeliebt fühlen, essen sie. Schokolade ist ein häufiger »Tröster«, aber Zucker in jeder Form erfüllt denselben Zweck. Andere essen stärkehaltige Nahrungsmittel, Brot, Kuchen etc., aber das Ergebnis ist dasselbe.

Anstatt das Selbstwertgefühl zu verstärken, fühlt der Betreffende sich schuldig und ist depressiv, weil er zugenommen hat.

Essen zum Trost kommt besonders häufig bei Menschen vor, die nicht sagen, was mit ihnen los ist, weil sie Angst haben, daß dies einen Streit heraufbeschwört. Mit vollem Mund läßt sich schlecht reden. Dieses Muster kann unterbrochen werden, wenn wir:

a) das Vorhandensein eines Problems akzeptieren und erkennen, welche Situationen am ehesten dazu führen, daß wir zum Trost essen;

b) beschließen, uns zu ändern und zu reden, anstatt die Gefühle für uns zu behalten;

c) das Essen durch eine andere Aktivität ersetzen, an der die Hände beteiligt sind.

Wenn Sie dem Drang zu essen nicht widerstehen können, sollten Sie etwas aussuchen, das nicht so fett ist.

Das »Essen zum Trost« ist ein besonders häufiges Problem bei Frauen, die die Dinge heftiger empfinden als Männer, sich aber nicht immer klar und objektiv ausdrücken können. Ein Selbstsicherheitstraining kann für sie von großer Hilfe sein.

Krankheiten, die mit dem Solarplexus zu tun haben

1. Diabetes

Es gibt zwei Arten von Diabetes-Patienten: Die einen brauchen Insulin; bei ihnen kann die Krankheit mit einem Problem des Auto-Immunsystems zu tun haben (das Antikörper gegen sich selbst bildet); bei den anderen reagieren die Zellen nicht mehr auf das körpereigene Insulin, und deshalb kann die Glukose die Zellmembran nicht passieren.

Der zweite Typ findet sich häufig bei älteren Menschen, die ihr Leben lang viel Zucker gegessen haben. Der Körper ist einfach gegen Zucker immun geworden. Viele dieser Menschen haben zum Trost gegessen.

In beiden Gruppen besteht die Tendenz, Gefühle zu unterdrücken und sich nicht zu beklagen; dies zeigt sich unter anderem daran, daß sie sich an eine strenge Diät halten und die Medikamente wie vorgeschrieben einnehmen. Sie wollen eher anderen gefallen, als eigene Bedürfnisse zu äußern.

Es kann jedoch auch zu einer Umkehrung kommen, bei der hinsichtlich der Diät und der Insulin-Aufnahme manipuliert wird. Dies kann bei den Betreuern Schuldgefühle auslösen, besonders wenn deren eigenes Selbstwertgefühl ebenfalls angeknackst ist. Diabetiker müssen lernen, ihre Gefühle ausgewogen mitzuteilen und ihren eigenen Wert zu erkennen.

Die Störung des Auto-Immunsystems ist schwieriger und wird im Kapitel über das Herzchakra erörtert.

2. Andere Krankheiten der Bauchspeicheldrüse

In der Bauchspeicheldrüse wird nicht nur Insulin produziert; sie sekretiert auch Verdauungsenzyme, die die Nahrung in verwertbare Stücke zerlegt. Die Verdauung findet im Mund, im Magen und im Dünndarm statt.

Ohne ausreichende Enzyme leiden wir an Verdauungsstörungen, weil die Nahrung den Verdauungstrakt unverändert passiert; es kommt zu Durchfall mit blassen, fettigen Stühlen, Übelkeit, Blähungen und starken Darmwinden.

Für den ganzheitlich Denkenden weist dies auf einen Menschen hin, der von den aufgenommenen Erfahrungen überwältigt ist und mit der Situation nicht mehr zurechtkommt. Er muß lernen, »nicht mehr abzubeißen, als er kauen kann«, und die Erfahrungen in kleine Stücke zu zerlegen, mit denen er umgehen kann.

Ein Enzym ist ein Katalysator und bleibt daher unverändert, während es die bestehende Stituation transformiert. Therapeuten sollten ungeachtet ihrer Ausbildung immer so etwas wie Enzyme sein, d. h. ihre Arbeit tun, aber trotzdem einfühlend distanziert bleiben.

Bei einer Pankreatitis ist die Bauchspeicheldrüse entzündet; die Enzyme werden frei ins Blut und das umliegende Bauchspeicheldrüsen-Gewebe abgegeben und beginnen, es zu verdauen.

Diese Krankheit tritt oft nach einem emotionalen oder physischen Trauma auf, aber auch bei hohem Alkoholkonsum. Aus esoterischer Sicht weist sie darauf hin, daß Gefühle, insbesondere Angst, unterdrückt werden, oft bei einem sehr sensiblen Menschen. Die Äußerung der Gefühle muß ermutigt werden, damit es wieder zu einem Gleichgewicht kommt.

3. Leberkrankheiten

Die Leber hat viele Funktionen. Sie ist das Hauptentgiftungszentrum des Körpers und produziert Vitamine und Proteine. Sie ist auch das Hauptzentrum für die Assimilation der Nahrung; sie verwandelt sie in Energie und lagert diese für den zukünftigen Gebrauch.

Auf der emotionalen Ebene kann sie leider nicht nur positive Energien speichern, sondern auch solche, die für den Körper negativ sind. Die wichtigste in diesem Zusammenhang ist unterdrückter Zorn. Ihn gibt es in der ganzen Welt, auch in Gesellschaften, die emotional lebendig erscheinen. In ihnen wird der Zorn oft gegen alles andere geäußert, nur nicht gegen die Ursache des Problems – im allgemeinen aus Angst, daß dies zu Unannehmlichkeiten führt ... das Syndrom der Menschen, die gefallen wollen.

Die gespeicherten Gefühle erzeugen eine Disharmonie in der Leber, die zu Müdigkeit und Verdauungsstörungen führt.

Ich kenne Fälle, bei denen klinisch gesehen eine Hepatitis vorlag, aber kein Erreger festgestellt werden konnte; sie trat nach extremer Wut auf, die unterdrückt wurde, um den Frieden zu wahren.

Wenn die Zorn-Gifte sich ansammeln, führen alle Nahrungsmittel, die ebenfalls eine toxische Wirkung haben – minderwertige Nahrung, Alkohol, Fette, Kaffee, Tee und Süßigkeiten – zu weiteren Disharmonien in den Energien der Leber.

Menschen mit diesen Problemen, besonders solche mit braunen oder grünen Augen, sollten einfache Kost zu sich nehmen und sich gleichzeitig mit ihrer unterdrückten Wut beschäftigen.

4. Gallensteine

Die Leber produziert Galle, die in der Gallenblase gespeichert wird. Galle emulgiert die Fette im Zwölffingerdarm, damit diese verdaut und vom Körper verwendet werden können.

Die Gallenblase fungiert als Zwischenstation zwischen Leber und Darm. Esoterisch gesehen ist sie zwischen dem Wunsch zu gefallen und dem gespeicherten Ärger angesiedelt, was zu Unentschlossenheit führt. Am Schluß wird die Wut in der Gallenblase gespeichert, so daß Sie, wenn Sie eines Tages wirklich wütend sind, die Steine herausnehmen und jemandem ins Gesicht schleudern können. Wenn die Gallenblase dann von einem freundlichen Chirurgen entfernt wird, können Sie sie wieder einsammeln!

Solche Menschen müssen sowohl ihr Bedürfnis, zu gefallen, erkennen als auch ihren Ärger. So gewinnen sie Abstand und lernen, nur vom Herzen her und nicht aufgrund eines Schuld- oder Pflichtgefühls zu handeln. Dies dauert seine Zeit, und der Betreffende braucht die Versicherung, daß es sehr unwahrscheinlich ist, daß er irgendwann einmal nicht mehr fürsorglich ist ... es ist einfach nicht seine Art.

5. Geschwüre im Magen-Darm-Trakt

Bei einem Geschwür ist die Oberfläche eines Gewebes im Magen, im Darm oder auf der Haut durchbrochen. Im Bereich des

Magen-Darm-Trakts gibt es zwei Arten von Geschwüren, Zwölf-
fingerdarm- und Magengeschwüre.

A. Zwölffingerdarmgeschwür

Hier tritt der Schmerz zwei bis vier Stunden nach der Nahrungsaufnahme auf, manchmal auch später; oft werden die Patienten
um 2 Uhr nachts wach und verspüren das Bedürfnis nach Milch
und Keksen.

In psychologischer Hinsicht sind sie sehr gewissenhaft und arbeiten hart, ohne sich zu beklagen. Nach außen erscheinen sie
selbstsicher und kontrolliert; im Inneren haben sie Angst, die
geforderten Normen nicht zu erfüllen und für ihr Tun keine
Bestätigung zu bekommen.

Mitten in der Nacht oder während der abendlichen Entspannung
machen ihre Ängste und Sorgen sich bemerkbar, die an ihren
Eingeweiden nagen. Endergebnis ist die Durchlöcherung der
Darm- bzw. Magenwand.

Für solche Menschen wäre es hilfreich, wenn sie vor dem Zubettgehen über ihre Gefühle sprechen oder sie zumindest aufschrei-
ben würden. Auf diese Weise können die Sorgen, anstatt sich im
Kopf immer mehr aufzubauschen, objektiv beurteilt und erforderliche Maßnahmen geplant werden.

Auch die Bedürfnisse, gebraucht zu werden und perfekt zu sein,
sollte man untersuchen, und ebenso Schritte unternehmen, um
den eigenen Selbstwert zu erkennen und die Unvollkommenheit
zuzulassen.

B. Magengeschwür

Bei diesen Menschen verhält es sich ganz anders. Der Schmerz
tritt fast sofort nach der Nahrungsaufnahme auf. Unter Umständen haben sie in der Vergangenheit aufgrund von schwerer Kost,

Alkohol, Gewürzen, Kaffee, Rauchen und Streß des öfteren an einer Magenschleimhautentzündung gelitten.

Streß ist die wichtigste Ursache für ihre Probleme; denn während eines Adrenalinstoßes (zu dem es in Reaktion auf Streß kommt) werden die Blutzufuhr und die Abgabe von Verdauungsenzymen reduziert, wodurch die relativ ungeschützte Magenwand leicht von toxischen Substanzen zerstört werden kann.

In psychologischer Hinsicht machen diese Menschen sich gern Sorgen; anstatt ihre Ängste loszulassen, speichern sie sie im Magen – zum Teil, weil sie Angst haben, sich zu äußern, zum Teil aber auch, weil die Sorgen so sehr zu einem Teil ihrer Natur geworden sind, daß sie nicht wissen, was sie sonst machen sollen. Möglicherweise sind sie auf diesen Charakterzug sogar stolz und suchen stundenlang nach etwas oder jemandem, um das bzw. den sie sich sorgen können.

Auch ihnen würde es helfen, ihre Probleme durch Sprechen oder Schreiben loszulassen; oft jedoch ist es wichtiger, ihnen eine andere Identität zu geben, anstatt ihre Gedanken zu ermutigen. Diese Blockade hat sehr stark auch mit dem Halschakra zu tun.

6. Zwerchfellbruch und Entzündung der unteren Speiseröhre durch Magensaftrückfluß

Diese beiden Krankheiten können zusammen oder einzeln auftreten. Bei einem Zwerchfellbruch wird beim Einatmen ein Teil des Magens in den Brustraum verlagert. Dies bedeutet, daß der Mageninhalt nicht im Magen bleibt und Nahrung und Säure sich die Speiseröhre auf- und abbewegen, was zu einer Entzündung führen kann.

Zu einem Rückfluß des Magensaftes kommt es bei zusätzlichem Druck im Bauch, d. h. während der Schwangerschaft, bei Fettleibigkeit und einem zu engen Korsett!

In esoterischer Hinsicht handelt es sich um die Verbindung

zwischen Solarplexus und Kehle: Der Ausdruck von Gefühlen ist schwierig und wird auch durch die Neigung zum Sich-Sorgen-Machen verschlimmert.

Das Problem wird gelöst, wenn man die Ängste verbal oder gedanklich losläßt (und das enge Korsett auszieht und abnimmt!).

7. Sprue

Bei dieser Krankheit kommt es zu einer Verkümmerung der Dünndarmzotten, normalerweise fingerähnlichen Ausstülpungen, die die Absorptionsfläche der vom Darm verdauten Nahrung vergrößern.

Das Problem wird meist durch die Überempfindlichkeit gegenüber einer Komponente des Gluten-Proteins hervorgerufen, die sich in bestimmten Körnern findet, auch Weizen. Die Absetzung des Gluten führt zur Regenerierung der Zotten.

In esoterischer Hinsicht hat die Unfähigkeit, Nahrung zu absorbieren, mit der Unfähigkeit bzw. dem Widerstand zu tun, schmerzliche Erfahrungen zu verarbeiten. Dies führt auf der körperlichen Ebene zu Durchfall – der Körper versucht, etwas Unangenehmes zu entfernen.

Wenn man die Erfahrungen nicht verarbeitet, gehen leider wertvolle Lektionen verloren, und dieselben Situationen präsentieren sich immer wieder, was Schmerz und Unsicherheit verstärkt.

Auch abgesehen von dieser Krankheit gibt es viele Menschen, die spirituell schlecht ernährt sind, weil sie die Lektionen des Lebens, die zwar schmerzlich sein mögen, aber schließlich zu größerer Freiheit und Freude führen, nicht verarbeiten.

8. Krankheiten der Milz

Die Milz gehört zum Immunsystem und ist an der Produktion von Antikörpern beteiligt, an der Entfernung von Abfall und der Zerstörung alter Zellen im Blut.

Unser Körperorgan Milz entspricht der von der östlichen Medizin beschriebenen Milz nicht genau. Für sie ist die Milz an der Umwandlung von Nahrung in Energie und an der Regulierung des Blutes beteiligt.

Auf emotionaler Ebene wird die Milz mit Nachdenklichkeit in Verbindung gebracht; wenn das Denken stagniert, stagnieren auch die Verdauung und das Blut.

Aus esoterischer Sicht gibt es ein Milz-Zentrum, das mit der physischen Milz verbunden ist. Es nimmt Prana auf, die Energie, die die elementare Lebenskraft in allen lebenden Dingen ist; auf diese Weise ist der Mensch mit seiner Umgebung verbunden.

Man könnte sagen, daß die Milz den Rhythmus unter dem Zwerchfell bestimmt, während das Herz den darüber kontrolliert.

Wenn in diesem Bereich eine Disharmonie vorliegt, fühlt man sich einsam oder vom Rest der Welt getrennt. Möglicherweise nimmt man das, was angeboten wird, nicht richtig wahr, und vertraut nicht.

Solche Patienten brauchen Anleitung, um die Dinge so zu sehen, wie sie wirklich sind, und um sich wieder mit der Welt zu verbinden. Das wird den Fluß des Lebens wieder in Gang bringen.

Übungen zur Harmonisierung des Solarplexus

1. Schreiben Sie sechs Talente auf, auf die Sie stolz sind, und setzen Sie dann einen Lebenslauf an Gott auf, in dem Sie begründen, warum er Sie einstellen sollte!

2. Erkennen Sie Ihr Bedürfnis, gebraucht zu werden. Akzeptieren Sie, daß Sie es verdienen, Liebe zu bekommen, einfach weil Sie Sie sind.

3. Beschließen Sie, sich zu Ihren Gefühlen zu bekennen und sich nicht von ihnen überwältigen zu lassen. Wenn Sie ihr Vorhandensein anerkannt haben, können Sie sich immer noch entscheiden, ob Sie wütend, launisch, eifersüchtig, traurig etc. bleiben und sich mit Ihren Gefühlen identifizieren wollen, oder ob Sie meinen, mehr als Ihre Gefühle zu sein, und weitergehen. Wenn Sie beschließen, bei Ihren Gefühlen zu bleiben: Was hoffen Sie dadurch zu erreichen?

4. Wenn Sie sich zu einem Stimmungswechsel entscheiden, werden Sie die Gefühle vielleicht zuerst ausdrücken müssen. Dies kann dadurch geschehen, daß Sie einen Brief schreiben, den Sie nie abschicken (auch an Menschen, die schon tot sind), mit den Beteiligten sprechen, Gefühle wie etwa Zorn abbauen, indem Sie auf ein Kissen einschlagen oder schreien (das Auto ist dafür ein guter Ort), oder indem Sie einfach Ihre Kraft zurücknehmen, die Situation akzeptieren und das Gefühl loslassen. Sie können andere nicht ändern, nur die Art und Weise, in der Sie leben wollen.

Wenn Ihre Gefühle Sie überwältigen, sollten Sie die unmittelbare Atmosphäre verändern, d. h. sich einen Kaffee kochen, die Musik ändern, sich die Hände waschen, etc. Dies entschärft die Situation, sollte aber sofort vom ruhigen, ehrlichen Ausdruck Ihrer Gefühle gefolgt werden. (Die Unterdrückung von Gefühlen zehrt Ihre Energie auf, und später ist es sehr viel schwieriger, sie auszudrücken.)

5. Beschließen Sie, Ihr Tun nicht an Bedingungen zu knüpfen und keine Schuldgefühle oder Angst zu haben, egoistisch zu werden. Echte bedingungslose Liebe nützt auf der Seelenebene beiden Partnern.

6. Geben Sie nur Hilfe und Rat, wenn Sie darum gebeten

werden. Erwarten Sie nicht, daß Menschen, die Ihre Hilfe nicht brauchen, Ihre Bedürfnisse erfüllen. Sie werden nur enttäuscht und im Stich gelassen werden.

7. Wenn es Ihnen schwerfällt, Gefühle zu zeigen, können Sie eine Unterhaltung bewußt mit den Worten »Ich fühle …« beginnen. Führen Sie ein Tagebuch, das nicht die täglichen Ereignisse, sondern Ihre Gefühle enthält.

8. Wenn Sie sensibel sind und die Energien anderer Sie leicht erschöpfen, bauen Sie zwischen sich und den anderen einen Spiegel auf, der die negativen Energien zurückschickt, bevor sie Ihren Solarplexus erreichen.

   Alle Energien, die sich in diesem Bereich ansammeln, können visualisiert werden; Sie können sich vorstellen, wie diese Energien durch die Füße den Körper verlassen und in die Erde hineingehen. Die Erde ist ein wichtiger Transformator und verwandelt die negativen Energien in etwas Positiveres.

9. Wenn Sie vor einer schwierigen Situation stehen oder sich gestreßt fühlen, können Sie Ihren Solarplexus »zumachen« und nur durch die anderen Chakren arbeiten, wobei Sie die Füße fest auf dem Boden lassen. Sie können das Chakra durch einen Kristall (den Sie nach dem Ereignis reinigen) oder durch die Hände und Arme schützen.

   Benutzen Sie nach dem Ereignis, oder wenn Sie sich ausgelaugt fühlen, fließendes Wasser, d. h. waschen Sie sich die Hände, um die positiven Ionen in negative zu verwandeln.

10. Fragen Sie sich, warum Sie so sensibel sind, und entwickeln Sie ein stärkeres Selbstwertgefühl. Vielleicht ist es an der Zeit, nein zu Situationen zu sagen, die Streß auslösen. In anderen Fällen kann es an der Zeit sein, daß Sie Ihre Meinung äußern, anstatt ruhig zu bleiben.

11. Wenn Sie sich gleichgültig und inspirationslos fühlen, können Sie Gelb benutzen, die Farbe des Solarplexus, um die Energien zu heben. Zu viel Gelb andererseits kann zu Er-

schöpfung führen, dann setzen Sie Grün und Blau ein, um Frieden und Heilung wiederherzustellen.

Zusammenfassung der drei unteren Chakren

Das Wurzelchakra ist das Zentrum, das mit dem Willen der Persönlichkeit zu tun hat und am Schluß den Willen der Seele aufnimmt (der Vater/Geist).

Das Sakralchakra hat mit der Kreativität der Persönlichkeit zu tun und nimmt schließlich die kreative Energie der Seele auf (die Mutter/Materie).

Das Nabelchakra hat mit der Erfüllung der Wünsche der Persönlichkeit zu tun und nimmt schließlich die Wünsche und Bedürfnisse der Seele auf (der Sohn/Seele).

Die Macht des Willens, die Macht der Kreativität und die Macht der Anziehung sind die drei geistigen Attribute, die zur Quelle aller Schöpfung gehören. Wenn wir diese Eigenschaften in unserem Leben manifestieren, erweitern wir nicht nur unser eigenes Seelenbewußtsein, sondern das Bewußtsein allen Lebens.

KAPITEL 10

Das Herzchakra

DAS HERZCHAKRA

Lage	Brustkorbmitte
Spiritueller Aspekt	Selbstliebe
Grundbedürfnis	Bedingungslos geben und nehmen
Gefühle	Freude, Kränkung, Bitterkeit
Endrokrine Drüse	Thymusdrüse
Organe	Herz, Brüste
Farbe	Grün

Anatomie der Thymusdrüse

Beim Kleinkind bedeckt die Thymusdrüse einen Großteil des vorderen Brustkorbs. In der Pubertät hat sie ihre maximale Größe erreicht und beginnt dann zu schrumpfen. Bis vor kurzem hieß es, bei Erwachsenen wäre sie verkümmert. Forschungen im Zusammenhang mit der AIDS-Epidemie haben jedoch gezeigt, daß sie auch nach der Pubertät aktiv ist.

Physiologie der Thymusdrüse

Die Thymusdrüse ist an der Reifung bestimmter Lymphozyten (weiße Blutkörperchen) und der allgemeinen Aktivität des Lymphgewebes beteiligt. Durch es können wir erkennen, was zu uns und was nicht zu uns gehört, und mit letzterem angemessen umgehen.

Die Bildung von *Antikörpern* findet vor allem in den ersten sieben Lebensjahren statt, wenn ein Mensch durch viele neue Erfahrungen bzw. *Antigene* herausgefordert wird.

Aus esoterischer Sicht führt die Antikörper/Antigen-Reaktion zur Ausbildung der Überzeugungen, die uns in unserem Leben leiten, d. h. wir lernen, was gut für uns ist und was wir vermeiden sollten.

Die Reaktion auf ein Antigen hängt sehr stark von seiner ursprünglichen Präsentation ab und davon, ob wir unsere Überzeugungen aufgrund neuer, von der Seelenebene stammender Informationen auf den neuesten Stand gebracht haben.

Die Verwandlung der Energie vom Solarplexus zum Herzen

Das Herz ist das Zentrum, in dem die Liebe der Seele aufgenommen und die Verbindung zur Liebe des Schöpfers hergestellt wird. Zur Zeit ist das Herzchakra bei den meisten Menschen relativ geschlossen, weshalb nicht die ganze Liebe der Seele zu ihm durchkommt.

Aber da wir dem Zeitalter des Wassermanns entgegengehen, wird die in unser Herz und in das Herz des Universums einströmende Energie massiv zunehmen. Um uns an diese Veränderung anzupassen, müssen wir beginnen, Solarplexus- in Herz-Energien zu verwandeln.

Dies geschieht bereits, wie die wachsende Zahl von Krankheiten des Herzens und des Immunsystems zeigt. Sie hängen mit der durch die Veränderung verursachten Krise zusammen und weisen auf einen Widerstand hin.

Unser Problem besteht hauptsächlich darin, daß wir nicht bereit sind, unsere Wünsche nicht mehr an Bedingungen zu knüpfen, ohne Hintergedanken zu geben und zu nehmen und darauf zu vertrauen, daß unsere Bedürfnisse immer erfüllt werden. Dies aber ist bedingungslose Liebe.

Es gibt zur Zeit sehr wenige Krankheiten, die nur mit dem Herzchakra zusammenhängen; die meisten haben mit der Umwandlung der Energien zu tun.

Spiritueller Aspekt: Selbstliebe

Selbstliebe ist in der Vergangenheit verurteilt worden, denn man meinte, sie sei egoistisch und würde die Bedürfnisse anderer nicht berücksichtigen.

»Liebe deinen Nächsten wie dich selbst« wird oft zitiert, um daran zu erinnern, daß man erst an den anderen denken sollte (Matthäus 22, 39). Aber viele vergessen das »wie dich selbst«.

Wie können wir andere bedingungslos lieben, wenn wir uns selbst nicht lieben? Zuerst müssen wir lernen, uns selbst zu lieben, und zwar mit allen Fehlern und Schwächen.

Dies schließt die Teile von uns ein, auf die wir nicht stolz sind: unsere Nase, unsere breiten Hüften, unseren Busen, unsere Ohren, und auch unsere schlechte Laune, unsere Intoleranz, unsere Launenhaftigkeit, unsere Wut.

Wenn wir diese Teile ignorieren und sie in den Schatten zu drängen versuchen, lieben und akzeptieren wir uns nicht selbst. Vielleicht gefällt uns nicht, was wir sehen, aber es ist die Wahrheit, und die muß konfrontiert werden. Je mehr sie ignoriert wird, desto mehr Energie ist notwendig, um sie ruhig zu halten. Es ist zeitaufwendig, diese Teile zu hassen. Wenn wir sie lieben, mindert dies ihren Einfluß, und in den meisten Fällen werden sie dann bedeutungslos.

Das Akzeptieren bedeutet nicht, daß Sie ihnen Raum zur Entwicklung geben sollen. Aber Sie können sich entscheiden, ob Sie sie zeigen wollen – genauso wie Sie beschließen, bestimmte Kleider zu tragen und andere nicht, ohne daß Sie Angst haben, daß die ungetragenen Kleider aus dem Kleiderschrank springen und Sie angreifen.

Während des Übergangs der Energien ins Herzchakra können wir mit Situationen konfrontiert werden, in denen wir uns nicht wohl fühlen. Die Erkenntnis, daß dies eine Stufe der Entwicklung des Seelenbewußtseins ist, hilft uns, loszulassen und den Vorgang mit sehr viel weniger Unbehagen hinter uns zu bringen.

Ohne Selbstliebe hängen wir sehr stark davon ab, daß andere uns die Liebe geben, die wir brauchen. Ähnlich wie beim Solarplexus, wo wir es brauchten, gebraucht zu werden, brauchen wir es jetzt, geliebt zu werden.

Die beiden Zustände sind miteinander verbunden; zahlreiche Aussagen zum Solarplexus gelten auch für diese Verwandlungsphase.

Die Gefühle

Wenn das Herz frei und offen ist, verströmt es Freude. Wenn es geschlossen und der Fluß zwischen Solarplexus und Herz disharmonisch ist, werden Schmerz, Verletzlichkeit und manchmal Bitterkeit ausgesandt.

Diese »negativen« Gefühle können aufgelöst werden, wenn wir Erwartungen und vergangene Ereignisse los- und die Liebe einlassen. Dies geschieht nicht ohne Anstrengung, aber die nachfolgende Freude lohnt das Warten.

Zu Schmerz kommt es, wenn etwas Erwartetes nicht stattgefunden hat; dies führt zu Enttäuschung und dem Gefühl, abgelehnt worden zu sein. Die Erwartungen waren vielleicht unterbewußt, beeinflussen das Ergebnis aber trotzdem.

»Ich habe erwartet, daß du mir treu bist« – was nie erörtert, sondern einfach angenommen worden war.

»Ich habe erwartet, daß du für mich da bist, wenn ich dich brauche« – auch dies oft eher eine Vermutung als die Realität.

»Ich habe nicht erwartet, daß du mich so behandelst.« Dies ist wahrscheinlich wahr, aber in jeder Beziehung sind die Handlungen beider zu berücksichtigen.

Wir alle sind in unserem Leben auf diese oder jene Weise verletzt worden. Es ist nicht angenehm, aber dadurch lernen wir, uns selbst zu lieben und von anderen nicht so viel zu erwarten. Es gibt jedoch Menschen, die das Muster ständig wiederholen und vom Leben immer mehr enttäuscht sind.

Die Verletzung kann so tief gehen, daß Bitterkeit auftaucht. Ich habe festgestellt, daß sie eins der destruktivsten Gefühle ist, vor allem wenn sie sich über viele Jahre hinweg entwickeln konnte.

Es ist sehr schwierig, diesen Menschen begreiflich zu machen, daß sie an der Entstehung ihres Schmerzens nicht unbeteiligt sind. Sie können ihn nur aus einer Sicht sehen und verstehen nicht, warum ihre Bedürfnisse nicht erfüllt wurden. Sie verlangen nach Rache und wollen die, die den Schmerz verursacht haben, bestrafen. Manchmal kann man sich in ihre Situation einfühlen, aber das Ereignis ist längst vorbei, und es ist Zeit, loszulassen und weiterzugehen.

Extrem schwierig zu lösen sind Fälle, bei denen die Bitterkeit Teil des Trauerprozesses ist:

»Warum hat er mich verlassen, als ich ihn brauchte?«

Alle Bitterkeit der Welt wird die Situation nicht ändern, und der Himmel helfe, wenn sie sich auf einer anderen Ebene begegnen! Letztendlich kann die Bitterkeit nur einen Menschen verletzen: den, der sie empfindet. Am Schluß wird auch der Körper steif und verkrümmt, was die entsprechende geistige Energie zeigt.

Es ist nicht einfach, zu vergeben und zu vergessen; oft ist besonders das Vergessen schwierig. Aber die Zeit heilt die Erinnerung, und der Schmerz wird weniger scharf; die Zeit befreit auch von dem Ereignis, so daß Platz für neue Erfahrungen vergeben wird.

Vergeben bedeutet Loslassen … Es bedeutet nicht unbedingt, daß Sie das Geschehene verzeihen, sondern daß Sie akzeptieren, daß Sie kein Teil dieser Erfahrung mehr sein wollen.

Jeder ist auf einem Seelenweg, und obwohl wir vielleicht nicht mögen, was andere tun, müssen wir lernen, die Seele im Inneren zu lieben und freizugeben.

Wir müssen auch uns selbst vergeben; oft macht man sich wegen des Geschehenen Vorwürfe. Aber auch wenn Sie sich Ihr Verhalten vielleicht nicht verzeihen wollen, sollten Sie akzeptieren, daß Sie etwas gelernt haben, und weitergehen.

Schmerz hängt oft mit Verletzlichkeit zusammen.

»Ich habe ihm mein Herz geöffnet; ich dachte, ich könnte ihm vertrauen. Er hat mich im Stich gelassen. Jetzt fühle ich mich so verletzlich, und ich weiß nicht, ob ich jemals wieder vertrauen kann.«

Liebe ist eng mit Vertrauen verbunden. Aber viele Menschen sind so begierig, die Liebe zu finden, die sie in der Kindheit nie erhalten haben, daß sie sich für Verletzungen öffnen. Niemand kann Sie so lieben wie Sie sich selbst; niemand kennt Ihre Bedürfnisse so genau; niemand kann Ihnen so nah sein.

»Er gibt mir alle materiellen Geschenke, die ich mir vorstellen kann, und trotzdem bin ich unglücklich. Ich will nur seine Nähe und Liebe.«

Bei dem Versuch, dies aus dem Partner oder nahen Menschen herauszubekommen, öffnet man sich für Mißbrauch und ein schwaches Selbstwertgefühl. Erhält man eine Abfuhr, ist man erschüttert und verletzlich.

Zunächst reagiert man wie ein Krebs, zieht sich in seinen Panzer zurück und versteckt sich. Mit der Zeit vergißt man die Außenwelt und meint, diese einsame Umgebung sei die Realität.

Viele Menschen, die von anderen Menschen verletzt wurden,

wenden ihre Liebe dem Tier- und Pflanzenreich zu. Die Natur verzeiht, ist treu und liebt bedingungslos. Solche Menschen weinen, wenn sie im Fernsehen Tiere oder Kinder leiden sehen. Sie weinen um ihr eigenes inneres Kind, das verletzlich und einsam ist und Liebe braucht.

Sie glauben, daß niemand sie liebt, aber im allgemeinen hält der Panzer, der den Schmerz abhält, auch die Liebe ab. Diese Menschen müssen mit sanfter Liebe und Ermutigung dahin gebracht werden, einen kleinen Teil von sich umsorgen zu lassen; so lernen sie, wieder zu vertrauen.

Selbstliebe bedeutet, daß wir lernen, das anzuziehen, was wir brauchen, und das abzuweisen, was wir nicht brauchen. Wenn wir uns hinter einem Panzer verstecken oder uns voll für eine Situation öffnen, pendeln wir zwischen Extremen, zwischen Alles und Nichts hin und her.

Wir müssen lernen zu unterscheiden, was bedeutet, daß wir die Einsicht benutzen, um zu entscheiden, was gut und was schlecht ist. Dies ist kein Urteil, denn wir können die Handlungen anderer nicht beurteilen, ohne einen Teil von uns selbst zu zeigen. »Richtet nicht, auf daß ihr nicht gerichtet werdet« (Matthäus 7,1). Fehlendes Unterscheidungsvermögen kann dazu führen, daß wir keine Meinung haben und keine Grenzen kennen. Die Energie des Herzchakras will uns Gleichgewicht lehren. Wir sollten alle Seelen gleichermaßen lieben, aber wir müssen nicht immer die Persönlichkeit lieben!

Die Angst vor Verletzungen kann zu einem Beruf führen, bei dem man sich persönlich nicht zu engagieren braucht. Solche Menschen können wunderbare Zuhörer sein: Sie hören sich die Probleme anderer an, zeigen aber selten ihre eigenen Gefühle. Wenn man ihnen persönliche Fragen stellt, antworten sie mit einer Frage und lenken die Unterhaltung von sich ab.

Sie haben große Angst, beurteilt zu werden, denn sie fürchten, abgelehnt und nicht geliebt zu werden. Aber wenn Sie sie fragen, ob sie ihre Freunde ablehnen, wenn diese etwas falsch gemacht haben, antworten sie: »Aber nein, ich verzeihe ihnen immer und liebe sie noch mehr.«

Sie begreifen schwer, daß in ihrem Fall wahrscheinlich dieselben Prinzipien angewandt würden, wenn sie den anderen nur näherzukommen versuchten.

Sie haben vielleicht viele Bekanntschaften, aber wenige echte Freunde, d. h. Menschen, bei denen sie gefahrlos ihr Herz öffnen können. Sie sind lieber mit Fremden als mit Freunden zusammen, denn diese könnten etwas von ihnen erwarten und sie dann möglicherweise versagen.

Als Außenstehender kann man ihnen nur bedingungslose Liebe anbieten, die ihnen zeigt, daß Liebe und Hilfe immer in Reichweite sind, egal welchen Weg sie wählen.

Es ist oft einfacher, bedingungslos zu geben, als bedingungslos zu nehmen. Letzteres erfordert wahre Selbstliebe und die Erkenntnis, daß man nicht nur für sich selbst, sondern auch für den Schöpfer nimmt.

Wenn manche Menschen ein Geschenk bekommen, ignorieren sie es fast, denn sie haben Angst, nichts zu finden, was die Schuld begleicht. Sie können auch schwer Komplimente annehmen und geben sie sofort und möglicherweise übertrieben zurück.

Ihnen ist nicht klar, daß sie den Geber leugnen, wenn sie die Gabe leugnen.

Bedingungslose Liebe bedeutet nicht Nachgeben. Eine Vogelmutter wird ihr Junges im Namen der Liebe aus dem Nest stoßen, auch wenn seine Flügel noch nicht ganz entwickelt sind. Manchmal muß man grausam sein, um gut zu sein.

Bei Problemen, die mit dem Thema Liebe zusammenhängen, ist es am besten, einen ruhigen Ort aufzusuchen, sich hinzusetzen, sein höheres Selbst zu kontaktieren und um eine Lösung zu bitten, die für alle Beteiligten die beste ist.

So sollte es zu einer objektiven Antwort kommen, die alle auf ihrem Weg weiterbringt. Das bedeutet nicht, daß es keinen Schmerz gibt, aber das Festhalten an einer Lösung gibt Ihnen die Kraft, das Vorhaben zu Ende zu führen.

Das französische Wort *Courage* für Mut ist von *coeur,* d. h. Herz, abgeleitet, denn Mut ist die innere Natur des Herzens. Wir alle brauchen manchmal Mut und können durch die Ermutigung anderer unterstützt werden. Wenn die Ermutigung fehlt, hat man das Gefühl, als gäbe es keine Liebe, und ist mutlos. Aufrichtige Ermutigung gehört zu den größten Geschenken, die wir einem anderen machen können.

Der Wunsch, geliebt zu werden, bringt uns oft dazu, uns mehr Verantwortung aufzuladen, als wir tragen können. Das Thema Verantwortung gehört in den Bereich des Stirnchakras, aber wenn unsere Bedürfnisse uns blind machen, verliert es die Kontrolle.

Die Verantwortung für andere, die als etwas Gutes beginnt, kann schnell zu einer Last werden, die uns niederdrückt und unsere Energie abzieht. Wie bei Menschen, die gefallen wollen, kann Groll sich aufbauen, aber häufiger sind Verzweiflung und die Angst, daß das Problem nicht zu lösen ist.

Am Ende besteht für viele Menschen der Ausweg in die weiter unten erörterten Krankheiten. Selbstliebe aber bedeutet auch, daß wir uns selbst erhalten, denn andernfalls können wir niemandem helfen.

Körpersprache

Wir alle haben Kinder gesehen, die sich zur Strafe in die Ecke stellen mußten und dabei die Hände vor die Brust hielten. Sie pflegen ihr schmerzendes Herz – eine Gewohnheit, die ins Erwachsenenleben übernommen und immer dann angewandt wird, wenn das Bedürfnis nach Trost besteht.

Wir sprechen auch davon, daß die Freundlichkeit eines Menschen uns rührt, ein Gefühl, das sehr stark mit dem Herzen verbunden ist. Es gibt heute viele Menschen, die selten etwas rührt, und wenn, dann nur sexuell. Berührungen sind zu einem der wichtigsten Merkmale komplementärer Therapien geworden, auch bei Krebs- und AIDS-Patienten, die oft als »Unberührbare« betrachtet werden.

Da die ganzheitliche Medizin sich immer mehr verbreitet, werden Massage und andere Berührungstherapien hoffentlich zum Bestandteil jeder Patientenfürsorge.

Krankheiten, die mit dem Herzchakra in Verbindung stehen

1. Herzkrankheiten

Das Herz ist ein rhythmisches Organ. Es pumpt das Blut und alles, was es enthält, durch den Körper, in jede einzelne Zelle. Der Impuls besteht aus zwei Phasen: der Systole bzw. Zusammenziehung der Herzkammern, und der Diastole, der Entspannung der Herzkammern.

Ein vollständiger Zyklus dauert 0,8 Sekunden, wobei jede Phase ungefähr 0,4 Sekunden lang ist, d. h. die eine Hälfte der Zeit wird in der Aktivität und die andere in der Entspannung verbracht.

Gilt dies auch für Ihr Leben? Arbeiten und entspannen Sie jeweils zwölf von 24 Stunden eines Tages? Wenn nicht, steht das Herz unter Druck.

Der Herzmuskel erhält seine Nahrung während der Diastole, und wenn diese Phase zu kurz ausfällt, ist die Sauerstoffzufuhr zu den Geweben unzureichend, was zu Herzbeklemmungen und möglicherweise einer Herzattacke führt (Herzinfarkt oder Thrombose der Herzkranzgefäße).

Der Mangel wird durch die Blockierung der Herzkranzarterien durch Atherome (fettige Ablagerungen) und eine Thrombose (Blutgerinnsel) verschlimmert. Diese werden im allgemeinen durch einen hohen Cholesterin-Spiegel (der zu 80% bei Streß entsteht) und eine träge Blutzirkulation verursacht (die auf zu wenig körperliche Bewegung zurückzuführen ist).

Die Situation würde entschärft, wenn eine echte Entspannung stattfinden könnte, worunter ich eine Entspannung von Seele, Körper und Geist verstehe. Denn bei einer »Entspannung«, bei der die Zeit gegen den Raum gesetzt wird, ist sofort das Gehirn aktiv, das das Ziel erreichen möchte, und eine echte Entspannung tritt nicht ein. Es ist auch nicht sinnvoll, den Geist zwingen zu wollen, sich zu entspannen, denn dann wird das Gehirn rebellieren.

Kurse zur Streßbewältigung sind heutzutage weit verbreitet; sie lehren die Teilnehmer nicht nur, mit Streß umzugehen, sondern auch, ein erfüllteres Leben zu leben.

Esoterisch gesehen weist die Verhärtung der Arterien (Arteriosklerose) auf eine verhärtete Situation hin. Oft haben die Betreffenden sich zu viel Verantwortung aufgeladen und wissen nicht, wie sie aufhören sollen. Sie gehen in eine Sackgasse, aus der es kein Zurück zu geben scheint. Manchmal ist eine Herzattacke der einzige Ausweg.

Andere haben eine verhärtete Einstellung, was oft auf fehlende Liebe und Nähe in der Kindheit zurückgeht. Dies wird durch die fehlende Ernährung des Herzmuskels deutlich, die schließlich zu Symptomen führt.

Vieles deutet darauf hin, daß Menschen, die eine Herzattacke hatten, sich vorher isoliert fühlten, und daß die, die sich nach dem Anfall gut erholen, einen liebevollen Partner zu Hause haben.

Liebe – die eines anderen Menschen oder die, die man sich selbst gibt – ist für das Funktionieren des Herzens sehr wichtig.

2. Krankheiten des Immunsystems

Diese Krankheiten haben in den letzten Jahren sehr stark zugenommen, was mit der Verlagerung der Energien zu tun hat.
Allergien und Überempfindlichkeiten gehen auf ein überempf-
findliches Immunsystem zurück, während Krebs, AIDS und En-
cephalomyelitis benigna myalgica durch ein mangelhaftes bzw.
nicht genügend aktives Immunsystem verursacht werden. Wie
bereits gesagt, ist das Immunsystem der Wächter im Körper. Es
erkennt, wer Freund und wer Feind ist, und läßt den ersten ein
und weist dem zweiten die Tür. Disharmonien in diesem Wächter
führen zu den folgenden Krankheiten:

A. Allergien und Überempfindlichkeit

Sehr viele Menschen leiden heute an einer Allergie. Sie treten
familiär gehäuft auf, während Überempfindlichkeit aus heiterem
Himmel erscheint.
Beide Krankheiten werden durch ein überaktives Immunsystem
verursacht, das zu verschiedenen Symptomen wie Heuschnupfen, Asthma, Durchfall, Ekzemen und Nesselsucht führt.
Esoterisch gesehen ist der kleine Wächter überempfindlich und

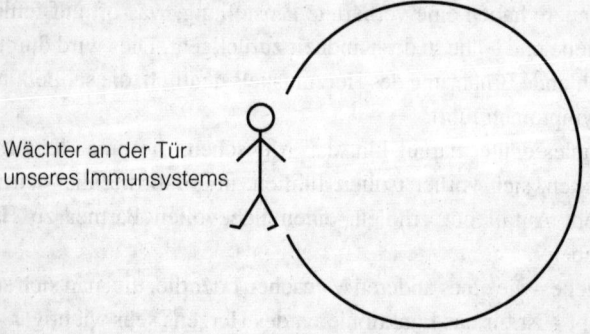

Wächter an der Tür
unseres Immunsystems

reagiert, als wäre alles erschreckend. Dies ist Ausdruck der im Kapitel über den Solarplexus erörterten Überempfindlichkeit. Es ist, als wäre die Welt ein erschreckender Ort, an dem man Verletzungen nur vermeiden kann, wenn man sehr wachsam ist. Der resultierende Streß verschlimmert die Reaktionen, was zu weiteren Problemen führt.

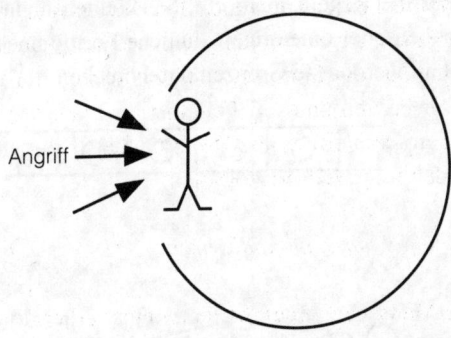

Ich glaube, daß derartige Probleme weiter zunehmen werden, denn die Sensibilität der Menschen wächst, um die von der Seele kommenden Energien aufzunehmen.

Durch Visualisierungen können wir die exzessive Energie im Solarplexus ins Herz- oder Wurzelchakra leiten, wo sie zum Nutzen des Betreffenden verwendet werden kann. Auf diese Weise wird die Angst reduziert, und der Wächter ist wieder in der Lage, Freund und Feind auseinanderzuhalten.

B. Krebs

Krebs kann sich in praktisch jedem Organ entwickeln. Deshalb sind zur psychospirituellen Deutung immer die entsprechenden Chakren heranzuziehen. Im allgemeinen liegt ihm jedoch ein Ungleichgewicht zwischen Nabel- und Herzchakra zugrunde, das zu Zellveränderungen führt.

Der Begriff Krebs weist auf etwas hin, was sich in alle Richtungen bewegt. Der Krebs kann sich überall im Körper verbreiten, indem er das Blut und das Lymphsystem dazu benutzt.

Normale Zellen wachsen und reifen; sie folgen den Regeln des Körpers, überschreiten ihre Grenzen nicht und behalten dieselbe Größe und Form wie ihre Nachbarn. Krebszellen reifen nicht und halten daher die Regeln nicht ein. Sie können mehr als einen Zellkern haben oder eine ungewöhnliche Form annehmen, und auf jeden Fall werden sie Grenzen durchbrechen.

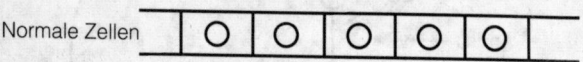

Normale Zellen

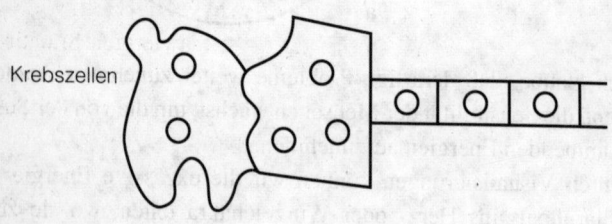

Krebszellen

Unser kleiner Wächter hat die Aufgabe, diese außer Rand und Band geratenen Zellen zu stoppen; aber aus irgendeinem Grund bemerkt er ihr Fehlverhalten nicht. Sobald die Zellen ihren primären Entwicklungsort verlassen haben, bewegen sie sich zu anderen Organen. Dort überzeugen sie normale Zellen, ihre DNA-Produktion für die Produktion von mehr Krebszellen zur Verfügung zu stellen. Auf diese Weise werden sekundäre Herde geschaffen.

Psychospirituell zeigt dies Probleme im Zusammenhang mit der Persönlichkeit. Man kann sich etwa vorstellen, daß der Wächter seinen Posten verlassen hat, um anderen Menschen zu helfen. Dies ist tatsächlich bei vielen Krebspatienten der Fall, die ständig anderen helfen, dabei aber ihre eigene Abwehr schwächen.

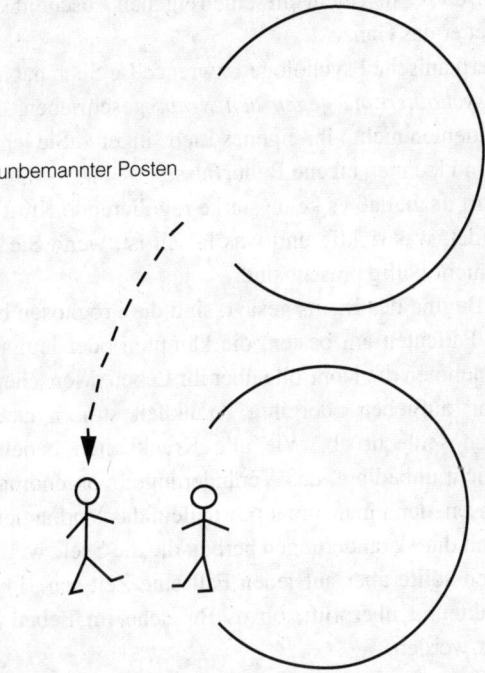

unbemannter Posten

Hier kann man an das Sprichwort denken: »Wenn die Katze aus dem Haus ist, tanzen die Mäuse auf dem Tisch« – Liebe muß bei der eigenen Person beginnen.

Eine Analogie

Eine Gruppe von Menschen arbeitet an einem Fließband daran, »schlechte Erbsen« auszusortieren, bevor die guten in einen Topf fallen.

Wenn jemand sehr viel Zeit damit verbringt, anderen zu helfen, wird er die schlechten Erbsen nicht bemerken, die aus seinem eigenen Abschnitt in den Topf geraten.

Dadurch, daß er sich nicht um seinen eigenen Abschnitt kümmert, gefährdet er das Ganze.

Der amerikanische Psychologe Lawrence Le Shan hat in seinem Buch *Psychotherapie gegen den Krebs* geschrieben, daß viele Krebspatienten nicht »ihr eigenes Lied singen«. Sie leben durch andere und leugnen eigene Bedürfnisse.

Dies führt dazu, daß es keine starke regulierende Kraft gibt, die entscheidet, was richtig und was falsch ist, wenn Sie in Ihrem Körper nicht völlig präsent sind.

Wie zu Beginn des Buchs gesagt, sind die Prognosen bei Krebs bei den Patienten am besten, die kämpfen oder leugnen, denn sie übernehmen die Kontrolle über ihr Leben. Menschen, die die Hoffnung aufgeben oder ihre Krankheit stoisch akzeptieren, schneiden schlecht ab. Wie alle Krankheiten bedeutet auch Krebs nicht unbedingt, daß Veränderungen vorgenommen werden müssen, denn manchmal führt allein das Vorhandensein der Krankheit die Veränderungen herbei, die die Seele wünscht. Die Krankheit sollte aber auf jeden Fall eine Zeit sein, in der man nachdenkt und überprüft, ob es Bereiche im Leben gibt, die ignoriert werden.

Denn Krebs erscheint vor allem in Organen, die mit einem unabgeschlossenen Geschäft zu tun haben, besonders wenn Gefühle unterdrückt wurden. Es ist wie bei Kindern, die ignoriert werden. Je weniger Aufmerksamkeit sie bekommen, desto lauter schreien sie. Je lauter Sie schreien, desto lauter werden sie.

Wie Kinder müssen die disharmonischen Zellen akzeptiert und die Harmonie wiederhergestellt werden, und zwar nicht durch Wut oder Schuld, sondern durch liebevolle, aber strukturierte Anleitung.

Es ist auch bekannt, daß Krebs bis zu zwei Jahre nach einem Identitätsverlust auftritt, der mit dem Tod eines Partners, dem Verlust eines Arbeitsplatzes, dem Weggehen der Kinder etc. zusammenhängen kann. Dies verweist wieder auf die Interaktion zwischen Solarplexus und Herz, bei der Identität und Liebe eng verbunden sind. Der Verlust der ersten scheint zum Verlust der zweiten zu führen.

Wir wollen hoffen, daß durch die Entwicklung von Selbstwert und Selbstliebe das Vorkommen von Krebs in der Gesellschaft reduziert wird.

Brustkrebs

Die Brust ist ein Organ, das nährt. Bei Brustkrebs ist dieses Thema aus dem Gleichgewicht.

Ich habe festgestellt, daß Frauen mit linksseitigem Brustkrebs sich oft von den Männern in ihrem Leben – dem Partner oder Vater – nicht unterstützt und geliebt fühlen. Frauen mit rechtsseitigem Brustkrebs fühlen sich durch eine Frau – die Mutter oder die Tochter – verletzt.

Beide müssen ihre eigenen Fähigkeiten zum Umsorgen und Nähren erkennen und die Verletzung loslassen, die sie in ihrer Brust festhalten.

C. AIDS

Das AIDS-Virus greift die Fähigkeit der Thymusdrüse an, T-Helfer-Zellen zu produzieren, die für fast jede Immunreaktion erforderlich sind. AIDS-Patienten bekommen deshalb zahlreiche Infektionen und Tumore, die unter normalen Umständen von unserem kleinen Wächter ausgerottet würden.

Aus psychologischer Sicht ist bemerkt worden, daß viele Patienten einer Minorität angehören und deshalb oft als »Opfer« der Gesellschaft erscheinen, z. B. Homosexuelle, Drogenabhängige und Bluter.

Die Patienten sind oft in der Kindheit wenig ermutigt und umsorgt worden, was dazu geführt hat, daß sie als Erwachsene ein schwaches Selbstwertgefühl haben. Ihr kleiner Wächter ist verzagt.

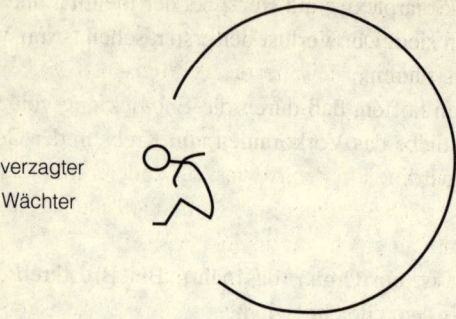

verzagter
Wächter

Es hat sich gezeigt, daß bedingungslose Liebe und die Ermunterung zur Selbstliebe zum Abklingen der Symptome beitragen. Dies ist besonders bei Kindern der Fall, die das Glück hatten, ein Zuhause zu finden, das ihnen diese Liebe gibt.
Heute werden vor allem die AIDS-Krankenstationen von den Komplementär-Therapeuten besucht. Es ist makaber, daß eine Katastrophe wie AIDS die komplementäre Medizin in den Krankenhäusern verbreitet.
AIDS ist eine Krankheit der Opfer – der gesellschaftlichen Gruppen, die nicht geliebt werden. Wo in Ihrem Körper ist Ihr »AIDS«? Schauen Sie in sich und entdecken Sie die Bereiche, die darauf warten, umsorgt zu werden, und überhäufen Sie sie mit Liebe.

D. Autoimmunkrankheiten
Zu ihnen gehören Rheumatoidarthritis, Erythematodes, Sklerodermie, systemische Sklerose, Polymyalgia rheumatica, einige Schilddrüsenkrankheiten, einige Formen von Diabetes, perniziöse Anämie und Vitiligo. Die Liste wird jeden Monat länger.

Allen Fällen ist gemeinsam, daß gegen das körpereigene Gewebe Antikörper gebildet wurden. Bei Rheumatoidarthritis z. B. richtet sich der Antikörper gegen das Bindegewebe der Gelenke und andere extraartikuläre Strukturen. Bei Erythematodes richtet sich der Antikörper gegen die DNA der Zellen.

Dies sind ziemlich wirkungsvolle Methoden, sich selbst zu zerstören; psychologisch ist bei diesen Menschen oft das »Märtyrer-Syndrom« sehr stark. Sie lassen sich nur schwer überzeugen, ihr geringes Selbstwertgefühl aufzugeben.

Im allgemeinen arbeiten sie hart für andere und leugnen eigene Bedürfnisse. Diese zeigen sich schließlich doch, aber nicht offen, sondern auf ziemlich verzweifelte Weise.

Für den Therapeuten ist es daher sehr wichtig, den Patienten auf halbem Weg zu begegnen. Dies ermutigt sie, selbst etwas zu unternehmen, und verhindert, daß der Betreuer in einen Prozeß verwickelt wird, der für beide destruktiv sein kann. Der Persönlichkeitsanteil des Patienten, der gefallen möchte, sollte entmutigt und durch Selbstliebe ersetzt werden.

Viele Menschen beschließen, ihre Einstellung zu ändern, auch wenn es hart ist, denn es bedeutet, die lebenslangen Gewohnheiten abzulegen. Sie brauchen beständige Bestätigung und Ermutigung, aber man sollte ihnen auch nicht zuviel abnehmen.

E. Encephalomyelitis benigna myalgica

Diese Krankheit, eine epidemische Neuromyasthenie, greift in den westlichen Gesellschaften immer mehr um sich.

Sie betrifft Muskeln und Gehirn und führt zu extremer Erschöpfung, Muskelschwäche und Muskelschmerzen. Es gibt zahlreiche andere Symptome, von denen einige mit dem übermäßigen Wachstum des Hefepilzes Candida zu tun haben.

Die Krankheit hat verschiedene Phasen; ihre Ursache ist nicht ganz klar. Sie kann in jedem Alter, bei beiden Geschlechtern und in allen sozialen Schichten auftreten. Manche Patienten sind aufgrund von Schwäche und extremer Lethargie ans Bett gefesselt; andere sind mobil, haben aber starke (Kopf-)Schmerzen. Möglicherweise finden sich unter dieser Überschrift verschiedene Krankheiten.

Aus psychospiritueller Sicht habe ich beobachtet, daß die Krankheit Menschen zu betreffen scheint, die nicht ihren eigenen Weg gehen. Sie wollen oft gefallen und handeln in Übereinstimmung mit den Wünschen anderer. Dabei entfernen sie sich meilenweit von ihrem geplanten Weg. Dieser Desorientiertheit führt zu Müdigkeit und Schwäche, denn ihr Körper bekommt keine echte Seelenenergie.

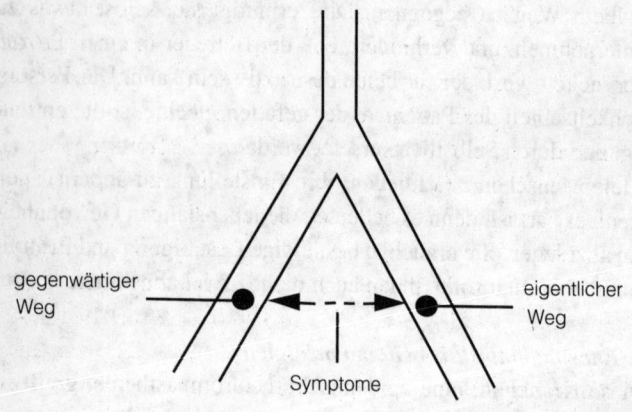

gegenwärtiger Weg

eigentlicher Weg

Symptome

Die Krankheit gibt ihnen Zeit, sich über die Situation klarzuwerden und gegebenenfalls die Richtung zu ändern. Oft verschwinden Freunde, was zeigt, wieviel Liebe wirklich zur Verfügung stand. Ich habe festgestellt, daß die Krankheit so lange schlimmer wird, bis die Patienten akzeptieren, daß sie krank sind. An dem Tag, an dem sie zugeben, daß etwas sich ändern muß, beginnt die

Krankheit zurückzugehen. Dies geschieht natürlich nicht über Nacht – Geduld ist für diese Patienten ein Schlüsselwort.

Nachdem man jahrelang gemacht hat, was für andere richtig war, muß man lange und tief nachdenken, bevor man weiß, was für einen selbst richtig ist; aber allmählich wird der eigene Weg wieder deutlich, und damit kehrt die Gesundheit zurück. Vielleicht müssen diese Menschen nur lernen, sich selbst zu lieben. Wenn sie das erreichen, sind sie wahrhaft reich.

Übungen zur Harmonisierung der Interaktion zwischen Nabel- und Herzchakra

1. Beginnen Sie, sich selbst zu lieben, indem Sie Ihren physischen Körper lieben, Ihren heiligen Tempel; er ist der einzige, den Sie für diese Reise haben. Wenn Sie all seine Mängel und Gebrechen nicht lieben können, beginnen Sie mit einem kleinen Abschnitt, etwa Ihrem kleinen Finger. Benutzen Sie angenehm duftende Öle, massieren Sie sie in den Finger ein und bestätigen Sie ihm, daß Sie ihn lieben.
2. Schließen Sie mit sich selbst den Vertrag, sich täglich/wöchentlich/monatlich einmal etwas Gutes zu tun (suchen Sie erreichbare Ziele aus), z. B. ein langes Bad nehmen; einen guten Roman lesen; sich zum Essen hinsetzen; nach dem Essen spazierengehen; dieses Jahr Ferien machen.
3. Bekräftigen Sie Ihren Wunsch nach wahrer Liebe: »Ich werde geliebt, ich bin liebenswert, ich bin Liebe.«
4. Verwenden Sie Grün, um das Herz zu harmonisieren: Tragen Sie grüne Kleidung, oder gehen Sie in der Natur spazieren. Die Natur arbeitet in Zyklen und offenbart den Rhythmus des Lebens.
5. Vielleicht wollen Sie Rosa als Farbe des Herzchakras benutzen; denken Sie an Rosenquarzkristalle, Ihre Kleidung oder die

Ausstattung Ihrer Wohnung. Bei einem Konflikt können Sie gedanklich sich und die andere Person in rosa Decken hüllen – sie symbolisieren bedingungslose Liebe.

6. Senden Sie rosafarbenes oder goldenes Licht in Bereiche Ihres Körpers, die verletzt sind, um den Schmerz zu entfernen und die Energie zu erneuern.

7. Beschließen Sie, jemandem zu vergeben, der Sie in der Vergangenheit verletzt hat. Vielleicht wollen Sie einen Brief schreiben, den Sie nie abschicken, oder Sie visualisieren, wie Sie dem Menschen gegenübersitzen und ihm erzählen, wie Sie sich fühlen. Denken Sie auch daran, daß Sie sich am Ort Ihres höheren Selbst begegnen können, und senden Sie ihm als Seele Liebe für seinen zukünftigen Weg.

8. Lernen Sie wie beim Nabelchakra, nein zu sagen. Wenn Sie um einen Gefallen gebeten werden, spielen Sie auf Zeit und sagen Sie, daß Sie darüber nachdenken müssen, oder konsultieren Sie Ihren Terminkalender, bevor Sie sich zu etwas verpflichten.

Fragen Sie in der auf diese Weise gewonnenen Zeit Ihr höheres Selbst, ob Sie diesen Gefallen von Ihrem Herzen her tun, oder weil Sie gefallen wollen. Lehnen Sie das Ansinnen ab, wenn letzteres zutrifft. Wenden Sie dieses Verfahren immer an, wenn die Tendenz besteht, ohne Nachzudenken ja zu sagen.

KAPITEL 11

Das Halschakra

DAS HALSCHAKRA

Lage	Kehle
Spiritueller Aspekt	Selbstausdruck
Grundbedürfnis	Fähigkeit, Veränderungen zu akzeptieren
Gefühle	Frustration, Freiheit
Endokrine Drüse	Schilddrüse
Organe	Lunge, Kehle, Eingeweide
Farbe	Blau

Anatomie der Schilddrüse

Die Schilddrüse liegt über dem unteren, vorderen Teil des Halses über der Luftröhre.

Physiologie der Schilddrüse

Sie produziert Thyroxin und andere verwandte Hormone, die die Zellaktivität anregen und Wachstum und Wiederherstellung fördern. Besonders aktiv ist sie in Veränderungsphasen wie Pubertät und Klimakterium; Dysfunktionen treten oft zu diesen Zeiten auf.

Spiritueller Aspekt: Selbstausdruck

Mein Wille gegen deinen Willen

Die Evolution des Tierreichs brachte einen Menschen hervor, der nicht nur mit seinem Astralkörper arbeitet, sondern auch mit seinem sich ständig weiterentwickelnden Mentalkörper. Dieser Körper ist für das logische und analytische Denken verantwortlich und schützt so den Menschen vor den Auswirkungen eines zu stark entwickelten Astralkörpers.

Ein Impuls der Seele, der Ausdruck des höheren Selbst ist, betritt das System der Chakren durch das Scheitelchakra und dringt in die rechte Gehirnhälfte ein. Von dort wandert er ins Halschakra, wo er in eine Gedankenform verwandelt wird. Diese wird dann vom Astralkörper aufgegriffen und – je nachdem, ob der Impuls die Bedürfnisse der Seele oder die der Persönlichkeit befriedigt – vom Herz- oder Nabelchakra ausgedrückt.

Der Kontrolltransfer findet oft im Halschakra statt; dort kann die Persönlichkeit des Menschen die Kraft des Mentalkörpers zu ihrem Vorteil nutzen. Wenn der Seelenimpuls dieses Chakra erreicht, kann es also sein, daß er in Frage gestellt wird, wenn er den Plänen und Überzeugungen der Persönlichkeit nicht entspricht.

Dies bedeutet, daß ihm in Höhe der Kehle der Weg versperrt wird und er über die linke Hirnhemisphäre wieder ans Scheitelchakra zurückgeschickt wird. Der Vorgang behindert das Seelenwachstum und führt zu einem Konflikt zwischen dem Willen der Persönlichkeit und dem Willen der Seele, was sich mit der Zeit als körperliche Krankheit im Bereich des Halschakras manifestieren kann.

Ich habe festgestellt, daß dieses Chakra weniger oft aus dem Gleichgewicht ist, wenn der Mensch mit Hilfe seines Mentalkörpers nicht nur die Wünsche der Persönlichkeit, sondern auch die der Seele kreativ ausdrückt.

Der Atem des Lebens

Ein Seelenimpuls wird als Inspiration aufgenommen. Diese leitet die Manifestation einer neuen Idee ein. Die körperliche Entsprechung ist das Einatmen (das Wort *Inspiration* kommt vom dem Lateinischen *inspirare*, was einatmen bedeutet).

Durch die Erschaffung einer Gedankenform wird der Impuls strukturiert und kann durch Worte oder Taten ausgedrückt werden. Seine Freisetzung bildet die Grundlage für einen Impuls, d. h. die Vervollständigung bzw. der Tod des einen Impulses (Ausatmung) führt zur Geburt eines anderen (Einatmung). Zwi-

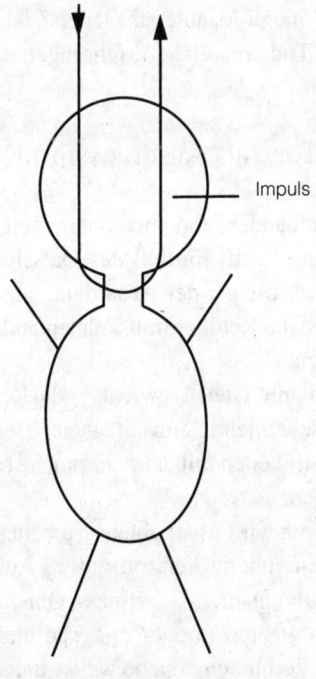

Impuls

Blockiertes Halschakra

schen Geburt und Tod liegt eine kurze Pause, in der die von einem Impuls aufgenommene Information verarbeitet wird, bevor ein neuer hervorgebracht werden kann.

Die Ausatmung entspricht dem Ausdruck der Gedankenform. Ihr folgt eine Pause, während der ein kleiner Sensor im Nacken, die sogenannte Karotisdrüse (Glomus caroticum) die Zusammensetzung der Gase im Blut beurteilt. Ein steigender Kohlendioxyd- und ein fallender Sauerstoff-Spiegel lösen den Beginn eines neuen Zyklus aus – es kommt zu einer neuen Einatmung.

Esoterische Studien weisen darauf hin, daß zwischen Karotis-, Hirnanhangs- und Zirbeldrüse eine Verbindung besteht, die Ausdruck, Empfang und Erschaffung eines Impulses reguliert.

Wie atmen 18mal in der Minute ein. Jeder Zyklus steht für eine Geburt und einen Tod und reiche Erfahrungen dazwischen.

Töne als Ausdrucksform

Die beiden Stimmbänder sind mit einem Teil des Kehlkopfs verbunden, der unter dem Einfluß des Halschakras steht. Wir sprechen, indem wir die bei der Ausatmung ausströmende Luft zwischen die durch die Kehlkopfmuskeln einander angenäherten Stimmbänder leiten.

Die Ohren haben mit Gleichgewicht und Hören zu tun. Für Kinder ist Hören sehr wichtig, um sprechen zu lernen. Ein taubes Kind wird Schwierigkeiten mit der Aussprache und einen monotonen Tonfall haben.

Mit den Ohren hören wir unsere eigene Sprache und können auf einer tieferen Ebene überprüfen, ob unsere Äußerung dem ursprünglichen Impuls entspricht. Zwischen Ohrensausen und dem Unvermögen, den wahren Impuls zu hören und auszudrücken, besteht eine enge Verbindung (siehe weiter unten).

Gefühle

Nach einer kurzen Unterhaltung weiß ich stets, ob jemand Probleme mit seinem Halschakra hat. Es ist das Chakra der *Entschuldigungen*.

Solche Patienten sagen immer »Ja, aber …«. Bevor Sie eine Lösung für ihr Problem ganz vorgetragen haben, werfen sie schon ungeduldig ein: »Ja, aber der Bus fährt sonntags nicht«, oder »Ja, aber die Katze muß gefüttert werden«, oder »Ja, aber es könnte schneien, auch wenn es Mitte Juni ist«.

Es ist faszinierend, ihnen zuzuhören; nie gab es bessere Ausreden:

»Ich bin so damit beschäftigt, anderen zu helfen« – gibt ihnen das Gefühl, sehr wichtig zu sein und sich selbst aufzuopfern.

»Ich bin zu müde« – eben durch die Langeweile und die ständige Anstrengung, Entschuldigungen vorzubringen.

»Es ist zu schwierig.«

»Ich kann nicht …« – und deshalb versuchen sie es noch nicht einmal.

Dann sind da die Entschuldigungen, die in die Zukunft verweisen:

»Wenn die Kinder erst einmal aus dem Haus sind, dann werde ich …«

»Wenn mein Mann in Rente geht, dann werde ich …«

»Wenn ich Geld gewinne, werde ich …«

»Wenn ich keine Entschuldigungen mehr habe, dann werde ich …«

In all diesen Fällen werden die analytischen Fähigkeiten des Mentalkörpers benutzt, um die Situation zum Vorteil der Persönlichkeit zu manipulieren. Solche Menschen denken logisch und beginnen ihre Sätze im allgemeinen mit »Ich denke …«

Es ist nutzlos, mit ihnen zu streiten, denn sie haben eine ganze Reihe von Antworten parat, um Ihre Vorschläge abzuschmettern.

Am besten stimmt man ihnen zu und wartet, bis sie für eine Veränderung bereit sind. Sie können sehr störrisch und abweisend sein, denn ebenso wie Menschen mit Problemen des Wurzel- und Nabelchakras wollen auch sie immer alles unter Kontrolle haben.

Die Entschuldigungen werden benutzt, um den Ausdruck des inneren Selbst zu verhindern, denn dem liegen viele Ängste zugrunde:

»Werden die Leute mich noch mögen, wenn ich sage, was ich denke?«

»Werde ich verstanden, wenn ich meine Meinung äußere?«

»Werde ich akzeptiert, wenn ich den Menschen zeige, wer ich wirklich bin?«

»Werde ich für egoistisch gehalten, wenn ich sage, was ich will?«

»Verletze ich andere, wenn ich ausspreche, was ich fühle?«

All diese Kommentare hängen mit anderen Chakren zusammen, bei denen es um Selbstwert, Selbstliebe, Selbstachtung etc. geht. Letztendlich jedoch steuert das Halschakra den Selbstausdruck, denn es regiert eins der wichtigsten Mittel zur Kommunikation.

So sind etwa Sakral- und Halschakra miteinander verbunden. Beide haben mit Kommunikation und Selbstausdruck zu tun. Beim Sakralchakra geht es um die Verbindung zwischen zwei Menschen oder den männlichen und weiblichen Aspekten in uns; beim Halschakra geht es um die Verbindung zwischen Persönlichkeit und Seele.

Vielen Menschen fällt es schwer, die Energie vom Sakral- zum Halschakra zu verlagern; von »ich als Teil einer Beziehung« zu »ich als Teil der Seelenenergie«. Dies gilt besonders für Frauen in den Wechseljahren, die Kindern das Leben gegeben haben, aber nicht wissen, wie sie sich selbst erschaffen können.

Anders ist es bei Menschen, die Probleme mit der sexuellen Identität und heterosexuellen Beziehungen haben. Bei ihnen wird die Energie der Sakralchakras ins Halschakra verlagert, was zu einem umfangreichen kreativen »Output« führt: Musik, Kunst, Dichtung, Tanzen, Frisuren. Aber ein Chakra kann nicht unter Ausschluß des anderen entwickelt werden; am Ende muß das Gleichgewicht wiederhergestellt sein.

Unterdrückung des Ausdrucks führt zu Weinen und Launenhaftigkeit

Viele Frauen weinen, statt wütend zu werden, was zu weiterer Frustration führt, weil sie dann offensichtlich nicht mehr kohärent kommunizieren können. Sie gelten als »gefühlsbetont«, aber nicht als jemand, mit dem man ernsthaft diskutieren kann. Dies kann ein Rückschritt in die Kindheit sein, in der der Standpunkt von Frauen ständig ignoriert oder als zu emotional betrachtet wurde.

Kinder weinen oft eher, anstatt zu sagen, was mit ihnen los ist. Sie haben das Gefühl, nicht verstanden oder gehört zu werden, was besonders häufig ist, wenn die Eltern durch Schreien miteinander kommunizieren.

Andere Kinder und Erwachsene, die sich nicht ausdrücken können, werden launisch und wenden sich nach innen. Im allgemeinen ist ihnen selbst nicht klar, was sie eigentlich sagen wollen; vielleicht spüren sie auch, daß die Umgebung neuen Gedanken oder Diskussionen, die mit Gefühlen zu tun haben könnten, feindlich gegenübersteht.

In jeder Beziehung ist es sehr wichtig, daß beide Partner sich voll ausdrücken können, ohne sich wegen des Gesagten als Opfer zu fühlen. Das bedeutet nicht, daß sie nicht antworten können, aber sie sollten nicht als Opfer, sondern von einem objektiven Standpunkt aus sprechen.

Jeder sollte angehört werden, auch Kinder, deren Sprache mög-

licherweise begrenzt ist und sich auf »irrelevante« Fakten bezieht. Jeden Tag müßte soviel Zeit bleiben, daß Familienmitglieder oder Arbeitskollegen nicht nur über Fakten, sondern auch
über Gefühle sprechen können.

Veränderung

Eine der größten Ängste, die in den drei dominanten Chakren
(dem Wurzel-, dem Nabel- und dem Halschakra) festgehalten
wird, ist die Angst vor Veränderung. Veränderung kann zu Unsicherheit, Verletzlichkeit und Verwirrung führen, und für Menschen, die gern alles unter Kontrolle haben, sind dies eher unerwünschte Zustände.

Analytisches Denken und sein Ausdruck in Form von Reden
können geschickt benutzt werden, um Veränderungen zu vermeiden.

In dieser Kategorie gibt es zwei Hauptgruppen von Menschen:
Die einen sind »zu beschäftigt«, die anderen »zu müde«, um sich
zu ändern. Beide vermeiden das Thema.

Die »zu Beschäftigten« stürzen in den Raum, setzen sich auf die
Stuhlkante, sprechen sehr schnell, während sie Ihnen erzählen,
was sie am Tag alles schaffen, und lassen wenig Raum für Ihre
Fragen. Wenn Sie es trotzdem schaffen, eine Frage zur Entwick-
lung ihres Selbst einzuwerfen, ändern sie das Thema oder sagen
Ihnen, daß sie jetzt gehen müssen.

Vielleicht erzählen sie Ihnen, daß sie sich ständig ändern, und die
Einrichtung ihrer Wohnung, der Stil ihrer Frisur, ihr Wohnort,
die Gestaltung ihres Gartens oder ihre Arbeit wird sich tatsächlich
oft ändern. Aber im Grunde findet keine Bewegung statt, denn
sie sorgen dafür, daß sie äußerlich so beschäftigt sind, daß das
Thema »innere Veränderung und Selbstausdruck« vermieden
werden kann.

Entsprechendes gilt für die »zu Müden«. Sie plumpsen in den Stuhl, seufzen tief und fragen, was Sie tun können, damit es ihnen bessergeht. Wenn man sie fragt, was sie tun, seufzen sie noch einmal und behaupten, daß sie keine Energie haben, um weiterzugehen.

Jeder Vorschlag Ihrerseits wird abgelehnt, und Sie begreifen, warum diese Menschen so müde sind. Sie wenden ihre gesamte Energie dafür auf, die Müdigkeitsfassade aufrechtzuerhalten.

Beide haben Angst, der Realität ins Auge zu sehen:

»Wohin gehe ich? Ich weiß, daß ich von meinem Weg abgekommen und nicht erfüllt bin, und trotzdem habe ich Angst, Schritte in Richtung Veränderung zu unternehmen.«

Vielleicht sieht es so aus, als würden andere sich unseren Veränderungen widersetzen, was zu Frustration führt; sie wird sehr oft von meinen Patienten geäußert. Im Grunde jedoch sind sie frustriert, weil sie sich unzulänglich fühlen, was sehr viel tiefsitzendere Ängste zeigt:

»Was ist, wenn mein Mann mir nicht erlaubt, außer Haus zu arbeiten?« Er ist nie gefragt worden, aber die Frau hat Angst, akzeptable Grenzen zu durchbrechen.

»An meinem Arbeitsplatz unterstützt niemand meinen Schritt.« Es ist sehr unwahrscheinlich, daß Sie Unterstützung von Leuten bekommen, die selbst festsitzen.

»Was ist, wenn ich es nicht schaffe?« Und was, wenn Sie es schaffen? Die Angst vor dem Versagen hat mit dem Wurzelchakra und dem Bedürfnis zu tun, perfekt zu sein. Wenn Sie nie etwas versuchen, werden Sie nie versagen; aber Sie werden auch keine Erfüllung finden. Loben Sie sich dafür, daß Sie das Beste tun, was Sie können, und lassen Sie dies Ihr Erfolg sein.

»Ich glaube nicht, daß ich den Abschluß schaffe.« Stellen Sie sich nicht aufs Versagen ein. Bereiten Sie den Boden vor, anstatt dem Schicksal zu erlauben, die Angelegenheit zu regeln. Das Schicksal wird von der Anziehungskraft bestimmt und kann daher von der Ebene der Seele oder von der der Persönlichkeit kommen.

»Meine Familie versteht meinen Wunsch nach Veränderung nicht.«

Das ist vielleicht wahr, aber ist es wichtig? Wichtig ist, daß Sie Ihr Bedürfnis nach Selbstausdruck verstehen.

»Ich möchte andere durch meine Selbstsucht nicht verletzen.«

Wie wir beim Nabelchakra gesehen haben, ärgern wir uns schließlich über die Bedürfnisse anderer, wenn wir versuchen, ihnen zu gefallen. Wer weiß? Wenn Sie den Mut zur Veränderung haben, gibt dies anderen vielleicht die Kraft, dasselbe zu tun.

Veränderungen sind nicht einfach, aber unvermeidlich. Sie sind Teil des Seelenwachstums, und ohne sie stagnieren wir. Der Widerstand gegen Veränderung kann zu einer Krise führen, die sich als Krankheit manifestiert; dann findet die Veränderung durch diese Krankheit statt.

Der erste Schritt aus der Sicherheit heraus führt zu einer momentanen Unsicherheit, in der alles im Fluß ist und man in jede Richtung gehen kann.

Eine Analogie

Wenn wir beim Auto einen anderen Gang einlegen, müssen wir immer den neutralen Punkt in der Mitte passieren. In dieser Stellung rollt das Auto im Freilauf; es wird nicht mehr von den Gängen bestimmt.

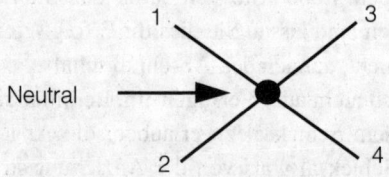

Während der im Leerlauf verbrachten Zeit kann man seinen Glauben an die eigene Seelenführung testen.

Eine Analogie

Nach dem Sprung aus dem Flugzeug gibt es eine Zeit des freien Falls, in der man darauf vertrauen muß, daß der Fallschirm sich öffnet, wenn man an der Kordel zieht.

In dieser neutralen Phase, die als Kontrollverlust betrachtet werden kann, können Sie beschließen, zum Ausgangspunkt zurückzukehren oder weiterzugehen.

Viele Menschen kehren zum Ausgangspunkt zurück, stellen dann aber fest, daß sich nichts geändert hat und der Drang zum Weitergehen immer noch da ist. Also springen sie noch einmal, diesmal voller Sicherheit.

Ich habe dieses Muster bei Versuchen gesehen, einen Arbeitsplatz, einen Partner oder das elterliche Zuhause zu verlassen. Einem ersten, durch Wut oder Angst verursachten Abbruch folgt eine kurze Rückkehr und dann die viel stärkere Entschiedenheit, zu gehen.

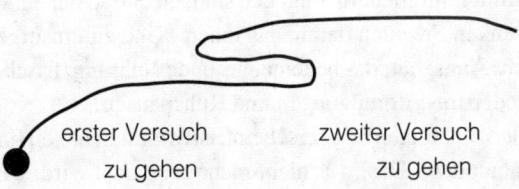

erster Versuch zu gehen   zweiter Versuch zu gehen

Bei einer Veränderung wird das Alte losgelassen und das Neue akzeptiert. Symbolisch zeigt sich dies an der Schlange, die sich zu Beginn eines neuen Lebenszyklus häutet.

Während der neutralen Phase, in der man möglicherweise verletzlich ist, muß man unter Umständen einen »Winterschlaf« machen bzw. einen Ort aufsuchen, an dem man sich ruhig zurückzuziehen vermag. Hier kann man ungefährdet nach innen gehen und die für den nächsten Schritt notwendige Kraft und Weisheit finden.

Dem entspricht symbolisch der Winter, während dem man vor der neuen Geburt im Frühjahr nachdenkt und plant. Ein weiteres Symbol ist die Raupe, die sich zum Schutz verpuppt, bevor sie als Schmetterling zum Vorschein kommt.

Wenn ein Krebs größer wird, muß er seinen harten Panzer ablegen, damit der innere Körper wachsen kann. Dazu sucht er sich ein tiefes, dunkles Versteck, in dem er sicher ist, und legt den Panzer ab. In dieser Phase ist er extrem verletzlich und hoffentlich vor Blicken gut verborgen. Langsam wird der Körper größer, die dünne äußere Umhüllung beginnt zu verhärten und nimmt die Form des neuen Panzers an.

Die Kraft des Menschen liegt im Inneren. Ein äußerer Panzer zeigt immer Schwäche und kann leicht zerstört werden. Unsere Veränderung hängt sehr stark damit zusammen, daß wir den äußeren Panzer durch eine Umhüllung ersetzen, die von unserem inneren Wesen kommt.

In Zeiten der Veränderung ist es wichtig, daß Sie von Freunden und Familienmitgliedern umgeben sind, die Sie so lieben, wie Sie sind. Denken Sie auch daran, das innere Kind zu umsorgen, das vielleicht Angst hat; das bedeutet gesunde Nahrung, frische Luft, Freunde, Extra-Vergnügungen und Ruhepausen.

Wenn der »Schmetterling« erscheint, ist es vielleicht Zeit für einen »Frühjahrsputz«: Das, was nicht mehr gebraucht wird, wird losgelassen, damit Platz entsteht für das Neue. Solange wir nicht die Schränke leermachen, die voll von alten Erinnerungen und Gefühlen sind, werden wir nie Platz haben für neue Erfahrungen.

Die Veränderung geht oft mit einer Trauerphase einher, die immer folgt, wenn ein Verwandter, ein Partner, ein Arbeitsplatz oder eine Identität verloren wurde. Sogar wenn Sie den Zug verpassen, trauern Sie kurz. Wir erkennen und akzeptieren den

Verlust und erleben dabei die verschiedensten Gefühle, unter anderem:

a) *Dumpfheit*; jede Handlung erfolgt automatisch

b) *Schuld und Vorwürfe*, oft unter Verwendung von Sätzen wie »Wenn nur …«

c) *Wut* auf andere, etwa das medizinische Personal oder sogar den Verwandten, der gestorben ist

d) *Verwirrung und Desorientiertheit*, wenn der Verlust tatsächlich empfunden wird

e) *Akzeptieren* und die Erkenntnis, daß das Leben weitergehen muß.

Es ist leicht, in einer Phase des Trauerprozesses steckenzubleiben, wenn wir um *unseren* Verlust trauern und nicht darum, daß ein Mensch das Leben verloren hat. Dies muß vom Patienten verstanden werden, und gleichzeitig sollte man ihn dazu ermutigen, weiterzugehen.

Blockaden können als Disharmonie im physischen Körper erscheinen. Ungeweinte Tränen etwa zeigen sich als chronisches Hinablaufen von Nasensekret in der Kehle; Krebs geht oft mit Verletzung und Schuld einher; Wut erscheint als Leber- und Gallenblasenproblem; und Verwirrung, die mit dem Dritten Auge zusammenhängt, manifestiert sich als Kopfschmerzen und Sehstörungen.

Nur wenn wir die Situation akzeptieren und beschließen, die alten Gefühle loszulassen, verschwinden diese Symptome.

Die innere Veränderung geht oft mit äußeren Veränderungen einher: einem neuen Kleidungsstil, einer neuen Frisur, einer neuen Inneneinrichtung, neuen Freunden, einem neuen Arbeitsplatz und neuen Eßgewohnheiten. Sie alle tragen dazu bei, die innere Veränderung zu konsolidieren, und sollten ermutigt werden.

Manchmal können alte Gewohnheiten, etwa Alkoholkonsum, durch die neue Schwingung der inneren Körper nicht mehr ertragen werden. Dies ist zu akzeptieren, denn nichts kann je wieder so sein wie vorher. Jede Sekunde bringt neue Erfahrungen, denen wir uns nie zuvor gegenübersahen. Haben Sie den Mut, sich zu ändern, wenn der Impuls der Seele Sie erreicht.

Körpersprache

Das Halschakra äußert sich oft durch die Sprache. »Mir ist etwas im Hals steckengeblieben« – wenn man Angst hat, seine Meinung zu sagen; »Mir ist die Kehle wie zugeschnürt« – hat oft mit unausgesprochener Trauer zu tun; oder man verspürt ständig das Bedürfnis, sich zu räuspern, als ob man sprechen wollte, aber nichts geschieht.

Manchmal sehe ich, daß Patienten sich während einer Unterhaltung am Hals reiben, was auf etwas Schmerzliches und schwer Auszudrückendes hinweist. Oder die Hand wird über den Mund gelegt, als ob man Worte aufhalten oder unkenntlich machen wollte, die vielleicht nicht akzeptiert werden.

Menschen, die zum Erröten neigen, stellen oft fest, daß die Rötung am Nacken aufhört: Sie wollen sprechen, haben aber Angst, mit den Beteiligten in Disharmonie zu geraten.

Ich habe auch bemerkt, daß Menschen, die neue Ideen nicht akzeptieren oder sich nicht ändern wollen, enge Kleidung um den Nacken tragen oder diesen Bereich mit einem Schal oder einem hohen Kragen schützen.

Das Gegenteil zeigt sich bei Menschen, die das Gefühl haben, festgefahren zu sein, und die sich verändern wollen, die aber den Weg zur Freiheit nicht sehen. Dies ist besonders häufig in den Wechseljahren, wenn die unterdrückte Veränderung zu fliegender Hitze, schmerzenden Muskeln, Reizbarkeit und Depression führt.

Diese Menschen brauchen besonders um den Hals herum lockere

Kleidung ... wie die Schlange können sie es nicht vertragen, gefangen zu sein.

Die Bewegungen des Mundes sind ebenfalls aufschlußreich. Wird z. B. der Mund während des Sprechens symmetrisch benutzt? Manche Menschen sprechen nur mit einer Seite des Mundes. Dies zeigt die Angst bzw. Besorgnis, die andere Seite zu benutzen; wenn die rechte Seite unterdrückt wird, weist dies auf Schwierigkeiten mit der Selbstbehauptung hin; wird die linke Seite unterdrückt, hat man möglicherweise Angst, seine Sensibilität zu zeigen.

In den Muskeln von Wangen und Schläfen-Kiefer-Gelenk wird oft Wut festgehalten. Spannungen in diesem Bereich können zu Gesichts-, Zahn-, Ohren- und Nackenschmerzen führen. Der Mund will etwas sagen, wird daran aber gehindert, weil innerlich die Angst besteht, die Kontrolle zu verlieren. Ein lauter Schrei kann hier viel Gutes bewirken.

Andere »beißen sich auf die Zunge«, was wörtlich und im übertragenen Sinne zu verstehen ist; diese Menschen müssen lernen, loszulassen. Nächtliches Zähneknirschen verweist auf innere Frustrationen, die tagsüber im Unterbewußten gespeichert werden und sich nur in Ruhephasen zeigen. Diese Spannungen lassen sich abbauen, wenn man ein Tagebuch führt oder vor dem Zubettgehen alle Gedanken aufschreibt; dies fördert den Schlaf und die Genesung.

Auch die Ohren stehen unter der Herrschaft des Halschakras; Menschen, die die Hände über die Ohren legen, während Sie sprechen, zeigen damit ihren Unwillen, das Gesagte aufzunehmen.

Krankheiten, die mit dem Halschakra zu tun haben

1. Unterfunktion der Schilddrüse

Hier ist die Produktion von Thyroxin und anderen Hormonen reduziert, was zu einer Verlangsamung des Stoffwechsels führt. Die Krankheit zeigt sich an Gewichtszunahme, Austrocknen von Haar und Haut, Verstopfung, Haarausfall, Unverträglichkeit von Kälte und Depression.

Eine subklinische Schilddrüsen-Unterfunktion (die also keine klinische Behandlung benötigt) ist sehr häufig. Wir alle haben Zeiten, in denen wir in uns zusammensacken und meinen, nicht weiterzukönnen. Wir nehmen zu, sind müde und lustlos. Der Thyroxinspiegel des Bluts ist im allgemeinen normal, aber die das Halschakra passierende Energie ist gering. Dies zeigt im allgemeinen das Bedürfnis nach Veränderung, der aber ein Widerstand entgegengesetzt wird, der sich dann als Frustration äußert.

Der kreative Drang kann durch Aktivitäten wie Töpfern, Kunst, Tanzen, Singen, Gedichte schreiben etc. angeregt werden; sie verbinden die rechte Gehirnhälfte, die die Impulse der Seele aufnimmt, mit den Handwerkszeugen des Ausdrucks – Händen, Füßen und Mund; dabei wird das logische Denken der linken Gehirnhälfte hoffentlich umgangen.

2. Überfunktion der Schilddrüse

Hier kommt es zu Gewichtsverlust, Schwitzen, Zittern, Angst und Herzklopfen. Die überschüssige Energie wird für nichtkreative Aktivitäten verwendet.

Eine Therapie sollte auf der körperlichen Ebene den Stoffwechsel verlangsamen und dem Patienten helfen, seine Engerie kreativer einzusetzen, etwa für die oben angegebenen Tätigkeiten.

Wie bei einer Schilddrüsen-Unterfunktion zeigen viele Menschen Anzeichen einer Schilddrüsen-Überfunktion, ohne daß das Blut Anomalien aufweist. Dies sind Zeiten, in denen sie extrem beschäftigt sind und versuchen, viele Dinge auf einmal zu erledigen; vielleicht wollen sie so das tiefgehende Thema »Kreativität« vermeiden.

Diese Menschen zu unterstützen, während sie innehalten und nach innen schauen, ist das Geschenk, das wir in dieser Phase anbieten können.

3. Asthma

Bei Asthma sind die Bronchialwege durch angespannte Muskeln oder zuviel Schleim verengt, was hauptsächlich beim Ausatmen zu Problemen führt. Die Patienten haben möglicherweise andere allergische Krankheiten und reagieren auf die Umgebung emotional sehr empfindlich; sie stellen sich auf die Stimmungen anderer ein und reagieren auf sie.

Sie glauben, keinen Raum zu haben, um ihre Gedanken und Gefühle auszudrücken, und daß sie nicht akzeptiert würden, wenn sie es täten.

Oft hört man, daß Asthma bei Kindern auftritt, wenn es zu Hause disharmonisch zugeht:

»Meinen ersten Asthma-Anfall hatte ich, als ich bei meinen Eltern auf dem Bett saß und sie stritten.«

»Mein Asthma wird immer schlimmer, wenn ich das Gefühl habe, nicht verstanden zu werden.«

Ich habe auch festgestellt, daß Asthma bei Babys vorkommt, wenn die Mutter während der Schwangerschaft überängstlich war; dies hat sich dem Fötus mitgeteilt, der für die Bedürfnisse der Mutter sensibel war, aber nicht reagieren konnte.

Diesen Kindern muß man zeigen, wie sie sich und insbesondere ihren Solarplexus vor dem emotionalen »Output« anderer schützen können. Sie müssen auch lernen, ihre Gefühle offen zu zeigen, d. h. ohne die Angst, beim anderen Wut und Angst auszulösen; wie der Zuhörer reagiert, ist sein Problem. Die Eltern asthmatischer Kinder sollten jedenfalls jede Form des kreativen Ausdrucks unterstützen.

Asthma kann auch im Erwachsenenleben nach einem Ereignis beginnen, bei dem Trauer unterdrückt wurde. Reden, Schreiben und tiefes Atmen sind für diese Menschen sehr wichtig.

Die meisten Asthmatiker und viele ängstliche Menschen atmen nur in die Lungenspitzen hinein; der untere Teil der Lunge bleibt starr. Das Zwerchfell, der große Muskel im unteren Brustkorb, sollte sich während der Einatmung nach unten bewegen; dies unterstützt die Atmung und massiert die Organe im Bauchraum.

Genau unter diesem Muskel befindet sich der Solarplexus, der Sitz der Gefühle. Wenn die Bewegung des Zwerchfells eingeschränkt wird, kann es dieses Zentrum nicht erreichen und die Gefühle freisetzen.

Tiefe Zwerchfellatmung trägt nicht nur zur Entspannung von Asthmatikern bei, sondern unterstützt ganz allgemein die Äußerung unterdrückter Gefühle. Dadurch können die Symptome für lange Zeit abklingen.

4. Bronchitis und Emphysem

Bei einer Bronchitis sind die Bronchien (die Atemwege in der Lunge) entzündet, was zu einem chronischen Husten und der Produktion von Schleim führt. Sie kommt häufig bei aktiven oder passiven Rauchern vor. Rauchen ist eine Möglichkeit, das Sprechen zu unterdrücken, und fungiert als »Attrappe«, wenn man sich ausdrücken möchte, es aber aus Angst nicht tut.

Ich persönlich habe nichts gegen das Rauchen. Ich frage meine Patienten immer, warum sie rauchen müssen. Wenn es rein gesellige Gründe sind, werden sie wahrscheinlich mit höchstens fünf Zigaretten am Tag auskommen. Mehr als fünf Zigaretten täglich sind eine »Krücke«. Aber es ist wichtig, eine Krücke nicht wegzunehmen, ohne sie durch innere Kraft zu ersetzen, denn sonst erscheint eine neue Krücke, z. B. übermäßiges Essen, Alkohol oder Drogen.

Psychospirituell stellt eine Bronchitis einen Widerstand nicht gegen das Ausdrücken, sondern gegen die Inspiration dar. Die Patienten wollen die Impulse ihrer Seele nicht akzeptieren.

Ein Emphysem ist die irreversible Phase einer Bronchitis und anderer schwerer Lungenstörungen. Pathologisch zeigt sie sich an einer übermäßigen Erweiterung der Lungenbläschen, einem vermehrten Luftgehalt in den Lungen und dem Kollaps mancher Lungenbereiche. Die Inspiration bzw. das Eingeatmete wird eingeschlossen, weil man lebenslange Muster nicht ändern möchte.

Die meisten Lungenkrankheiten hängen mit einer Veränderung und der damit einhergehenden Trauer und Angst zusammen.

5. Halsentzündung

Wenn etwas rot und entzündet ist, verweist dies immer auf nicht geäußerte Wut. Im Halsbereich ist dies besonders bezeichnend: Dinge, die gesagt werden sollten, werden aus Angst vor der Reaktion unterdrückt. Dies ist noch klarer, wenn auch Heiserkeit vorliegt, man also nicht mehr sprechen kann.

Die Lösung des Problems besteht darin, daß man lernt, klar und objektiv seine Meinung zu vertreten.

6. Mandelentzündung

Die Mandeln gehören wie die Polypen zum Immunsystem. Sie entwickeln sich in der Kindheit, damit wir erkennen, was wir akzeptieren und was wir ablehnen sollten.

Dieser Vorgang sollte mit neun Jahren abgeschlossen sein; danach werden beide Gewebe kleiner und weniger funktionell.

Eine ständige Mandelentzündung steht für die ständige Angst, neue Erfahrungen oder die eigene Kreativität zu akzeptieren. Hier lassen sich die Gefühle am besten durch Singen oder Schreiben freisetzen.

7. Hörprobleme

Sie haben viele Ursachen, u. a. angeborene Anomalien, Mittelohrkatarrh und eine Beschädigung des Nervs, der die Botschaft zum Gehirn bringt.

Esoterisch gesehen möchte man letztendlich das Gesagte nicht hören und sich von seiner Welt isolieren. Die Patienten möchten flüchten und Frieden finden, was aber nicht möglich ist, wenn sie sich einigeln. Nur eine Veränderung erlaubt, inneren Frieden zu finden, was aber beinhaltet, daß man seinen Ängsten ins Auge sieht.

In der Stille wird die innere Welt gehört, und dies leitet uns zum nächsten Schritt auf dem Weg an.

8. Ohrensausen

Ein Klingeln in den Ohren kommt recht häufig vor. Bei Streß wird dieses Geräusch oft schlimmer und kann mit Schwindel verbunden sein, der mit dem Stirnchakra zu tun hat.

Das »klingelnde Telephon« sollte beantwortet und nicht ignoriert werden. Auch hier möchte man die Vergangenheit ungerne loslassen und nicht weitergehen.

9. Probleme des oberen Verdauungssystems

Das Verdauungssystem, das am Mund beginnt und am After endet, wird teilweise vom Halschakra und teilweise von den Chakren gesteuert, in deren Bereich seine verschiedenen Abschnitte sich befinden. Der Vorgang insgesamt symbolisiert den Zyklus des Lernens durch Erfahrung.

Wir nehmen die Erfahrung auf und beißen hoffentlich nicht mehr ab, als wir kauen können. Auf der körperlichen Ebene wird danach die Nahrung durch Verdauungsenzyme in handliche Stücke zerlegt; das, was nützlich ist, wird absorbiert. Im übertragenen Sinne wird die Information assimiliert, damit die Seele wachsen kann, und das, was nicht gebraucht wird, wird ausgeschieden.

Das Verdauungssystem ist mit dem Halschakra verbunden, weil die Aufnahme von Nahrung und ihre Umwandlung in Energie ein kreativer Vorgang ist. Viele Darmkrankheiten hängen mit dem Thema Kontrolle zusammen, mit dem Konflikt zwischen »meinem Willen und deinem Willen«.

Aufgenommene Nahrung steht bis zum Schluckvorgang unter der Kontrolle des bewußten Verstands. Danach übernimmt das autonome Nervensystem, das nicht der Kontrolle des bewußten Verstands untersteht, die Leitung; es läßt sich nur durch Gefühle beeinflussen.

Der Schluckvorgang findet im Bereich des Halschakras statt; in ihm begegnet das zentrale Nervensystem (mein Wille, der Wille der Persönlichkeit) dem autonomen Nervensystem (deinem Willen, dem Willen der Seele).

Das Halschakra ist also ein sehr wichtiges Zentrum, denn es steuert zwei große Körpersysteme, das Atem- und das Verdauungssystem.

Auch beim Atemzyklus verfügt der bewußte Verstand über einen geringen Grad an Kontrolle: Sie können den Atem kurzzeitig anhalten. Aber der Wille der Seele führt über das autonome

Nervensystem und seine Verbindung zur Karotis-Drüse auf natürlichem Wege wieder zu einer Einatmung; er setzt sich so unvermeidlich über den Willen der Persönlichkeit hinweg, damit das Leben weitergeht.

A. Mundgeschwüre

Diese kleinen Risse in der Mundschleimhaut verweisen auf Nahrungsmittel bzw. Erfahrungen, die den Betreffenden schmerzen. Ich habe oft festgestellt, daß es sich um sensible Seelen handelt, die die Lebensereignisse auf einer sehr tiefen Ebene wahrnehmen.

Diese Menschen brauchen Hilfe, um ihre Sensibilität abzubauen; sie sollten lernen, ihr inneres Wesen zu nähren und ihre Gefühle aktiv zu äußern, anstatt sie zu unterdrücken.

B. Kauen und Zähne

Dies muß kein Problem sein, aber es ist interessant zu beobachten, wie Menschen in einen Apfel beißen, denn dies kann ein Symbol für ihren Umgang mit dem Leben sein.

Manche knabbern kleine Stellen ab, während andere große Stücke abbeißen und sich dann wundern, warum sie an Verdauungsbeschwerden leiden! Eine dritte Gruppe kaut die Nahrung sehr oft und folgt damit einem in der Kindheit erhaltenen Rat. Vielleicht kaut sie auch Entscheidungen immer wieder durch und wundert sich, warum in ihrem Leben nichts passiert.

Faszinierend sind auch die Weisheitszähne. Sie erscheinen im späten Teenageralter und verstärken die Fähigkeit, die Nahrung zu zermahlen. In diesem Alter scheint ein Mensch also mehr »Nahrung« aufnehmen und durch sorgfältiges »Kauen« mehr Weisheit erreichen zu können.

Die Tatsache, daß vielen Menschen wegen eines kleinen Kiefers die Weisheitszähne entfernt werden, führt zu der Frage, ob wir für die Weisheit bereit sind!

C. Magersucht

Dies ist ein Problem, das mit mehreren Chakren zusammenhängt, vom Halschakra aber stark beeinflußt wird. Die Krankheit findet sich bei beiden Geschlechtern von der späten Kindheit an. Sie hat mit verschiedenen Faktoren zu tun, u. a.:

- dem Wunsch, seine Bedürfnisse durch eine kontrollierte Nahrungsaufnahme zu äußern,

- dem Wunsch, ein Kind zu bleiben, nicht erwachsen zu werden und also auch nicht mehr Verantwortung zu übernehmen. Diese Menschen sind möglicherweise zu schnell erwachsen geworden und haben die Freuden der Kindheit versäumt.

- dem Wunsch, Liebe nicht für das zu erhalten, was man tut, sondern dafür, daß man man selbst ist. Viele Magersüchtige kommen aus Familien, in denen Leistung großgeschrieben und Liebe an Erfolg geknüpft wurde. Diese Patienten müssen die bedingungslose Liebe bekommen – und sich selbst geben –, die das Selbstwertgefühl verstärkt.

10. Multiple Sklerose (MS)

Ich habe viele Jahre lang Krankheiten des Nervensystems und der Muskeln untersucht. Erstere haben mit einer Disharmonie im Ätherkörper zu tun, der die eingehenden Energien nicht bewältigen kann.

Ich bin jedoch immer stärker davon überzeugt, daß das Halschakra mit MS zusammenhängt, und möchte diese Schlußfolgerung kurz begründen. Ein Nerv besteht aus einem *Zellkörper* und einem langen Fortsatz bzw. *Neurit*, der von einem fettigen Material bedeckt ist, dem *Myelin*. Diese Hülle schützt nicht nur den Neurit, sondern unterstützt auch die Weiterleitung des Nervenimpulses dem Neurit entlang zu einem anderen Zellkörper.

Bei MS ist zunächst die Myelinhülle entzündet; dann wird ein plattenähnliches Material abgelagert, das hart und irreversibel ist.

Es beeinträchtigt die Weiterleitung des Nervenimpulses, was zu Symptomen wie Verlust bzw. Abschwächung des Empfindungsvermögens, Kontrollverlust, spastischen Lähmungen und vorübergehender Blindheit führt.

Je nach der Stärke der Platten im Verhältnis zur Entzündung kann die Krankheit einen unterschiedlichen Verlauf nehmen. Bei manchen Menschen klingt sie regelmäßig ab, und die Funktionen werden vollständig wiederhergestellt; anderen Patienten geht es allmählich immer schlechter.

Es ist nicht klar, warum dies der Fall ist, aber ich glaube, daß es mit den unterschiedlichen Ursachen für MS zusammenhängt. Psychospirituell wird der Impuls der Seele akzeptiert, aber nicht in Handlung umgesetzt. Der Gedanke wird durch die linke Hirnhemisphäre zurückgesandt.

Dies verweist auf eine Blockade des Halschakras; ich habe tatsächlich festgestellt, daß viele Patienten sehr stark analytisch denken und lieber die Logik benutzen, als sich mit Gefühlen zu beschäftigen.

Die Blockade des Impulses hängt im allgemeinen mit der Angst zusammen, verletzt zu werden, wenn man seinen eigenen Weg geht. Oft bestand eine enge Verbindung zu einem Elternteil mit starker Abhängigkeit. Wenn er stirbt oder nicht mehr zur Verfügung steht, ist der Betreffende unfähig, auf eigenen Füßen zu stehen und eigene Seelenimpulse auszudrücken.

Dies kann zu einer Abhängigkeit von anderen führen, die sich als Manipulation oder als Wut und Frustration über die Krankheit zeigt, was wiederum als Ursache für die Unfähigkeit steht, weiterzugehen.

Die Patienten brauchen Hilfe, um äußere Frustrationsursachen loszulassen und sich die eigenen Ängste anzusehen. Die Entfernung der äußeren Umhüllung macht sie verletzlich, und deshalb brauchen sie in dieser Zeit liebevolle Unterstützung und Anleitung.

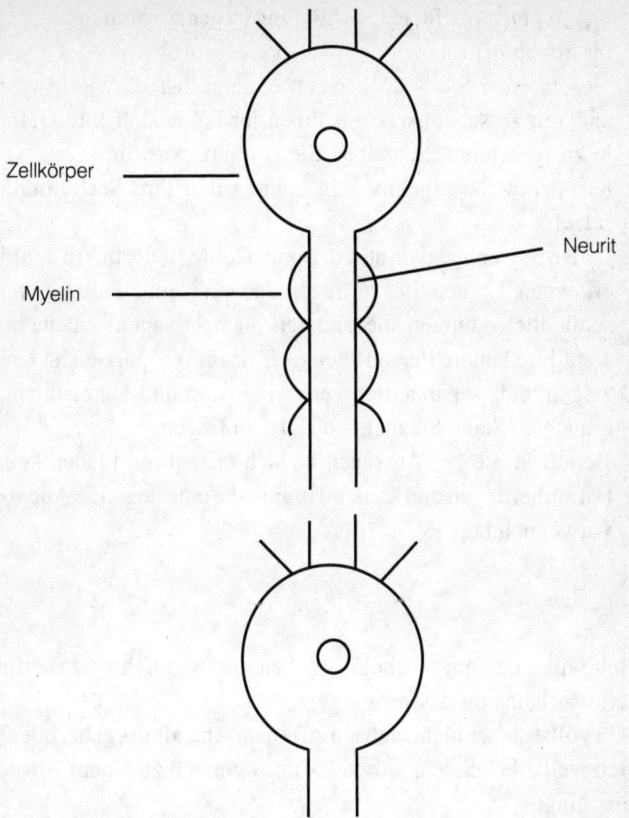

Zellkörper

Myelin

Neurit

Vorschläge zur Harmonisierung des Halschakras

1. Fördern Sie Ihre Kreativität durch Kunst, Töpfern, Tanz, Skulptur, Singen, Schreiben von Gedichten, Gärtnern und Kochen.

   So etwas wie »Ich kann nicht …« oder »Ich bin nicht gut

in ...« gibt es nicht; jede Schöpfung ist genauso einzigartig wie ihr Schöpfer!

2. Beschließen Sie – auch wenn es zunächst schwierig ist –, anderen zu sagen, was mit Ihnen los ist, anstatt Ihre Gefühle zu ignorieren. Schreiben Sie erst auf, was Sie sagen wollen, damit Sie objektiv sein können und Ihre Sache durchsetzen.

3. Gehen Sie nicht davon aus, daß andere Ihre Bedürfnisse intuitiv erkennen. Lernen Sie, zu fragen und ein Nein zu akzeptieren; schließlich könnten die anderen auch ja sagen! Manchmal zieht Ihre äußere Persona keine Hilfe an. Wir müssen anderen zeigen, daß wir innerlich verletzlich sind und Unterstützung brauchen. Seien Sie nicht zu stolz, zu fragen.

4. Benutzen Sie bei Aussagen zu sich oder Ihren Plänen keine Formulierungen und keinen Tonfall, die eine negative Antwort vorwegnehmen.

Zum Beispiel:

»Ich will zu einem Abendkurs gehen, der wirklich spät stattfindet; was hältst du davon?«
»Du willst sicher nicht, daß ich zu einem Abendkurs gehe, oder?«
»Ich weiß, daß es sehr störend wäre, wenn ich zu einem Abendkurs ginge.«
Benutzen Sie eine positive Aussage:
»Ich gehe zum Abendkurs«, drehen Sie sich um und gehen Sie.

5. Führen Sie, wenn Sie ein Denkmensch sind, ein Tagebuch, in das Sie Ihre Gefühle schreiben, und beschließen Sie, etwas an den Dingen zu tun, die Disharmonie verursachen.

6. Schreiben Sie vier Dinge auf, die Sie gerne tun würden. Fragen Sie sich, ob es etwas gibt, was Sie davon abhalten könnte, Ihre Ziele zu erreichen. Wenn es größere Hindernisse gibt: Sind sie

da, weil Sie Ihre Ziele zu hoch angesetzt haben, oder sind sie Entschuldigungen?

Vor was haben Sie Angst, wenn Sie vorwärtsgehen? Erkennen Sie, daß Sie der Schöpfer Ihrer Zukunft sind, und beschließen Sie, die Veränderungen jetzt vorzunehmen.

7. Sehen Sie sich in Ihrer Wohnung um. Stecken da die Schränke voll von Sachen aus der Vergangenheit, die für das Heute nicht mehr relevant sind? Machen Sie unabhängig von der tatsächlichen Jahreszeit einen »Frühjahrsputz«, damit Platz für Ihre Zukunft entsteht. Dann beginnen Sie mit einem »Frühjahrsputz« in Ihrem Kopf und sortieren dabei alte Gefühle und Gedanken aus.

8. Mit dem Halschakra ist die Farbe Blau verbunden. Benutzen Sie sie bei Visualisierungen, oder tragen Sie ein blaues Kleidungsstück um den Hals, um die Blockaden in diesem Zentrum zu beseitigen.

9. Wenn Sie sehr beschäftigt sind und wenig Zeit übrig haben, sollten Sie überprüfen, ob Sie nicht vor etwas davonlaufen, dem Sie nicht ins Auge sehen wollen.

10. Genießen Sie Ihr neu erschaffenes Ich!

KAPITEL 12

Das Stirnchakra
(Drittes Auge)

DAS STIRNCHAKRA

Lage	Stirn
Spiritueller Aspekt	Verantwortung gegenüber sich selbst
Grundbedürfnis	Vision und Gleichgewicht
Gefühle	Verwirrung und Klarheit
Endokrine Drüse	Hirnanhangsdrüse (Hypophyse)
Farbe	Indigo

Anatomie der Hirnanhangsdrüse

Diese Drüse liegt über der Sehnervenkreuzung, dem Begegnungsort der von den Augen kommenden Sehnerven. Sie besteht aus zwei Lappen, einem vorderen und einem hinteren, die jeweils unterschiedliche Hormone absondern.

Physiologie der Hirnanhangsdrüse

Sie ist eine sehr wichtige Drüse, denn sie reguliert die Hormonsekretion der anderen Drüsen.
Sie wird vor allem vom *Hypothalamus* gesteuert, der sich über ihr befindet und über Blut und Nervensystem seine Botschaften verschickt.

Der Hypothalamus erhält Botschaften aus verschiedenen Gehirn-
regionen, die das normale Funktionieren des Körpers betreffen:
Körpertemperatur, Gefühle, Schlaf, Abwehrmechanismen, Durst,
Hunger, sexuelle Bedürfnisse.

Wenn in diesen Bereichen Anomalien registriert werden, werden
Botschaften an die Hirnanhangsdrüse gesandt, die diese zur Abgabe ihrer Hormone veranlassen.

Diese Hormone zirkulieren im Blut, bis sie ihren Zielort erreichen: eine andere Drüse – z. B. die Schilddrüse, die Nebennieren,
die Eierstöcke oder die Hoden – oder ein bestimmtes Organ –
die Brüste, die Gebärmutter oder die Nieren.

Das im Hypothalamus registrierte Ungleichgewicht wird dann
durch chemische und hormonale Methoden korrigiert; das Ergebnis wird durch ein Feedback-System an den Hypothalamus zurückgemeldet, der die Abgabe seiner Hormone entsprechend
regelt.

Das sympathische Nervensystem, das zum autonomen Nervensystem gehört, geht zum Teil vom Hypothalamus aus. Es löst die
im Zusammenhang mit dem Wurzelchakra beschriebene Kampf-
oder-Flucht-Reaktion aus.

Körperlich ist der Hypothalamus die Hauptdrüse, die die Funktion des physischen Körpers steuert. In esoterischer Hinsicht
jedoch reguliert vor allem die Hirnanhangsdrüse, die mit der
Zirbeldrüse und den anderen Drüsen kommuniziert, die Verbindung zwischen Geist und Materie; deshalb wird sie mit dem
Stirnchakra assoziiert.

Die integrierende Funktion des Stirnchakras

Ich habe bereits gezeigt, wie die Energien der unteren Chakren
— die die Persönlichkeit repräsentieren – die Energien der höheren Chakren – die die Seele repräsentieren – aufnehmen und mit

ihnen verschmelzen. Die Führung dabei hat das Stirnchakra. Es spiegelt also die Vereinigung von Seele und Persönlichkeit und im Grunde auch die Vereinigung aller dualen Formen. Die zwei Lappen der Hirnanhangsdrüse machen diese Botschaft deutlich.

Das Stirnchakra vereinigt auch die für die Erschaffung der Form wesentlichen Aspekte in sich. Es erhält vom Scheitelchakra einen Impuls, der den Willen der Seele darstellt, und äußert dann die Absicht, in Übereinstimmung mit diesem Willen zu erschaffen.

Die Absicht wird zum Halschakra weitergeleitet, dem Zentrum für den Ausdruck der Kreativität. Auf diese Weise fungiert das Stirnchakra als Mittler zwischen dem Willen und der kreativen Kraft; man könnte sagen, daß es den Liebesaspekt der Seele darstellt.

Im Stirnchakra finden wir daher alle drei Aspekte der ursprünglichen Quelle: den Willen, die Liebe und die kreative Intelligenz, die zusammen die Form manifestieren, die Geist und Materie verbindet.

Das Stirnchakra hat zwei »Arme«, die durch die zwei Lappen der Hirnanhangsdrüse symbolisiert werden: Der eine Arm steht für den Geist, der andere für die Materie. Verbunden werden sie durch die Lebenskraft, die zwischen Scheitel- und Wurzelchakra fließt.

Diese Dreiheit symbolisiert das Kreuz, auf dem der Mensch sich befindet, wenn er die Macht der Persönlichkeit mit der Macht der Seele verbindet und beginnt, das Muster hinter dem größeren Plan zu verstehen.

Spiritueller Aspekt: Verantwortung gegenüber sich selbst

Das Wort *Verantwortung* hat mit *antworten* zu tun; aus esoterischer Sicht weist dies darauf hin, daß der vom höheren Selbst kommende Impuls beantwortet und im physischen Körper manifestiert werden sollte, damit die Seele wachsen kann.

Genauso steigt die Reaktion der Hirnanhangsdrüse auf höhere Impulse zur Freisetzung ihrer Hormone, und das Feedback der anderen Drüsen veranlaßt sie dann, ihre Produktion entsprechend zu ändern.

Viele Menschen sind sehr gut darin, für andere Menschen Verantwortung zu übernehmen, aber wenn es um ihre eigenen Seelenbedürfnisse geht, liegt es damit sehr im argen. Tatsächlich benutzen sie diese Verantwortlichkeiten oft als Mittel, um den eigenen Seelenweg zu vermeiden (Halschakra).

Erste Priorität in puncto Verantwortung hat die Erkenntnis der eigenen Seelenimpulse, und dies bedarf der Übung. Ein Seelenimpuls zeigt sich als Inspiration bzw. *Intuition*; diese kann leicht ignoriert werden, wenn die aus dem »Bauch« kommenden Gefühle der Persönlichkeit lauter schreien.

Ihre Intuition spricht nur zu Ihnen. Die Bauchgefühle bzw. Instinkte stammen aus früheren Erfahrungen und dem kollektiven Bewußtsein. Sie sind also nicht spezifisch und können Sie dazu verleiten, dem falschen Weg zu folgen.

Das Vertrauen in die eigene Intuition bedeutet oft, daß man einsam ist und von der Gesellschaft nicht unterstützt wird. Viele große Meister sind diesen Weg gegangen, genauso wie viele Männer und Frauen, die im Verlauf der Jahrhunderte den Gang der Weltgeschichte verändert haben.

Ich habe gelernt, meiner Intuition zu vertrauen, indem ich handelte, wenn ich dieselbe Botschaft zweimal hörte. Heutzutage muß sie mir meist nur einmal mitgeteilt werden! Die Verwendung der Intuition garantiert nicht, daß das Leben einfach wird, aber sie sorgt dafür, daß es interessant ist und zur Erweiterung des Seelenbewußtseins führt.

Sobald Sie wissen, wie Sie den Impuls aufnehmen können, geht es um Ihre Bereitschaft, ihn in der physischen Welt zu manifestieren. Möglicherweise kommt es zu einem Konflikt im Hals-chakra. Aber wenn Sie beginnen, Ihrer Intuition zu vertrauen, nimmt der Einfluß der Seele zu, und der Impuls passiert das Halschakra leichter.

Dies ist die erste Phase der Erfüllung des Versprechens, das Sie sich selbst gegeben haben. Die zweite hat damit zu tun, daß Sie auf das Feedback auf eine Weise antworten, die Verständnis und Weisheit fördert. (Im Verdauungssystem kann diese Phase mit Absorption und Assimilation der Nahrung verglichen werden.)

Es ist sehr einfach, eine Erfahrung unbewußt geschehen zu lassen und die ihr zugrundeliegende Lektion zu ignorieren. Es kann auch sein, daß wir in Gefühlen gefangen sind oder Überzeugungen aufstellen, die sich eher auf die Erfahrung selbst als auf ihre Botschaft konzentrieren.

Nur durch eine objektive Analyse des Ergebnisses können wir weitergehen, und dies ist die zweite Phase bei der Erfüllung des Versprechens.

Das Dritte Auge gibt uns einen Überblick über die Situation und nimmt den von oben kommenden Impuls auf. Man könnte sagen, daß es in drei Richtungen schaut: nach oben zum Scheitelchakra und zum Impuls der Seele; nach unten zum Wurzelchakra und zu der Funktion der anderen Chakren; und durch die physischen Augen nach draußen in die manifestierte Welt.

Was wir sehen, haben wir geschaffen; unsere Augen erhalten nicht nur Impulse, sondern senden auch welche aus.

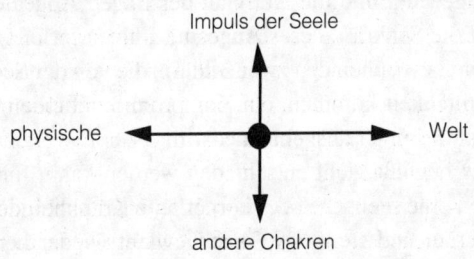

Gefühle

Die Leugnung des Seelenimpulses auf irgendeiner Ebene des Chakrensystems kann zu einem Ungleichgewicht im Stirnchakra führen. Denn das, was wir mit den physischen Augen in der äußeren Welt sehen, ist nicht die Vision, die das Dritte Auge uns vorgestellt hat. Es kommt zu einer Disharmonie, die zu Richtungslosigkeit und Verwirrung führt.

Das Problem entsteht häufig, wenn wir Themen wie Unsicherheit, mangelndes Selbstvertrauen, das Bedürfnis, gebraucht zu werden, das Gefühl, nicht geliebt zu werden, Kontrollverlust und andere Ego-Probleme nur auf der Ebene der Persönlichkeit bearbeiten.

Das Gleichgewicht kann nur wiederhergestellt werden, wenn wir erkennen, daß wir die Vision der Seele ignorieren, daraufhin innehalten und uns über die Situation klarwerden.

Oft zeigt sich diese innere Verwirrung an vorübergehenden Sehstörungen; der Verstand kann zwei verschiedene Bilder nicht bewältigen und neigt dazu, eines »auszublenden«, damit die Situation wieder ins Gleichgewicht kommt.

(Dies kann auch bei Kindern vorkommen, die schielen und bei denen aufgrund von Muskelunausgewogenheiten zwei Bilder das Gehirn erreichen. Um die Situation zu bewältigen, werden die von einem Auge kommenden Nervenimpulse ausgeschaltet, was zu einem trägen Auge führt. Wenn das gute Auge nicht ziemlich schnell zugedeckt und die Aktivität des trägen Auges ermutigt wird, geht die Sehkraft dieses Auges für immer verloren.)

Ähnlich muß zwischen den zwei Bildern, die von der Seele bzw. der Persönlichkeit kommen, ein Kompromiß gefunden werden, bevor eins für immer ausgeblendet wird.

Wenn dies bewußt nicht entschieden werden kann, führt unter Umständen eine seelische oder körperliche Krankheit den Kompromiß herbei und stellt das Gleichgewicht wieder her. Etwas

muß sich ändern, damit Aufruhr und Streß nicht weiter zunehmen. Vielleicht sind eine Zeit der Meditation oder ein Rückzug
in die Stille und das Nachdenken über den bereits zurückgelegten
Weg notwendig.

Körpersprache

Menschen, die die Welt nicht so sehen wollen, wie sie wirklich
ist, tragen oft eine dunkle Brille, lassen das Haar über die Augen
fallen oder bedecken die Augen mit den Händen.

Im Grunde verstecken sie sich selbst, denn sie glauben, daß sie
mit der äußeren Welt keine Harmonie finden können. Sie reagieren oft sehr sensibel auf Kritik und fühlen sich verletzlich, wenn
man ihnen zu nahe kommt. Sie vermeiden Blickkontakt, schauen
auf den Boden oder über Ihre Schulter und hoffen, daß ihre Maske
sie vor dem inneren prüfenden Blick schützt. Dieses Verhalten
ist stark mit dem Nabelchakra und Themen im Zusammenhang
mit dem Selbstwertgefühl verbunden; oft zeigt es sich in den
späten Teenagerjahren, in denen möglicherweise auch Akne ein
Problem ist (Abneigung gegen sich selbst).

Durch sanfte Ermutigung muß diesen Menschen gezeigt werden,
daß alles an ihnen schön ist und sie sich nicht zu verstecken
brauchen.

Sie werden dann feststellen, daß die Welt nicht mehr so bedrohlich ist, und können vertrauensvoll weitergehen, ohne auf den
Boden zu starren.

Krankheiten, die mit dem Stirnchakra zu tun haben

1. Spannungskopfschmerz

Er hängt mit der Verbindung zwischen Hals- und Stirnchakra zusammen und tritt im allgemeinen auf, wenn man sich mehr auflädt, als man bewältigen kann; man folgt den Bedürfnissen der Persönlichkeit und weigert sich, auf die Intuition zu hören.

Die Spannung kann aus dem Nacken- und Schulterbereich kommen, was zeigt, daß man zu viel Verantwortung zu »schultern« versuchte und nicht auf die eigenen Bedürfnisse gehört hat.

Zeit ist notwendig, um nach innen zu schauen und die Situation objektiv einzuschätzen. Dies führt oft dazu, daß man Lasten, die nicht in die eigene Verantwortung fallen, ablegen und dann seinen Weg mit mehr Freiheit gehen kann.

2. Migräne

Diese Kopfschmerzen treten auf, wenn die Blutzufuhr in Kopfhaut- und Gehirnbereichen sich ändert. Zunächst ziehen die Blutgefäße sich zusammen, was zu Sinnesveränderungen in den Augen und anderen Körperorganen führt. Dann erweitern die Blutgefäße sich, und es kommt zu Kopfschmerzen, dem Bedürfnis nach Dunkelheit und möglicherweise Übelkeit und Erbrechen.

Migräne hat zahlreiche Auslöser, u. a. Schokolade, Käse, Rotwein, Kaffee, durchwachte Nächte, zuviel Schlaf, Streß und Nackenprobleme. Sie alle müssen beseitigt werden, wenn das Problem immer wieder auftritt.

Psychospirituell hat sich gezeigt, daß diese Kopfschmerzen sehr häufig bei gewissenhaft Arbeitenden auftreten, die am liebsten alle Probleme für sich behalten. Es besteht also eine hohe Korrelation zu dem Persönlichkeitstyp, der an einem Zwölffingerdarmgeschwür leidet. Somit ist die Migräne teilweise auch mit dem Solarplexus und dem Wunsch verbunden, zu gefallen.

(Bei Kindern kann es zu einer digestiven Migräne mit Übelkeit und Bauchschmerzen kommen. Der Persönlichkeitstyp ist derselbe: gewissenhaft und fleißig. Diesen Kindern muß bestätigt werden, daß sie geliebt werden, weil sie sind, wie sie sind, und nicht weil sie etwas Bestimmtes tun.)

Der Solarplexus ist in diesem Zusammenhang jedoch nicht das wichtigste Chakra. Das ursprüngliche Problem besteht in der Unfähigkeit, die Dinge so zu sehen, wie sie wirklich sind, und im Verlust des Kontakts zum Seelenimpuls.

Oft bekommen wir eine Migräne nicht, wenn wir im Streß sind, sondern wenn wir uns entspannen, etwa am Wochenende und in den Ferien. In dieser Zeit kann das Unterbewußte sich eher zeigen und die unterdrückten Gefühle freisetzen.

Migräne-Patienten sollten ihre Verantwortung sich selbst gegenüber klären und sich nicht immer in die Bedürfnisse anderer flüchten.

3. Sehstörungen

Es gibt zahllose; oft weist bereits die Bezeichnung auf das entsprechende psychospirituelle Ungleichgewicht hin.

A. Kurzsichtigkeit

Sie bezieht sich im allgemeinen sowohl auf die geistige Verfassung wie auf die Sehkraft. Oft beschäftigen die Betreffenden sich zu sehr mit den Details des Alltags, weil sie Angst haben, in die Zukunft zu schauen.

B. Weitsichtigkeit

Sie findet sich bei Menschen, die in Vergangenheit und Zukunft leben und die Gegenwart vermeiden. Sie haben Angst, dem ins

Auge zu sehen, was direkt vor ihnen geschieht. Aber wenn sie sich der Wahrheit stellen, können sie auch ihre Ängste hinter sich lassen.

C. Grüner Star (Glaukom)

Hier nimmt der Druck der Augenflüssigkeit zu, was zu einer Schädigung des Sehnervs bis hin zur Blindheit führt.

Die Sehkraft geht zunächst an der Peripherie verloren, was zur sogenannten »Tunnelsicht« führt. Die Patienten scheinen auch psychospirituell den Rest der Welt oft durch einen Tunnel zu sehen. Es kann sein, daß sie hart sind und die Bedürfnisse anderer nicht tolerieren, was oft auf jahrelanges persönliches Leid zurückzuführen ist.

Ich erinnere mich an eine Frau, deren Blindheit durch ein Glaukom verursacht war; sie mußte lernen, die Hilfe anderer, die sie vorher abgelehnt hatte, zu akzeptieren, und sich und ihren Partner zu lieben.

D. Grauer Star (Katarakt)

Diese Krankheit zieht die lichtdurchlässige Augenlinse in Mitleidenschaft; das von außen kommende Licht passiert sie, bevor es auf die empfindliche Netzhaut trifft, die das Gesehene chemisch und neurologisch registriert.

Die Linse verändert ihre Größe, um sich auf die Entfernung einzustellen, in der das Gesehene sich befindet.

Bei Grauem Star wird die Linse hart und trüb und läßt das Licht nicht mehr ins Auge eindringen.

Psychospirituell hat der Patient das Gefühl, das Leben sei eintönig; er fürchtet, keine Freude mehr zu erleben, und sieht die Zukunft dunkel.

Bei allen Sehstörungen kann es zu einer Verdunkelung des Gesichtsfelds kommen. Aber in der Leere wird ein kleines Licht, das zuvor nicht wahrgenommen wurde, oft besser gesehen. Dieses Licht steht für das Licht der Seele.

E. Astigmatismus

Zu dieser Krankheit kommt es, wenn die Augenoberflächen nicht symmetrisch sind. Es handelt sich um ein angeborenes Problem, das darauf hinweist, daß durch die Verwendung des Dritten Auges, das mit der Intuition zusammenhängt, ein Gleichgewicht gefunden werden soll.

F. Mückensehen (Mouches volantes)

Diese kleinen schwarzen Flecken im Gesichtsfeld werden medizinisch auf den Zusammenbruch der Augenflüssigkeit zurückgeführt.

In esoterischer Hinsicht ist das Auge mit der Leber verbunden; die schwarzen Flecken werden häufiger gesehen, wenn der Energiefluß dieses Organs durch Wut, Groll oder Frustration gestört ist. Man sieht nicht nur »rot«, sondern sogar »schwarz«. Lösen Sie die Wut auf, dann gehen die Punkte zurück.

4. Schnupfen und Nasennebenhöhlenprobleme

Die normalen Absonderungen der Nase sollen die Atemwege vor Verunreinigungen schützen. Bei einer Infektion und in Reaktion auf bestimmte Nahrungsmittel oder Reizstoffe, gegen die die Nase und Nasennebenhöhlen überempfindlich geworden sind, werden sie im Übermaß produziert – wir haben einen Schnupfen …

Die Überempfindlichkeit verweist psychospirituell auf das Herzchakra und ein überaktives Immunsystem, das ins Gleichgewicht gebracht werden muß.

Es gibt jedoch auch andere Verbindungen, z. B.:

A) Katarrh

Der Schnupfen läuft die Innenseite der Kehle entlang; der Betreffende muß oft schlucken oder husten oder hat das Gefühl, einen Kloß im Hals zu haben.

Esoterisch hängt dies mit Tränen – der Frustration oder der Trauer – zusammen, die nicht vergossen wurden.

B. Nasennebenhöhlenentzündung

Es gibt vier Nasennebenhöhlen bzw. luftgefüllte Hohlräume in den Schädelknochen, die der Stimme mehr Resonanz geben und den Schädel leichter machen.

Am häufigsten von einer Infektion oder einer Allergie betroffen sind die Oberkieferhöhle (in den Wangen) und die Stirnhöhle (über der Stirn).

Eine Kieferhöhlenentzündung hat mit dem Halschakra und Frustration und Wut angesichts der Unfähigkeit zu tun, sich auszudrücken. Eine Stirnhöhlenentzündung verweist auf das Stirnchakra und Verwirrtheit und innere Tränen, weil der Weg nach vorne nicht klar ist.

Die Nasennebenhöhlen werden frei, wenn man sich sowohl mit seinen Gefühlen auseinandersetzt als auch die Reizstoffe aus der Umgebung entfernt.

Vorschläge zur Harmonisierung des Stirnchakras

1. Lernen Sie, Ihre Intuition zu benutzen. Sie ist wahrscheinlich der erste Gedanke, der Ihnen einfällt; der zweite ist ein Instinkt aus dem Bauch.

2. Setzen Sie sich hin und meditieren Sie oder finden Sie einen ruhigen Ort, an dem Sie sich an die Erfahrungen des Tages erinnern können; behalten Sie Nützliches und entfernen Sie den Rest.

3. Lernen Sie, hinter die Situation zu sehen. Sehen Sie die Dinge aus der Sicht Ihres höheren Selbst und nicht aus der des Ego.

4. Wenn Sie verwirrt sind, sollten Sie begreifen, daß das äußere Bild sich ändern muß, nicht das innere.

5. Fragen Sie sich, ob Sie die Versprechen halten, die sie Ihrem Schöpfer gegeben haben, d. h. lassen Sie zu, daß das ganze Potential Ihres inneren Wesens gesehen wird.

6. Schauen Sie auf Ihr Leben zurück und überprüfen Sie, ob Sie durch Ihre Fehler lernen oder ob Sie immer wieder dasselbe Muster wiederholen.

   Beschließen Sie, dies zu ändern.

7. Die mit diesem Chakra zusammenhängende Farbe ist Indigo. Wir sehen sie in der Tiefe des Ozeans und in der Weite des nächtlichen Himmels. Sie zeigt, daß Ihre Kreativität grenzenlos ist und das einzige, was Sie begrenzt, Sie selbst sind.

   Benutzen Sie diese Farbe, um Ihren Horizont zu erweitern.

8. Sehen Sie die Welt als einen Ort grenzenloser Möglichkeiten, an dem Platz für Arbeit und Spiel ist.

KAPITEL 13

Das Scheitelchakra

DAS SCHEITELCHAKRA

Lage	Schädelplatte
Spiritueller Aspekt	Selbstbewußtsein
Grundbedürfnis	Akzeptanz
Gefühle	Verzweiflung und Frieden
Endokrine Drüse	Zirbeldrüse
Organe	Gehirn
Farbe	Violett/Purpur

Anatomie der Zirbeldrüse

Diese erbsengroße Drüse liegt am hinteren, oberen Abschnitt des Zwischenhirns über und hinter Hypothalamus und Hirnanhangsdrüse. Sie hat verschiedene Nervenenden, deren Herkunft und Ziel aber nicht ganz klar sind.

Physiologie der Zirbeldrüse

Bis vor kurzem war wenig über sie bekannt, außer daß sie im Alter verkalkt. Diese Information wurde früher zur Diagnose benutzt. Bei bestimmten Gehirnläsionen, etwa einem Tumor oder einem Blutgerinnsel, wird die Drüse zur Seite geschoben, was man über die Röntgenbilder erfahren hat. Moderne Scanner haben diese Form der Diagnose überflüssig gemacht.

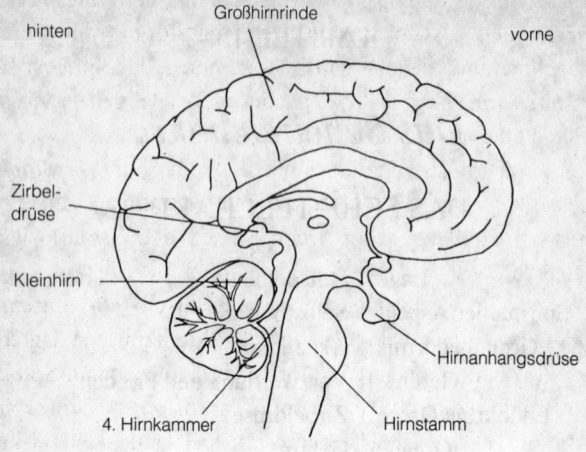

hinten · Großhirnrinde · vorne

Zirbel-
drüse

Kleinhirn

Hirnanhangsdrüse

4. Hirnkammer · Hirnstamm

Schnitt durch das Gehirn

In den letzten Jahren hat das Interesse an der Verbindung zwischen Zirbeldrüse und dem übrigen Körper ständig zugenommen. Der französische Philosoph Descartes (1596–1650) hat die Zirbeldrüse als den Sitz der Seele beschrieben. Es ist bekannt, daß die Drüse bei Tieren eng mit der Funktion der Sexualdrüsen zusammenhängt; sie sorgt dafür, daß die sexuelle Aktivität in den Wintermonaten nachläßt und in den Sommermonaten Sexualhormone freigesetzt werden.

Die Fortpflanzungswünsche des Menschen sind nicht an die Jahreszeiten gebunden; es wird jedoch vermutet, daß die Zirbeldrüse mit der Regulierung der Rhythmen im Körper zu tun hat, besonders mit denen, die die Hormonabgabe betreffen.

Das wichtigste von dieser Drüse produzierte Hormon ist *Melatonin*. Es wird nicht nur in der Zirbeldrüse hergestellt, sondern findet sich in vielen Teilen des Körpers.

Die Herstellung dieses Hormons nimmt bei Dunkelheit zu und bei Licht ab. Es ist deshalb mit der Störung des gewohnten

Alltagsrhythmus durch die Zeitverschiebung bei Langstreckenflugreisen und saisonbedingten affektiven Störungen in Verbindung gebracht worden. Es wird angenommen, daß seine Abgabe auch mit Wärme bzw. Kälte zu tun hat, wobei der genaue Zusammenhang noch nicht klar ist.

Melatonin wird aus der essentiellen Aminosäure *Tryptophan* hergestellt, die erst *Serotonin* und dann Melatonin aufbaut. Tryptophan ist jahrelang gegen Depressionen und Schlaflosigkeit benutzt worden.

Serotonin ist ein Neurotransmitter, der Botschaften von einem Hirnbereich in einen anderen schickt. Medizinische Untersuchungen haben ergeben, daß Störungen des Serotonin-Spiegels nach oben und unten bei Patienten mit Parkinson und Schizophrenie vorkommen. Es ist nicht klar, ob dies Ursache oder Wirkung ist; vielleicht wird die Forschung eines Tages feststellen, daß Krankheiten, die mit der Höhe des Serotonin-Spiegels in Verbindung stehen, einer Kategorie angehören.

Rekapitulieren wir: Es ist bekannt, daß die Zirbeldrüse licht- und wahrscheinlich wärmeempfindlich ist und die Hormonabgabe sowie die Abgabe verschiedener Neurotransmitter reguliert.

In esoterischer Hinsicht glaube ich, daß die Tatsache, daß Melatonin bei Dunkelheit produziert wird, d. h. nachts oder während der Meditation, darauf hinweist, daß die Seelenimpulse zu dieser Zeit durch das Scheitelchakra in die rechte Hirnhemisphäre eindringen und ihre »Reise« durch das Nervensystem bis zur Manifestation beginnen.

Der Winter ist die dunkelste Zeit des Jahres. Aber der in der Seele enthaltene Same des Lebens gedeiht weiter. In dieser Zeit denken wir über unseren Weg nach und lassen neue Inspirationen in unser Bewußtsein eindringen.

Ich glaube, daß Menschen mit saisonbedingten affektiven Störungen ihr inneres Licht nicht finden können und sich auf das künstliche Licht der Außenwelt verlassen.

Die Zirbeldrüse scheint auch durch elektromagnetische Felder beeinflußt zu werden und unseren Richtungssinn zu verbessern. Dies zeigte sich durch zwei Experimente.

An dem einen waren Menschen beteiligt, die sich verirrt hatten, hinfielen und sich den Kopf aufschlugen; spätere Röntgenaufnahmen des Schädels zeigten als Nebenergebnis, daß die Zirbeldrüse verkalkt war. Zum Vergleich wurde eine ähnliche Gruppe von Patienten mit Kopfverletzungen, die sich aber nicht verirrt hatte, ebenfalls geröntgt. Bei dieser Gruppe war die Drüse nicht verkalkt.

Dies weist darauf hin, daß eine nicht-verkalkte Zirbeldrüse uns mit magnetischen Energien verbindet und zu einem guten Richtungssinn führt.

Beim zweiten Experiment wurden kleine Wassertiere, deren Nervensystem ebenfalls Melatonin enthält, in einem großen, vor Magnetismus geschützten Kasten vom Pazifischen zum Atlantischen Ozean gebracht. Als sie im Kasten im Wasser ausgesetzt wurden, schwammen sie im Kreis umher. Als der Kasten entfernt wurde, wandten sie sich in Richtung Pazifik und schwammen heimwärts.

Ich glaube, daß diese beiden Beispiele darauf hinweisen, daß die Zirbeldrüse nicht nur auf die elektromagnetische Kraft des Erdkerns reagiert, sondern – in esoterischer Hinsicht – auch auf unsere innere Sonne bzw. Seele.

Ich beobachte mit Interesse, daß die Informationen über diese Drüse zunehmen; wahrscheinlich werden noch viele verwandte Hormone entdeckt werden, die Verbindungen zu anderen Bereichen des Körpers haben, insbesondere zu anderen Drüsen und dem autonomen Nervensystem.

Spiritueller Aspekt: Sich seines Selbst bewußt sein

Das Scheitelchakra verbindet uns durch den »Faden des Bewußtseins« mit dem Willensaspekt des Schöpfers (dem Licht, das das Leben hervorbrachte), der uns ohne Bedingungen oder Erwartungen den »Willen zum Sein« gibt. Es ist in der Kindheit am aktivsten, wenn diese Energien sich im physischen Körper niederlassen. (Es wird angenommen, daß die Schließung der vorderen Schädelfontanelle zwischen 12 und 18 Monaten den Abschluß dieses Prozesses spiegelt.)

Für den Rest unseres Daseins und eigentlich in den meisten Leben auf dieser Erde versuchen wir, durch die Entwicklung des Selbstbewußtseins die Verbindung zwischen uns und unserem Schöpfer zu verstärken.

Erst wenn die Seele voll im physischen Körper inkarniert ist und sich durch das Wurzelchakra äußert, verstehen wir unseren Platz im größeren Plan ganz.

Erst dann kann diese Energie zum Scheitelchakra geführt und die Schwingung unserer Seele mit der des Schöpfers verschmolzen werden, was höchsten Frieden bringt. Derart erleuchtete Wesen äußern nur noch den Willen des Schöpfers und nicht den der individuellen Seele.

Wie das Herzchakra ist auch das Scheitelchakra bei den meisten Menschen noch nicht besonders entwickelt. Aber aufgrund des Drucks der höheren Existenzebenen erweitert ihr Bewußtsein sich ständig, was sich am wachsenden Interesse für esoterische Themen zeigt.

Wenn die spirituelle Verbindung schwach ist oder der Energie des Scheitelchakras Widerstand entgegengesetzt wird, kann der Wille zum Leben verlorengehen, was sich als Depression äußert. Sich seines Selbst bewußt sein bedeutet, alle Aspekte von sich zu kennen und zu lieben – Seele, Körper und Geist – und eins werden zu lassen.

Menschen, die völlig verzweifelt sind, legen die Hände über den Kopf. Sie haben das Gefühl, keine Verbindung zum Leben zu haben und verloren zu sein. Meist können sie aufgrund ihrer Verzweiflung die Botschaften ihres höheren Selbst nicht aufnehmen. Sie brauchen bedingungslose und liebevolle Anleitung, damit sie lernen, das Licht wieder zu empfangen.

Viele Religionen, die die Heiligkeit des Scheitelchakras erkannt haben, verlangen von ihren Anhängern, den Kopf zu bedecken.

Krankheiten, die mit dem Scheitelchakra zu tun haben

1. Depression

Bei einer reaktiven Depression gehen Ausrichtung und Zweck des Lebens verloren. Oft tritt sie nach dem Tod eines Partners, dem Verlust eines Arbeitsplatzes, einer Scheidung oder einem anderen Ereignis auf, das zu Veränderungen führt. Sie kann in jeder Phase des Trauerprozesses auftreten, hauptsächlich aber in der Verwirrungsphase.

Aus esoterischer Sicht ist die Verbindung zum »Willen zum Sein« schwach; die Augen haben sich vom Licht abgewandt. Aber wie schon zuvor gesagt, leuchtet ein Licht in der Dunkelheit am hellsten; mit oder ohne Hilfe einer Therapie erreicht der Betreffende irgendwann einmal die Grenze seiner Verzweiflung, und dann gibt es nur noch einen Weg, den nach oben. Auch der tiefste Ozean hat irgendwo einen Boden; jedes Gefühl erreicht irgendwann den Tiefpunkt, und dann beginnt die Genesung.

Es wäre sehr viel leichter, wenn man auf dem Weg nach unten

das Licht sehen würde; dann brauchte man vielleicht nicht ganz in die Tiefe hinabzusteigen. Manche Menschen beschließen, ihr Leben nicht fortzusetzen, aber bei einem vorzeitigen Tod bleibt eine Inkarnation unvollendet, und die Seele muß zurückkommen, um ihren Vertrag zu erfüllen.

Andere Menschen neigen nicht in Reaktion auf ein bestimmtes Ereignis, sondern ständig zu Depressionen. Der Grund ist oft in der Kindheit zu suchen, obwohl andere Kinder in ähnlichen Umständen nicht so stark leiden.

Ich glaube, daß diese Menschen den am Scheitelchakra ankommenden »Willen zum Sein« nicht aufnehmen und nicht hier auf Erden sein wollen – was mit Erfahrungen in früheren Leben zusammenhängen kann.

Durch Hilfe und Ermutigung müssen sie nicht nur einen Sinn im Leben, sondern erst einmal den Willen zu leben finden. Esoterisch gesehen können wir nicht ständig die Welt für die Umstände verantwortlich machen, in denen wir uns befinden, denn ich glaube, daß wir uns diese Situationen ausgesucht haben, damit die Seele wachsen kann.

Wenn wir hinter die Erfahrungen schauen, hilft uns dies, weiterzugehen; aber dazu müssen wir alles loslassen, was für unser Leben nicht mehr gilt. Wenn wir Wut, Verzweiflung, Groll etc. festhalten, häufen wir eine schwere Last an, die die Vergangenheit nicht verändert. Wir sind die Schöpfer unserer Zukunft; entscheiden wir uns weise für die, die wir in dieser Inkarnation leben wollen.

2. Parkinson

Bei dieser Krankheit fehlt der Neurotransmitter Dopamine, was zu einer Einschränkung der willkürlichen Bewegungen, Zittern und Steifheit führt. Die Patienten verlieren den Gesichtsausdruck und den beim Gehen natürlichen Armschwung. Meist sind sie auch depressiv, obwohl der teilnahmslose Gesichtsausdruck oft einen Sinn für Humor verbirgt.

Die Krankheit kann verschiedene Ursachen haben; die meisten Fälle gelten jedoch als idiopathisch (Ursache unbekannt).

Bei den willkürlichen Bewegungen ist vor allem die Anfangsphase schwierig, was dazu führt, daß man sich auf die Schwerkraft verläßt, wenn man aus einem Sessel aufsteht oder aus dem Stillstand heraus zu gehen beginnt. (Die Schwerkraft ist die wichtigste Energie, die das Wurzelchakra beeinflußt.)

Diese fehlende Motivation ist ein Charakterzug, der oft schon vor dem Einsetzen der Krankheit in Erscheinung tritt. Ich habe festgestellt, daß viele Patienten sich schlecht selbst motivieren können und sich im allgemeinen auf einen starken Partner oder die Familie verlassen, die alles für sie tun. Aufgrund der mit der Krankheit einhergehenden Langsamkeit fühlen leider viele Außenstehende sich versucht, grundlegende Arbeiten zu übernehmen, damit die Dinge schneller vorankommen. Davon ist möglichst abzuraten.

In esoterischer Hinsicht weist die Krankheit auf ein geschlossenes Scheitelchakra (wenig echtes Selbstbewußtsein) und ein weit offenes Wurzelchakra hin (Verlassen auf die Außenwelt).

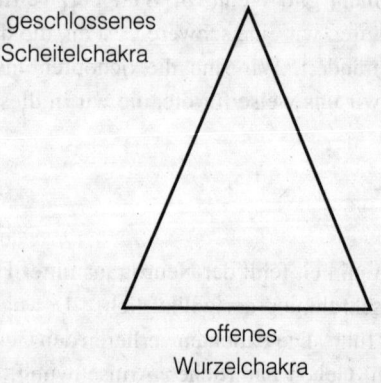

geschlossenes
Scheitelchakra

offenes
Wurzelchakra

Sobald die Krankheit sich manifestiert hat, ist es schwierig, die Patienten dahingehend zu motivieren, die lebenslangen Muster zu ändern, aber dies sollte möglichst ermutigt werden. Ich hoffe, daß die immer stärkere Einsicht in die Verbindungen zwischen Geist und Materie dazu beiträgt, das Auftreten dieser Krankheit zu verhindern. Da der Erfolg vorbeugender Maßnahmen sich jedoch nur an der Abwesenheit von Symptomen zeigen kann, ist er schwer meßbar.

3. Schizophrenie

Hier kommt es zu gravierenden Denkstörungen, die es dem Patienten schwermachen, in der rationalen Welt zu leben. Zu diesen Störungen gehören: das Hören von Stimmen, Verfolgungswahn, sprunghaftes Denken, Wortassoziationen und visuelle Sinnestäuschungen. (Viele dieser Merkmale zeigen sich auch bei Menschen mit stark entwickelten medialen Fähigkeiten; der einzige Unterschied ist, daß letzteren der Unterschied zwischen Realität und Illusion bewußt ist.)

Medizinisch glaubt man an einen chemischen Defekt im Gehirn, der mit einer bestimmten Umgebung in der Kindheit zusammenhängen kann.

Esoterisch gesehen ist der Ätherkörper des Scheitelchakras übersensibel; er ist wie eine Antenne, die Botschaften nicht nur vom höheren Selbst, sondern auch aus der Umgebung und dem kollektiven Unbewußten aufnimmt.

Das Scheitelchakra ist zu weit offen, und der Patient kann mit den eingehenden Impulsen nicht rational umgehen. Meines Erachtens besteht der Hauptdefekt in der Verbindung zwischen der rechten intuitiven und der linken logischen Hirnhemisphäre.

Ich habe festgestellt, daß viele schizophrene Patienten als Kinder gut denken konnten, sich aber in einer Familie befinden, in der der freie Ausdruck ihrer Kreativität aufgrund von strengen Normen und hohen Erwartungen unterdrückt wird. Diese Faktoren führen dazu, daß dem jungen Geist enge Grenzen gesetzt werden; die entstehende zwanghafte Natur zeigt sich oft an Hobbys, die extreme Akribie erfordern, z. B. Briefmarkensammeln.

Wenn in der Pupertät das natürliche Bedürfnis besteht, sich von den familiären Beschränkungen zu befreien, findet die Kreativität kein anderes Ventil als die Schädelplatte.

In esoterischer Hinsicht haben wir es mit einem fest verschlossenen Wurzelchakra zu tun, das den Betreffenden aufgrund der elementaren Unsicherheit schlecht auf der Erde verankert, und einem weit offenen Scheitelchakra.

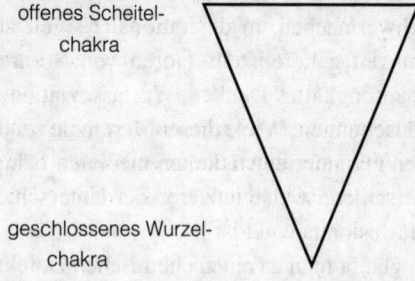

offenes Scheitel-
chakra

geschlossenes Wurzel-
chakra

Wenn der Patient ansprechbar ist, sollte er ermutigt werden, spirituelle oder intellektuelle Aktivitäten zu reduzieren und sich mehr mit alltäglichen Aufgaben zu beschäftigen, besonders solchen, die mit der Erde verbinden, z.B. Gärtnern. Dadurch werden die Seelenimpulse geerdet, der kreative Ausdruck aber trotzdem gefördert.

4. Epilepsie

Hier unterscheiden wir zwei Hauptarten: Epilepsia major (großer Krampfanfall, Grand Mal) und Epilepsia minor (kleiner Krampfanfall, Petit Mal). Beide hängen mit elektrischen Störungen im

Gehirn zusammen. Bei ersterer handelt es sich um einen voll entwickelten Anfall mit Bewußtseinsverlust und starken Krämpfen, während es bei letzterer nur zu leichten Krämpfen und geringer Bewußtseinstrübung kommt.

Beide können ohne bekannte Ursache auftreten, obwohl die Krankheit familiär gehäuft vorkommen kann. Das Grand Mal erscheint oft nach einer Kopfverletzung oder einem Geburtstrauma und wird im allgemeinen durch emotionalen Streß ausgelöst.

Das bei Kindern häufige Petit Mal kann durch blitzende Lichter ausgelöst werden, bei denen es einen schnellen Hell-Dunkel-Gegensatz gibt; dazu gehören das Licht beim Einschalten des Fernsehgeräts, Blitzlicht, das Licht, das man durch die Stufen einer Rolltreppe sieht, die flirrenden Sonnenstrahlen, die man beim Vorbeifahren an Bäumen wahrnimmt, und das schwache Licht der Dämmerung.

Viele Petit-Mal-Patienten reagieren extrem empfindlich auf atmosphärische Veränderungen und spüren einen Sturm kommen, auch wenn er noch meilenweit entfernt ist. Über den Solarplexus fangen sie auch die emotionale Atmosphäre anderer Menschen im Raum auf und benutzen den Anfall, um der Situation zu entkommen. Viele Erwachsene benutzen denselben Trick, indem sie tagträumen, wenn das Leben zu schwierig wird.

Ungeachtet der Ursache oder der Art der Epilepsie glaube ich, daß in psychospiritueller Hinsicht die Verbindung zwischen Materie und Geist nicht besonders stabil ist und die Lebenskraft eines Patienten während eines Anfalls zwischen den Energien unserer dreidimensionalen Welt und den Energien der vier Dimensionen auf der nächsten Existenzebene aufgeteilt ist.

Die Energien im Wurzelchakra sind in dieser Zeit mit der Erde kaum verbunden; die Verlagerung der Energien kann mit dem Halbbewußtsein kurz vor dem Einschlafen verglichen werden.

Zur Linderung der Symptome tragen erdende Übungen und der Wunsch bei, auf diesem Planeten zu bleiben.

5. Senile Demenz

Bei dieser Krankheit schwindet die Großhirnrinde, die äußere Schicht des Gehirns.

Symptome sind Gedächtnisverlust, emotionale Instabilität, Schlaflosigkeit, Verlust des rationalen Denkens und des Urteilsvermögens, Wahnvorstellungen und oft der Verlust der Integrität als Person. Oft werden die Patienten wie Kinder und brauchen ständige Beaufsichtigung und Anleitung.

Aus psychospiritueller Sicht hat sich herausgestellt, daß viele dieser Menschen in ihrem Leben sehr sachlich waren und sich eher auf die Logik als auf die Gefühle verlassen haben, die unterdrückt wurden; sie mußten die emotionale und die materielle Seite des Lebens stets unter Kontrolle halten.

Der Altersschwachsinn bringt das Kind im Inneren und die verschütteten Gefühle wieder an die Oberfläche; so kommt eine extreme Situation wieder ins Gleichgewicht, und der Patient kann diese Erde sehr viel leichter verlassen.

Vorschläge zur Harmonisierung des Scheitelchakras

1. Setzen oder legen Sie sich bequem hin, um zu meditieren. Ziehen Sie die Schuhe aus, und legen Sie beengende Kleidung ab. Achten Sie darauf, daß Rücken und Kopf gut getragen werden und Sie Arme und Beine nicht verschränken. Legen Sie die Hände bequem hin.

   Machen Sie drei tiefe Atemzüge und lassen Sie bei jedem Ausatmen Spannungen los. Entkrampfen Sie dann Ihren Körper, indem Sie die Spannungen in Ihren Muskeln loslassen; beginnen Sie bei den Füßen und arbeiten Sie sich zur Kopfhaut hoch. Lassen Sie alle Spannungen in den Boden sinken; Ihr Körper wird schwer, entspannt und friedlich.

Suchen Sie dann in Gedanken einen sicheren Ort auf; es kann ein Ort sein, den Sie schon kennen, oder ein Ort, von dem Sie nur träumen. Hier herrscht völliger Frieden, völlige Stille. Werden Sie sich Ihrer Umgebung bewußt; benutzen Sie dazu die inneren Augen und Ohren, den inneren Geruchs- und Tastsinn.

Wenn Sie bereit sind, weiterzugehen, erspüren Sie über sich eine Energie, die Ihr höheres Selbst darstellt; es kann eine Form oder eine Farbe annehmen oder abstrakt bleiben.

Lassen Sie die Energien Ihres Scheitelchakras nach oben fließen und erlauben Sie ihnen, mit dieser Form zu verschmelzen. Ihr Geist klärt sich, wenn der Wille Ihres höheren Selbst die Gedanken des Tages in den Hintergrund drängt und Sie mit Frieden erfüllt.

Bringen Sie daraufhin diese Energie durch das Scheitelchakra nach unten ins Wurzelchakra; lassen Sie sie in jede Zelle Ihres Körpers eindringen und ersetzen Sie die Disharmonie durch Frieden.

Wenn die Energie das Wurzelchakra erreicht, lassen Sie sie durch die Füße hinaus tief in den Boden hineinströmen, wo sie sich mit dem Willen der Mutter Erde verbindet.

Sehen Sie, wie die beiden Energien verschmelzen und sich dann zusammen durch das Wurzelchakra zum Scheitelchakra und weiter hinaus zum höheren Selbst bewegen. Lassen Sie die Energien weiter zwischen dem höheren Selbst und Mutter Erde kreisen; Ihr Körper nimmt diese Energien auf. Sie sind jetzt ganz in der Gegenwart, in der Präsenz Ihres Schöpfers.

Genießen Sie diese Empfindung.

Bringen Sie, wenn Sie dazu bereit sind, die Energie vom höheren Selbst ins Scheitelchakra hinunter und von Mutter Erde zum Wurzelchakra hinauf, und seien Sie im Frieden.

Schließen Sie nacheinander jedes Chakra, beginnend mit dem Scheitelchakra. Es ist, als würden Blütenblätter sich schließen.

Wenn alle Chakren geschlossen sind, umgeben Sie sich mit einem weißen oder goldenen Licht, damit Sie mit Ihren alltäglichen Aktivitäten weitermachen können.

Machen Sie diese Übung jedesmal, wenn in Ihnen das Gefühl aufkommt, daß Sie Ihren Weg verloren haben oder mit Ihrer Quelle nicht mehr in Kontakt sind.

2. Die Farben Violett bzw. Purpur können benutzt werden, um das Chakra ins Gleichgewicht zu bringen; tragen Sie entsprechende Kleidung, oder stellen Sie sich die Farben vor.

3. Beschließen Sie, Frieden und Freude in Ihrem Leben zu finden, und geben Sie sich jeden Tag 10 Minuten Zeit, in denen Sie nur still dasitzen und Ihre Energien auffüllen.

4. Seien Sie mit sich und der Welt im Frieden.

Zusammenfassung der drei oberen Chakren

Das Herzchakra nimmt die Liebe der Seele auf und verbindet sich so mit der Liebe des Schöpfers.

Das Halschakra nimmt den Geist der Seele auf und verbindet sich so mit dem Geist des Schöpfers.

Das Scheitelchakra nimmt den Willen der Seele auf und verbindet sich so mit dem Willen des Schöpfers.

KAPITEL 14

Andere psychospirituelle Verbindungen mit Krankheit

KÖRPERHÄLFTEN

Die *rechte Körperhälfte* steht für die *männliche* Seite der Persönlichkeit; sie hat mit Selbstbehauptung, Aktivität, Ausdruck, logischem Denken und Kraft zu tun.

Die *linke Körperhälfte* repräsentiert die *weibliche* Seite und hängt mit Sensibilität, Passivität, Rezeptivität, Intuition und Umsorgen zusammen.

Die beiden Körperhälften machen auch persönliche und emotionale Assoziationen deutlich; die rechte Seite symbolisiert den Vater und andere Männer, die linke Seite die Mutter und andere Frauen.

Im Verlauf der Entwicklung unserer männlichen und weiblichen Aspekte und ihrer schließlichen Interaktion gibt es Zeiten, in denen sich emotionale Disharmonien im Körper zeigen.

Menschen, bei denen die Symptome immer auf einer Körperseite auftreten, haben im Zusammenhang mit diesem Bereich etwas Wichtiges zu lernen.

Zum Beispiel:

1. Jennys rechter Ellbogen, ihre rechte Schulter und ihr rechter großer Zeh waren steif und schmerzten, was ihr beim Autofahren große Schwierigkeiten machte.

   Auf Befragen stellte sich heraus, daß sie einen Großteil ihres

Lebens im Auto zubrachte: Sie fuhr die Kinder zur Schule, besuchte alte Verwandte und erledigte Einkäufe für die Nachbarn.

Als ich sie fragte, wie sie zu diesen Tätigkeiten stand, antwortete sie mit einem entschiedenen »Ich ärgere mich darüber«, hatte aber wegen dieses Satzes sofort Schuldgefühle.

Die rechte Körperhälfte hat mit dem Ausdruck zu tun; die Gelenke stehen für Bewegung. Die blockierte Bewegung weist also darauf hin, daß Gefühle nicht geäußert werden.

Wenn dies anhält, werden die Gelenke so steif werden, daß Jenny nicht mehr in der Lage ist, fahren zu können; somit löst der physische Körper das Problem, ohne daß Jenny sich verbal äußern muß, d. h. sie wird einfach nicht mehr den Chauffeur für alle spielen können.

Die Steifheit wird jedoch auch andere Aktivitäten einschränken, die ihr Spaß machen, und kann zu einem irreversiblen Schaden führen.

Aufgrund der Beratung lernte sie, gegebenenfalls nein zu sagen und ihre Zeit gleichmäßiger zwischen ihren eigenen und den Bedürfnissen anderer aufzuteilen.

2. Ein älterer Junge, der Schmerzen im unteren Rücken hat, kommt in meine Sprechstunde. Bei der Untersuchung stelle ich fest, daß die linke Hüfte höher ist als die rechte; dies hat eine unterschiedliche Muskelspannung im Rücken verursacht und zu einer leichten Verkrümmung geführt.

Auf Befragen stelle ich fest, daß der Junge ein sehr talentierter junger Künstler ist, der seine Sensibilität und seine Weltsicht durch seine Kunst ausdrücken kann.

Seine Familie ist jedoch dagegen, daß er für sein Talent Zeit aufwendet, und drängt ihn, gute schulische Leistungen zu bringen. Er fühlt sich zwischen dem Wunsch, seine Kreativität auszudrücken, und dem Wunsch, seinen Eltern zu gefallen, hin- und hergerissen (verkrümmt).

Sechs Monate zuvor hatte er die Malerei aufgegeben und sich in seine Bücher vergraben.

Er hatte feststellen müssen, daß seine sensible Kreativität nicht akzeptiert wurde, wenn sie die Erde berührte, und um die Harmonie wiederherzustellen, hatte er den linken Fuß – und damit auch die Hüfte – eine Spur vom Boden gehoben. Dies mußte die Muskelspannung und die Schmerzen im unteren Rücken verursacht haben.

Wir sprachen über seine Liebe zum Malen und kamen überein, daß er das nächste Mal mit seinen Eltern kommen sollte. Während ich mit ihnen die Notwendigkeit besprach, einen Chiropraktiker aufzusuchen, brachte ich auch sein künstlerisches Talent zur Sprache. Die Familie schloß schließlich einen Kompromiß: Wenn er mit seinen Hausaufgaben fertig war, durfte er eine Stunde täglich seiner Kunst widmen.

Der Schmerz, die Enttäuschungen, die Verletzungen und die Wut vieler Jahre und Leben können im Körper festsitzen. Wenn wir ihre Botschaft in bezug auf »männliche« und »weibliche« Aspekte verstehen, ist der Schlüssel zur Erlösung dieser Gefühle sehr viel leichter zu finden.

DIE GELENKE

Die Gelenke haben mit Bewegung zu tun; ihre Beweglichkeit ist unterschiedlich; die Gelenke zwischen den Schädelknochen sind praktisch unbeweglich, während das Handgelenk sich in viele Richtungen drehen läßt.

Jedes Gelenk verweist auf unterschiedliche Aspekte des Lebens; eine Erkrankung symbolisiert die Blockade des entsprechenden Energieflusses.

Zum Beispiel:

Die Schulter symbolisiert … Tragen und Heben.
Disharmonien haben damit zu tun, daß man sich mit den Problemen anderer überlastet und zum Wohle aller Beteiligten etwas »abladen« sollte.

Der Ellbogen symbolisiert … Akzeptanz.
Disharmonien haben mit dem Wunsch zu tun, Dinge oder Menschen wegzudrängen.
Das Gegebene sollte akzeptiert werden, während man selbstsicher die Dinge unter Kontrolle behält.

Die Handgelenke symbolisieren … kreative Freiheit.
Disharmonien haben mit dem Gefühl des Eingeschränktseins zu tun. Man sollte dieses Gefühl anerkennen und auf eine Befreiung hinarbeiten.

Die Finger symbolisieren … die Feinanpassung ans Leben.
Disharmonien weisen darauf hin, daß man sich von Details behindern läßt oder für das heikle Gleichgewicht der Natur kein Gefühl mehr hat.
Man sollte flexibel werden und so die Beweglichkeit der Finger fördern.
Ein Ausstrecken des Zeigefingers drückt den Wunsch aus, andere zu beurteilen oder zu tadeln, anstatt die Ursache bei sich selbst zu suchen.

Die Hüfte symbolisiert … Stabilität in der Bewegung.
Disharmonien haben mit der durch Angst oder Unsicherheit bedingten Unfähigkeit zu tun, selbstsicher weiterzugehen.
Man sollte selbstbewußter werden, d. h. sich bei allen Bewegungen fester mit dem höheren Selbst verbinden.

Die Knie symbolisieren ... Demut und Stolz.

Disharmonien haben mit der Unfähigkeit zu tun, seinen Stolz aufzugeben und demütig zu sein. Viele Menschen sind zu demütig und müssen die kniende Position aufgeben, um Selbstachtung zu entwickeln.

Die Knöchel symbolisieren ... Bewegungsfreiheit.

Disharmonien haben mit dem Gefühl zu tun, die gewünschte Richtung nicht einschlagen zu können, z. B. einen neuen Arbeitsplatz anzunehmen oder umzuziehen.

Die Äußerung des Wunschs führt oft zu einer neuen Mobilität.

Die Zehen symbolisieren ... die Feinabstimmung bei der Vorwärtsbewegung.

Disharmonien haben damit zu tun, daß man sich von Sorgen um die Zukunft oder dem Gefühl, von Einzelheiten aufgehalten zu werden, behindern läßt.

Wenn der höhere Verstand mit der Persönlichkeit zusammenarbeitet, macht man jeden Schritt nach vorne in dem Wissen, daß es auf dem Weg keine falschen Schritte gibt.

Gicht im großen Zeh verweist im allgemeinen darauf, daß Frustration und Wut die Vorwärtsbewegung verhindern (vom Zeh aus stoßen wir uns ab).

Eine Entzündung des großen Zehs, die oft auf die Schuhmode zurückzuführen ist, weist auf einen Menschen hin, der eher anderen als seinem eigenen Weg folgt.

DIE WIRBELSÄULE

Sie umhüllt und stützt das Rückenmark, das Nervenimpulse vom und zum Gehirn transportiert. Beim Menschen sorgt sie auch für die aufrechte Haltung.

Die psychospirituelle Bedeutung von Disharmonien in der Wirbelsäule ergibt sich aus dem betroffenen Bereich:

a) *Lendenwirbelsäule* (unterer Rücken): Die Lasten sind zu schwer geworden; oft unterschwelliger Ärger darüber, daß niemand sonst hilft.

b) *Brustwirbelsäule* (Brustkorb): fehlender Raum, um Verletzungen und Wut zu äußern.

c) *Halswirbelsäule:* fehlende Flexibilität aufgrund der Unfähigkeit oder Angst, in alle Richtungen zu schauen.

Ein *Bandscheibenvorfall* an irgendeiner Stelle der Wirbelsäule verweist auf das Gefühl, nicht unterstützt und mit der Situation nicht fertig zu werden.

DIE HAUT

Die Haut trennt uns von der äußeren Welt und steht für »ich als Individuum« in Beziehung zur übrigen Gesellschaft. Sie spiegelt die Gefühle, die man zu dieser Umgebung hat. Menschen mit Hautproblemen fällt es oft schwer, spontan Gefühle zu zeigen.

Disharmonien der Haut können verschiedene Formen annehmen:

A. Verdickung der Haut

Sie tritt über Bereichen auf, die sich nicht nur auf körperliche, sondern auch auf seelische Verletzungen beziehen, und wirkt als Schutzmechanismus.

Menschen mit einer »dicken Haut« scheint nichts zu treffen. Im allgemeinen ist diese Schutzschicht jedoch über längere Zeit entwickelt worden, oft in Reaktion auf einen frühen emotionalen Schmerz, der aufgrund einer unfreundlichen Umgebung unterdrückt wurde. Solche Menschen verfolgen strikt die Devise, sich nie wieder von irgend etwas verletzen zu lassen, und fassen nur schwer Vertrauen.

Auch ein Frieselausschlag, bei dem sich hinter einer nichtporösen Haut Schweiß bildet, ist ein solcher Schutzschild.

In der chinesischen Medizin steht die Haut mit dem Lungenmeridian eng in Verbindung und dadurch in esoterischer Hinsicht mit dem Halschakra, dem Zentrum des Selbstausdrucks. Am häufigsten hält die Haut Trauer, Verletzung und Schmerz zurück. Doch leider hält sie den Schmerz nicht nur draußen, sondern auch drinnen fest. Andere Menschen können daher nicht näher kommen und ihre Liebe und Unterstützung anbieten; deshalb fühlt der Betreffende sich isoliert und sieht sich außerstande, ganz mit der Gesellschaft zu interagieren.

Die *Fußreflexzonenkunde* hat gezeigt, daß verhärtete Stellen auf den Fußsohlen (Schwielen) Bereichen im Körper entsprechen, die der Betreffende schützen will.

Bei einer *Psoriasis* kommt es zu einer Verdickung der Epidermis, im allgemeinen auf exponierten Körperoberflächen, d. h. Bereichen, die für eine (emotionale oder körperliche) Verletzung am anfälligsten sind. Psoriasis wird bei Streß schlimmer und bessert sich bei natürlichem (Sonne) oder künstlichem ultraviolettem Licht.

In psychospiritueller Hinsicht habe ich oft festgestellt, daß Psoriasis-Patienten zunächst abweisend erscheinen und das Bedürfnis haben, in der Beratung die Fäden in der Hand zu haben. Nach einiger Zeit jedoch begegne ich einem sehr sensiblen und verletzlichen inneren Kind, das Fürsorge und Ermutigung braucht, um sich zu finden und auszudrücken, anstatt sich durch weitere schützende Hautschichten vor dem Leben zu verstecken. Manche Menschen bekommen über dem Hinterhauptsbein – an der Schädelbasis – eine Psoriasis. Dieser Bereich stellt eine wichtige Verbindung zwischen Hals- und Stirnchakra dar; eine Disharmonie in diesem Bereich steht für die fehlende Bereitschaft, das mit eigenen Augen Gesehene auszudrücken.

B. Dermatitis

Bei dieser Krankheit ist die Haut aufgrund von Chemikalien, Nahrungsmitteln, Verletzungen oder Streß entzündet. Dies hängt mit einer Disharmonie der Immunreaktion zusammen, an der vor allem Nabel- und Herzchakra beteiligt sind.

Ein *Ekzem* ist eine besondere Form der Dermatitis, die oft im Zusammenhang mit Asthma und Heuschnupfen auftritt. Es kommt zu einem roten, juckenden, schuppigen Ausschlag, der später nässen oder sich entzünden kann. Betroffen sind im allgemeinen Hautflächen, die vor den Blicken versteckt sind, etwa die Innenseite der Ellbogen oder die Rückseite der Knie. Dies weist darauf hin, das Gefühle versteckt werden und der Patient hochsensibel ist.

Ein Ekzem drückt immer eine Überempfindlichkeit auf die materielle oder emotionale Umgebung aus; Gefühle werden unterdrückt, um andere Menschen nicht zu verstimmen.

Eine *rote* bzw. *brennende Haut* weist auf unterdrückte Wut und Frustration und das Bedürfnis hin, diese Gefühle offener zu zeigen.

Ein *Jucken* zeigt immer, daß etwas oder jemand den Patienten irritiert, er aber der Situation nicht entkommen kann.

Dem Patienten ist etwas »unter die Haut gegangen«, und der Körper versucht nun, diese Irritation auf die Oberfläche zu bringen, damit sie gesehen und so bewältigt werden kann.

Ein *Nässen der Haut* deutet oft auf innere Tränen hin, die der Körper loswerden möchte.

C. Furunkel entstehen, wenn die Talgdrüsen (die die Haut mit Talg versorgen) sich entzünden; sie weisen auf etwas hin, was eine Zeitlang vor sich hin frißt und hochkommen muß. Auch im übertragenen Sinn ist es wichtig, an die Wurzel des Problems heranzukommen, anstatt sich nur mit seinen oberflächlichen Auswirkungen zu beschäftigen (dem Eiter).

Ein unechter Furunkel spiegelt die Unfähigkeit, die Vergangenheit loszulassen oder tiefe Gefühle zu zeigen, oft zum eigenen Schaden.

D. Akne wird durch die übermäßige Absonderung der Talgdrüsen verursacht und hängt normalerweise mit den männlichen Hormonen zusammen.

Sie tritt vor allem in den Teenagerjahren und bis Anfang Zwanzig auf, wenn die sexuelle Identität sich entwickelt. Sie kann aber auch später jederzeit vorkommen, wenn die männlichen und weiblichen Aspekte eines Menschen nicht im Gleichgewicht sind, was zu mangelndem Selbstvertrauen und geringer Selbstliebe führt. Bei Frauen tritt eine Akne oft auf, wenn zu viel männliche Hormone freigesetzt werden, was bedeuten kann, daß die weibliche Seite unterdrückt wird.

E. Akne rosaceae tritt besonders bei Frauen auf, bei denen die Nervenkontrolle der Blutgefäße nicht im Gleichgewicht ist; diese erweitern sich, was zur Rötung von Wangen und Nase sowie Hautabschuppungen und Knötchenbildung führt.

Zu den Auslösern dieses Ungleichgewichts gehören Alkohol, Rauchen, Milchprodukte, Gewürze und sehr häufig auch unterdrückte Wut und Entrüstung.

Die Patienten wollen oft gefallen und andere nicht verstimmen oder verletzen, ärgern sich aber darüber, daß ihre Bedürfnisse nicht gehört werden.

Sie müssen lernen, sich ohne Angst vor den Folgen zu äußern.

F. Warzen werden durch ein Virus hervorgerufen, das sich auf der Haut verbreitet. Sie treten häufig im Verlauf eines Selbstfindungsprozesses auf, wenn die weniger liebenswerten Teile unseres Wesens an die Oberfläche kommen. Es ist daher wirklich wichtig, sich mit allen Fehlern und Schwächen zu lieben.

Haarausfall

Hier fällt das Haar aus, meist am Kopf, aber auch an anderen Stellen. Im allgemeinen ist es vorher zu einem Schock gekommen, der mit der nachfolgenden Trauer weiteres Wachstum verhindert.

Die Kopfhaare sind immer als Zeichen der Kraft betrachtet worden, wahrscheinlich weil sie das Scheitelchakra bedecken. Die Heilung setzt voraus, daß man sich mit der Trauer beschäftigt und innere Kraft und Sicherheit aufbaut.

KAPITEL 15

Der Weg nach vorne

Im Verlauf der Zeit haben die Heilmethoden sich oft geändert. Die moderne Medizin begann erst Ende des letzten Jahrhunderts; vorher waren Heilmethoden üblich, die heute als »alternativ« bezeichnet werden.

Neuerdings kehrt man zu natürlichen Heilmethoden zurück, nachdem sich herausgestellt hat, daß die synthetischen Drogen den Erwartungen nicht entsprechen. Es gibt nicht gegen jede Krankheit eine Pille, und trotz einer ausgeklügelten Apparatemedizin werden die Menschen immer noch krank und sterben.

Vielleicht ist es an der Zeit, eine andere Form der Medizin zu entwerfen und Krankheit und Gesundheit als Ganzes zu betrachten.

Dazu müssen wir die Grenzen zwischen Religion, Philosophie, Psychologie und Medizin niederreißen und erkennen, daß sie alle nur Teil eines umfassenderen Ganzen sind. Solange wir sie nicht zusammenbringen, werden sie allen Hilfesuchenden schlechte Dienste leisten.

Gesund zu sein bedeutet, ganz zu sein, und ganz werden wir erst durch die Vereinigung von Seele, Körper und Geist. Auf dem Weg zu diesem Ziel treffen wir auf Situationen, durch die wir alle Aspekte eines Menschenlebens erfahren können.

Die Erfahrung sollte uns jedoch nicht blind machen, sondern wir sollten hinter ihr die Lektion sehen, die sie für uns bereithält. Durch sie lernen wir, alle Teile von uns zu akzeptieren und schließlich zu lieben. Dies ist der Weg zur Erweiterung des Seelenbewußtseins und zur schließlichen Ganzheit.

Krankheit ist ein Wegweiser, der zu einer Richtungsänderung aufruft. Sie erscheint zunächst als Disharmonie in Geist und Seele, und erst wenn dieses Signal nicht zu einer Veränderung führt, zeigt sie sich im Körper.

Die stattfindende Veränderung kann zum Abklingen der Symptome, zu einer chronischen Krankheit oder dem Tod führen. Sie alle gehören zum Weg der Seele. Wenn jemand seine Arbeit auf Erden beendet hat, ist es sinnlos, daß er noch bleibt. Beim Tod bewegt die Seele sich lediglich auf eine neue Ebene.

Alles, was einem Menschen in seinem Leben geschieht, ist kein Zufall. Wir haben den freien Willen bekommen, um auf die angebotenen Erfahrungen zu reagieren, aber wenn die Seele entschlossen ist, uns weiterzubringen, wird sie es tun.

*

Auch die Rolle der Präventivmedizin muß sich ändern, denn der Erfolg kann nicht danach bemessen werden, ob der Patient lebt oder stirbt. Dies liegt nicht in der Hand des Helfers.
Welche Aufgabe hat dann die Heilkunst?

Meines Erachtens muß dreierlei geschehen:

1. Alle Therapeuten, schulmedizinische und »alternative«, sollten sich den ganzen Menschen ansehen – Seele, Geist und Körper – und nach einer »Erste-Hilfe-Behandlung« mit ihrer Heilkunst so viel wie möglich von diesem ganzen Menschen erfassen.

2. Es sollte anerkannt werden, wie wichtig es ist, daß der Patient die Verantwortung für seine Gesundheit übernimmt. Er kann sich dann für die geeignetste verfügbare Behandlungsmethode entscheiden, um diese Veränderungsphase gut zu überstehen.

3. Alle Therapeuten sollten erkennen, daß sie für den Patienten so etwas wie ein Spiegel sind, der ihnen ihr wahres Selbst zeigt. Wenn der Spiegel schmutzig ist, ist das Bild undeutlich. Deshalb ist es wichtig, daß alle in den helfenden Berufen Tätigen daran arbeiten, ihr eigenes Haus in Ordnung zu bringen, damit der Spiegel so klar wie möglich wird.

Jede Therapie ist nur so gut wie der Therapeut.

*

Die Zeiten ändern sich schnell, und überall auf der Welt fallen die Grenzen. Die unüberwindlichsten Grenzen jedoch befinden sich in unserem Kopf.

Letzte Woche kam Molly in meine Sprechstunde; sie hatte Brustkrebs. Der erste Knoten hatte sich kurz nach einem stechenden Schmerz in der Brust gezeigt. Der Knoten war entfernt worden, aber jetzt hatte sie in derselben Brust einen zweiten harten, heißen Knoten, der die Konturen ihres Körpers entstellte.

Wir sprachen über Ernährung, Gesundheit im allgemeinen und schulmedizinische Behandlungen. Ich fragte sie dann, ob sie irgendein Ereignis der vergangenen paar Jahre mit ihrem Krebs in Verbindung bringen könnte.

Sie antwortete bereitwillig. Vor vierzehn Monaten hatte sie sich längere Zeit bei ihrer Tochter und ihren Enkelkindern aufgehalten. Sie liebte ihre Tochter und hatte hart gearbeitet, um dieser ein Leben zu ermöglichen, das sie sich für sich selbst gewünscht hätte. Im Verlauf des Aufenthalts bat die Tochter Molly, die Enkelkinder nicht zu kritisieren, und fügte hinzu, sie würde sie auf ihre Weise erziehen.

Molly sagte, dieser Kommentar habe sie getroffen wie ein »Messerstich«. Sie konnte nicht glauben, daß ihre Tochter nach all dem, was sie für sie getan hatte, so rücksichtslos sein konnte. Sie war tief verletzt und hatte mit ihrer Tochter seit dem Vorfall weder gesprochen noch ihr geschrieben. Sechs Monate später war

der erste Krebsknoten erschienen. Die Tochter hatte die Mutter
währenddessen inständig gebeten, ihre Anrufe zu erwidern oder
zu schreiben, aber vergeblich. Sie wußte nichts von Mollys
Krankenhausaufenthalt, denn diese hatte dem Vater verboten,
Informationen darüber weiterzugeben.

Molly schloß mit den Worten, daß sie wisse, daß der Krebs mit
der Verletzung zusammenhing. Ich fragte sie, was ihre Tochter
tun müßte, um wieder Gnade vor ihren Augen zu finden.
»Nichts«, antwortete sie. »Sie bestrafen sie, oder?« sagte ich.
»Ja«, sagte sie trotzig.

Der Knoten in ihrer Brust war so fest wie ihre Einstellung zu
ihrer Tochter. Die Hitze kam von ihrer Wut. Sie hatte dieses
Kind an ihrer Brust genährt, und jetzt hatte das Kind sie
zurückgewiesen. Wut und Schmerz hatten sich im Brustgewebe
festgesetzt.

»Letztendlich sind Sie es, die bestraft werden«, sagte ich. »Ich
weiß«, entgegnete sie mit einem Seufzer und kam dann auf die
Frage zurück, welche Therapien es bei Krebs gäbe.

Molly hatte den Mut, aufrichtig zu sein, was ich bewunderte,
denn das ist selten. Trotzdem war sie nicht bereit, ihren Ärger auf
ihre Tochter loszulassen und ihr die Hand zur Versöhnung zu
reichen, auch wenn sie so weiteren Schmerz und Leid und wahrscheinlich den Tod heraufbeschwor.

*

Eine Krankheit ist eine Übergangsphase. Wahre Heilung setzt
voraus, daß die geistige Einstellung sich ändert. Eine Krankheit
bietet die Gelegenheit, die alten »Platten« auszusortieren und
neue aufzulegen.

Dies erfordert Mut und kann nur gelingen, wenn jeder lernt, sich
bedingungslos zu lieben.

Wir sind auf unserem Weg allein, und nur auf ihm werden wir

unsere innere Wahrheit finden. Jetzt ist die Zeit gekommen, das Tor der Verwandlung zu durchschreiten und auf das Licht der Seele zuzugehen, das uns Frieden, Freude und Ganzheit bringt.

BIBLIOGRAPHIE

Bailey, Alice: *Esoterisches Heilen,* [4]1988.

Chopra, Deepak: *Gesundsein aus eigener Kraft. Mit Ayurveda zu neuem Denken über Krankheit und Gesundheit.* München, [3]1990.

Hay, Louise: *Heile dein Leben.* mvg, 1989.

Krystal, Phyllis: *Die inneren Fesseln sprengen. Befreiung von falschen Sicherheiten.* Olten, Freiburg, [2]1990.

Le Shan, Lawrence: *Psychotherapie gegen den Krebs. Über die Bedeutung emotionaler Faktoren bei der Entstehung und Heilung von Krebs.* Stuttgart, [4]1989.

Siegel, Bernie: *Liebe, Medizin und Wunder. Heilerfolge aus der Praxis eines mutigen Arztes.* Düsseldorf, 1991.

Tansley, David: *Energiekörper,* München, 1985.